Hans-Martin Barth,
Wohin – Woher mein Ruf?

Hans-Martin Barth

WOHIN –
WOHER MEIN RUF?

Zur Theologie des Bittgebets

Chr. Kaiser Verlag

CIP-Kurztitelaufnahme der Deutschen Bibliothek

Barth, Hans-Martin:
Wohin – Woher mein Ruf? : Zur Theologie
d. Bittgebets / Hans-Martin Barth. –
München: Kaiser 1981.

ISBN 3-459-01337-0
© 1981 Chr. Kaiser Verlag München.
Alle Rechte vorbehalten, auch die des auszugsweisen Nachdrucks,
der fotomechanischen Wiedergabe und der Übersetzung.
Fotokopieren nicht gestattet.
Gesamtherstellung: Buch- und Offsetdruckerei Sommer, Feuchtwangen.
Umschlag: Ingeborg Geith. – Printed in Germany.

Inhalt

Vorwort 9

0 *Beten – zu wem?* 11
   0.1 Die Fragestellung 11
   0.2 Der Lösungsweg 15

1 *Theologische Begründungsmodelle des Bittgebets* 19
   1.1 Das Bittgebet als Akt des Gehorsams 19
      1.1.1 Rufe mich an ... 20
      1.1.2 Begründende oder gefährdende Autorität Gottes? 21
      1.1.3 Verzicht auf Erhörung 24

   1.2 Die naive Bitte »um etwas« 25
      1.2.1 Was ihr bitten werdet ... 27
      1.2.2 Der theistische Vatergott 27
      1.2.3 Theorien der Gebetserhörung 28
      1.2.4 Theorien über das Ausbleiben der Erhörung 31

   1.3 Die Bitte »um Gott« 38
      1.3.1 Meines Herzens Trost und mein Teil ... 40
      1.3.2 Gott für die Seele? 42
      1.3.3 Erhörung im Gebetsvollzug 46

   1.4 Das Bittgebet als Veränderung des Beters (und seiner Situation) 49
      1.4.1 Seid nüchtern und wachet ... 53
      1.4.2 Psychische Hilfe und moralische Orientierung als Erhörung 55
      1.4.3 Gott – universaler Horizont, bildlose Instanz? 62

   1.5 Exkurs A: Das Bittgebet aus der Perspektive der Transaktionsanalyse 65
      1.5.1 Das Bittgebet des Eltern-Ichs 67
      1.5.2 Das Bittgebet des Kindheits-Ichs 68
      1.5.3 Das Gebet des Erwachsenen-Ichs 69
      1.5.4 Das bittende Ich 70

2 *Das Gebetsverständnis der Religionskritiker* 73
   2.1 Mangelndes Selbstbewußtsein 75
      2.1.1 Autorität als Gefahr 76
      2.1.2 Der anthropomorphe Gott 77
      2.1.3 Antikritik: Bitten als Einsicht in die Notwendigkeit? 79

2.2 Wunschdenken 82
2.2.1 Widersprüche und Täuschungsmanöver 83
2.2.2 Der Gott der Philosophen (und Psychologen) 87
2.2.3 Antikritik: Bitten als Festhalten an der konkreten Utopie? 89

2.3 Flucht in die Regression 92
2.3.1 Ausgeburt der Verlassenheit 93
2.3.2 Gott – der schwer ersetzbare Vater 95
2.3.3 Antikritik: Um Trost war mir sehr bange! 96

2.4 Entlassung Gottes aus dem Gebet? 98
2.4.1 Das Bittgebet als psychischer und moralischer Umweg 99
2.4.2 Ende des Bittens – Anfang des Handelns? 101
2.4.3 Antikritik: Selbstverwirklichung oder Selbstreduktion des Menschen 102

2.5 Exkurs B: Sprachanalytische Beobachtungen 104
2.5.1 Die Determiniertheit menschlichen Redens durch den jeweiligen Adressaten 105
2.5.2 Das Gebet als spezifisches und einzigartiges Sprachphänomen 107
2.5.3 Die Rolle der Sprachgemeinschaft für das Gebet 108
2.5.4 Die Schwierigkeit, sprachanalytisches Vorgehen auf sich selbst zu begrenzen 108

3 *Das trinitarisch umgriffene Bittgebet* 112

3.1 Biblische Elemente eines trinitarischen Gebetsverständnisses 120
3.1.1 Höre, Israel! 120
3.1.2 Der bildlose Name 122
3.1.3 Das Gebet Jesu 124
3.1.4 Das Gebet des Geistes 127
3.1.5 Das Gebet der eschatologischen Gemeinde 128
3.1.6 Die Grundstellung für die weitere Entwicklung 130

3.2 Aus der Geschichte des trinitarischen Gebetsverständnisses 131
3.2.1 Die vordogmatische Phase 132
3.2.2 Die Sprache der Liturgie 134
3.2.3 Ersatzmodelle für das trinitarische Gebetsverständnis 135
3.2.4 Die Profilierung einzelner trinitarischer Aspekte 136
3.2.5 Die Isolierung einzelner trinitarischer Aspekte und der Verlust des trinitarischen Ansatzes 141

3.3 Ansätze zu einem trinitarischen Gebetsverständnis in der Theologie der Gegenwart 144
3.3.1 Gebet im Horizont des ersten Glaubensartikels 145
3.3.2 Christologische Begründung des Gebets? 147
3.3.3 Gottes Geist als Schöpfer des Gebets 149

4 *Dreifaltiges Beten zum dreieinigen Gott* 153

   4.1 Dreifaltiges Beten als Antwort auf den Anruf des dreieinigen Gottes 161

      4.1.1 Beten im Geist 161
      4.1.2 Beten zum Vater 164
      4.1.3 Beten durch den Sohn 169
      4.1.4 Gottes Dreieinigkeit – das Geheimnis unseres Gebets 172

   4.2 Das Gebet als Ort der Selbstverwirklichung Gottes und der Menschen 177

      4.2.1 Die betende Gemeinde 179
      4.2.2 Der betende Mensch 181
      4.2.3 Die eschatologische Erfüllung 186

   4.3 Konsequenzen 192

      4.3.1 Der Geheimnischarakter des Gottesdienstes 193
      4.3.2 Die Tat des Gebets 200
      4.3.3 Trinitarisches Beten als Dimension des Lebens 203

Anmerkungen 207
Literaturhinweise 242
Bibelstellenregister 251
Personenregister 253
Sachregister 257

Vorwort

In der Bibel meines Großvaters Peter Bauer wurde nach dessen Tod ein Zettel gefunden, auf dem er sich eine längere Reihe von Namen notiert hatte – Namen von Menschen, für die er regelmäßig beten wollte und wohl auch gebetet hat. Noch vor ein paar Jahrzehnten war dies eine unter Christen keineswegs außergewöhnliche Praxis. Wie denke ich heute – als »Universitätstheologe« – darüber? Während meines Studiums in den USA bin ich der »Gott-ist-tot-Theologie« begegnet, inmitten einer, wie mir schien, voll säkularisierten Umwelt. Seitdem arbeitet es in mir . . . Zu den elementaren Fragen, die in mir angestoßen wurden, gehört die nach dem Sinn des Bittgebets.

Viele sind am Zustandekommen des vorliegenden Buches beteiligt. Prof. Dr. A. Peters, Heidelberg, hat mir Einblick in einige Unterlagen aus seinen Lehrveranstaltungen gewährt. Zur Herstellung eines lesbaren Manuskripts hat Pfr. Claus Heitmann, Gießen, beigetragen, nicht nur im technischen Sinne. Die Schreibarbeiten besorgte Frau Erika Michel, Heuchelheim. Das vervielfältigte Manuskript wurde sodann kritisch gelesen und kommentiert von meinem Freund Detlev Bierbaum, Pfarrer in Neu-Ulm, meiner Kollegin, Frau Prof. Dr. Frieda Kriechbaum, Gießen, Frau Ursula Müller, z. Z. Hausfrau und engagierte Kirchenvorsteherin in Nördlingen, wo ich 1966 als Vikar tätig war, Kirchenrat Reinhard Mumm, Grafing, dem derzeitigen Ältesten der Michaels-Bruderschaft, und Prof. D. Carl Heinz Ratschow, Marburg. Entgegen den üblichen wissenschaftlichen Gewohnheiten habe ich ab und an eine Bemerkung meiner kritischen Mitleser als Direktzitat in die Anmerkungen eingestreut. Bei der Durchsicht der Korrekturfahnen haben Herr cand. theol. Hans-Michael Uhl und Herr cand. theol. Andreas Thibaut, der auch Personen- und Bibelstellenregister erstellte, sowie meine Eltern mitgeholfen. Die Lektorin des Chr. Kaiser Verlags, Frau Ingrid Ueberschär, hat das Manuskript aufmerksam und mit konstruktiver Kritik betreut. An sämtlichen Arbeitsgängen intensiv beteiligt war meine Frau; leider lassen sich die unzähligen Stunden, die sie selbstlos in meine Publikationen investiert, nicht optisch deutlich machen!

Allen Genannten sage ich Dank. Schließlich hätte die vorliegende Arbeit nicht entstehen können ohne das Forschungsfreisemester, das mir der Hessische Herr Kultusminister gewährt hat. Auch dafür bin ich dankbar.

Wer sich nun zur Lektüre dieses Buches entschließt, sei auf folgende Grenzen, die es hat, aufmerksam gemacht: Der Theologe wird eine breitere Entfaltung der trinitarischen Gesichtspunkte und die Berücksichtigung der Prozeßtheologie wünschen, der Humanwissenschaftler etwa die entwicklungspsychologischen Aspekte vermissen. Zeichnungen und Tabellen, über die der Didaktiker sich freuen mag, sind immer eine zweischneidige Angelegenheit; sie wollen jedenfalls nicht ohne den sie umgebenden Textzusammenhang verwendet werden. Der Text selbst ist ohne die Anmerkungen verständlich; diese seien den Fachleuten und den »Neugierigen« vorbehalten. Selektives Lesen empfiehlt sich nicht; wer aber etwa beim Bericht über die Tradition (Ursula Müller: »Was die sich alles gedacht haben!«) ungeduldig wird, der überspringe 3.2 und versuche, in 3.3 oder allenfalls 4 wieder einzusteigen.

Vor zwei Jahren habe ich mit meinem katholischen Fachkollegen in Gießen, Prof. Dr. E. Link, ein Seminar über »Gebet und Meditation« gehalten, das mir mancherlei Anstöße vermittelte. Ein Teil des vorliegenden Textes wurde inzwischen in einer Vorlesung für Hörer aller Fachbereiche in Gießen, später in Marburg vorgetragen; an die anregenden Gespräche mit den Teilnehmern denke ich gern zurück. Manchem Gießener Kollegen verdanke ich Literaturhinweise oder sonst guten Rat. Ich widme dieses Buch denen, die am Fachbereich Religionswissenschaften der Justus Liebig-Universität gemeinsam mit mir gelehrt und gelernt haben.

Marburg/Wettenberg-Wißmar, im Juni 1981

Hans-Martin Barth

0 Beten – zu wem?

0.1 Die Fragestellung

BITTE AN MICH

mach weiter! ja, so wie bisher,
mein Freund, doch ich begehr
auch das: ich bitt dich, bitte mach
auch weiter
  auch weiter
  auch weiter als bisher!

Wolf Biermann[1]

Nach der Trennung von einem Freund

— ich möchte dir danken,
  daß ich liebenswert für dich war
— ich möchte dir danken,
  weil du mich durch dein Vertrauen
  befreit hast
— ich möchte dir danken,
  weil du für uns gebetet hast,
  als in mir nur Wüste war
— ich möchte dir danken,
  weil du versucht hast,
  meinen Weg zu teilen
— ich kann nicht dafür danken,
  daß wir an eine Grenze gestoßen sind:
  aber dort beginnt immer auch
  neues Land:
  dafür danke ich ...

Barbara für Georg[2]

Zu bitten und zu danken ist uns aus dem Alltag vertraut. Die Worte für »bitte« und »danke« gehören zu den ersten, die wir uns aneignen, wenn wir ein Land bereisen, dessen Sprache wir nicht kennen. In bestimmten Situationen wird uns bewußt, daß unser Bitten und Danken nicht nur Höflichkeit ist, sondern mit unserem Menschsein als ganzem zu tun hat.

Wolf Biermann schrieb sein Lied, wie er berichtet, als er in den Westen kam, sich selbst zur Orientierung. Barbara suchte mit ihren Zeilen, das spürt man ihnen ab, ein Stück Verarbeitung für sich und für Georg. Beide Texte lassen jenseits der jeweiligen Adressaten Horizonte erahnen, die sich der direkten Anrede entziehen:

dafür danke ich ...
... doch ich begehr
auch das ...

Ist es abwegig, hierin eine vage Erinnerung an das Gebet zu erkennen? Schon der Begriff »Gebet« scheint die Sehnsucht, das Offene und Schwebende dieser Zeilen zu zerstören. Der Betende weiß doch wohl, an wen er sich wendet und was er von ihm zu erwarten hat! Aber – stimmt das? Es gibt ein Beten, heute vermutlich noch häufiger als früher, das nicht nach seinen weltanschaulichen oder religiösen Voraussetzungen fragt[3], sondern mit einem Mal da ist:

dafür danke ich ...
... ich begehr
auch das ...

Es mag sich an konkreten Adressaten festmachen, an »Georg« oder mir selbst (»mein Freund«!). Aber es zielt auf mehr, auf »neues Land«, auf »weiter als bisher«.

Wenn dies also mit Beten zu tun haben soll – was heißt dann »beten«? Zu wem wird da gebetet, oder ist es überflüssig, das zu wissen? Was aber soll das Beten, wenn dies überflüssig ist? Ich denke, es sind nicht wenige Christen, die sich solche Fragen stellen; ich selbst gehöre zu ihnen.

Welche Interpretationen für das, was »Gebet« genannt wird, hält die christliche Theologie heute bereit? Eine bunte Vielfalt von religiösen Ideen und Praxen verleiht dem Markt der Meinungen ein schillerndes Aussehen. Deswegen ist zunächst eine Reduktion der Fragestellung, eine Konzentration auf ihren schwierigsten Punkt notwendig.

Herkömmlicherweise wurde das Gebet eingeteilt in »Bitte«,

»Dank« und »Anbetung«. Zugleich damit war scheinbar eine hierarchische Ordnung angegeben. Die Bitte galt am wenigsten, sie hatte ja konkrete, auf den einzelnen Beter bezogene Inhalte; daß der Beter seine eigenen Anliegen und Interessen formulierte, schien selbstverständlich und naheliegend. Anders war es schon mit dem Dank bestellt, er brachte dem Beter nichts ein, war uneigennützig und wurde daher oft vergessen oder als kleine Anstandspflicht rasch erledigt. Der Inbegriff des uneigennützigen Gebets aber war die Anbetung Gottes, der Lobpreis, dem es nicht um mehr oder weniger wichtige Dinge dieser Welt ging, der nicht einmal vom Dank für erfahrene Wohltat Gottes motiviert zu sein brauchte, in dessen Mittelpunkt schlicht nichts stand als die Ehre Gottes selbst. Das schien die dem Menschen am fernsten liegende und schwierigste Form des Betens zu sein. Es war das Gebet der Engel und der Vollendeten, in das man sich nur in Spitzenmomenten religiösen Ergriffenseins einreihen durfte: Dort in der Welt der ewigen Anbetung war alles zur Ruhe gekommen, dort gab es nicht mehr die dramatische Spannung von Ruf und Antwort, von Bitte und Erhörung, dort war alles schweigende Schau und selige Harmonie. Freiwillig und unfreiwillig wurde gelegentlich zugegeben, daß man diese Art Seligkeit eigentlich als langweilig empfand, man denke an Dantes Paradies oder an den »Münchner im Himmel«. Nun mochte es der noch allzusehr in die weltlichen Dinge verstrickte Mensch sein, den diese Form von ewiger Anbetung nur wenig reizen konnte: Der fromme, auf das Ewige ausgerichtete Mensch sah in der hingebungsvollen, beglückenden Schau des ewigen Geheimnisses das Ziel seines Glaubens und seiner irdischen Existenz, die wenigstens hin und wieder – eben in der Anbetung Gottes – einen Vorgeschmack davon erfahren durfte[4].

Offenbar haben wir heute zu der schlichten Bitte, die dem mittelalterlichen Menschen leicht und alltäglich vorkam, am wenigsten Zugang, während wir das meditative Gebet, das früher als schwierig und außergewöhnlich galt, noch am ehesten als sinnvoll akzeptieren können. Daß es von Gewinn sein dürfte, überhaupt innezuhalten, zu »schauen«, zu »betrachten«, ja unter Umständen nach allen Regeln der Kunst und nach Anweisung von Kompetenten zu meditieren, dieser Einsicht wird sich kaum jemand verschließen. Gerade der hier mögliche Verzicht auf ein konkretes Gegenüber, wie es der Adressat einer Bitte notwendig darstellen würde, gerade eine scheinbar nach keinerlei weltanschaulichen Voraussetzungen fragende Praxis von Frömmigkeit wirkt auf den aufgeklärten Menschen einladend. Von säkularen Propheten wie Erich Fromm oder Karl Steinbuch wird seit Jahren der Buddhismus dem abendländischen Menschen als zukunftsweisende Religion empfohlen. Der Buddhismus fordert keinen Glauben an einen so oder anders handelnden Gott, er kennt keine Heilsgeschichte, zu der ein Glaubender Stellung nehmen müßte: Man hat den Buddhismus als eine »atheistische« Religion bezeichnet[5]. Der Verzicht des Buddhismus auf einen klar formulierten, dogmatisch fixierten Gottesbegriff könnte, religionspsychologisch gesehen, in unserer Zeit ähnlich attraktiv wirken wie die »Bildlosigkeit« des jüdischen Gottesglaubens in der ausgehenden Antike[6]. Hier scheint sich wieder ein gemeinsamer Nenner alles Religiösen anzubieten, der konkrete Profilierungen einzelner Religionsgemeinschaften und Glaubensrichtungen zurücktreten läßt, ohne die Religion als ganze zu verraten.

Darüberhinaus kann derjenige, der nicht auf religiöse Angebote reagieren möchte, auch einsehen: Dankbar zu sein, ist für den Menschen nicht abwegig. Selbst Tiere zeigen Äußerungen, die sich vielleicht als Regungen von Dankbarkeit verstehen lassen. Man mag einwenden, daß vorschnelle Dankbarkeit die Augen verstellen kann für Aufgaben, die es anzupacken gilt, daß Dankbarkeit unter Umständen zu dem irregeleiteten Bedürfnis führt, das einmal Erreichte oder Gewonnene festzuhalten, daß sie in gewisser Weise reaktionär macht: Ich kann gleichwohl das Gefühl der Dankbarkeit nicht von mir fernhalten, es überkommt mich. In vielen Fällen weiß ich, wem ich etwas verdanke und also zu danken habe, danken möchte – in anderen Situationen genügen offenbar Menschen als Adressaten unseres Dankes nicht. »Danke für jeden Vogelruf,« denkt Rita im »Geteilten Himmel« der DDR-Schriftstellerin Christa Wolf, »für das kühle Flußwasser, für die Morgensonne und den Baumschatten im Sommer.«[7]

Das Geheimnis, daß wir uns – und vieles! – nicht uns selbst verdanken, bleibt bestehen, und so senden wir, ohne einen Adressaten zu kennen, unser »Danke!« aus – gleichsam dem unbekannten Gott. Dank und selbst Anbetung sind anthropologisch plausibel; der Gottesbegriff, der in ihnen – wenn überhaupt – eine Rolle spielt, kann unklar bleiben, von Gott wird keine Reaktion erwartet, bei ihm wird keine Antwort gesucht.

Daher liegt die Provokation der christlichen Einladung zum Gebet wohl nicht in diesen Bereichen, die eigentlich jeder bewußt lebende und darüber nachdenkende Mensch nachvollziehen kann. Die Bibel fordert nicht zum frommen Beten, sondern zum zuversichtlichen Bitten auf. »Der Pharisäer dankt; der Zöllner bittet«, beobachtet Martin Kähler[8]. Die Not lehrt, so findet das Sprichwort, »beten«, aber eigentlich ist es das »Bitten«, was sie lehrt. Das Gebet hat diesen seinen Namen ursprünglich nicht, wie es uns heute vielleicht näher läge, vom »Beten«, sondern vom »Bitten«, es ist zu allererst »Gebitte«, ein Gestammel von Bitten, ein »Gebettel«. Die Frage nach dem Gebet konzentriert sich auf das Problem des Bittgebets, der »Bitte um etwas« und der »Bitte für jemanden«. Ich denke, nicht wenige Menschen üben solches Bitten – ohne zu wissen, »wie das zugehen« soll (vgl. Lk 1,34), wie sie sich den Sinn und die Funktion solchen Bittens näherhin vorstellen sollen oder ob sie dies überhaupt dürfen. Vielleicht bitten sie tatsächlich, aber die faktisch vollzogene Bitte wird durch eine fundamentale Unklarheit über das eigene Tun oder sogar durch ein Gefühl der intellektuellen Unredlichkeit untergraben. Im Extremfall kann das so weit gehen, daß man sich das Bitten selber verbietet! Diese Situation ist für mich das Motiv, nach einem weiterführenden, die Praxis entlastenden und befruchtenden Denkvorschlag zur Problematik des Gebets zu suchen.

0.2 Der Lösungsweg

Wie läßt sich das Bittgebet theologisch redlich begründen und guten Gewissens praktizieren? Im Bittgebet ist immer das Problem der Erhörung bzw. der Nicht-Erhörung mitgesetzt, zugleich auch die Frage nach dem Adressaten, der »erhören« kann. Alle Theorien des Bittgebets haben sich in irgendeiner Weise mit dem Phänomen der eventuellen »Wirkungslosigkeit« der Bitte auseinanderzusetzen, jedenfalls, sofern eine konkrete Wirkung in einer konkreten Hinsicht erbeten worden war. Jede Theorie des Bittgebets wird also bemüht sein, Gründe dafür aufzuzeigen, daß die Bitte nichts von ihrer Sinnhaftigkeit verliert, auch wenn die erhoffte Erhörung ausbleiben sollte. Ich finde nicht, daß man dies als theologische Immunisierungsstrategie abtun darf – im Gegenteil: Es ist eine Möglichkeit, den Falsifikationsprozeß der Praxis ernstzunehmen und auf konkrete Erfahrungen offen, flexibel oder sogar schöpferisch zu reagieren. Der Nachweis unangemessener Vorstellungen von Erhörung und Bitte müßte ja helfen, an den Tag zu bringen, was es mit dem Bittgebet nun eigentlich auf sich hat. Das Problem von Bitte und Erhörung (bzw. Nichterhörung) ist daher nicht isoliert anzupacken. Es gilt zu berücksichtigen, welche anderweitigen Elemente das Bittgebet konstituieren, also insbesondere die Annahme eines »Adressaten« und ein bestimmtes Selbstverständnis des »Absenders« der Bitte.

Der Zusammenhang zwischen dem Bittgebet und seinem Adressaten, zwischen Gebetsverständnis und Gottesbegriff, wurde im Gefolge der Diskussion um die nordamerikanische Gott-ist-tot-Theologie deutlich. Zwar thematisierte damals Rolf Schäfer die »gemeinsame Krise« der beiden »Lehrstücke« Gott und Gebet[9]. Doch merkwürdigerweise hatte sich mit dem Tod Gottes das Gebet keineswegs erledigt. Gott schien tot, aber die Kirche lebte weiter[10], das Gebet ließ sich nicht aus der Welt schaffen. Dorothee Sölle versuchte, ein »atheistisches Beten« zu artikulieren[11]. Das Gebet hielt sich nicht nur durch, sondern erlebte – religionsphänomenologisch gesehen – geradezu eine Renaissance. Programmatisch hat dann Gerhard Ebeling den Zusammenhang von Gotteslehre und Lehre vom Gebet in sein dogmatisches System aufgenommen[12].

Bei der Diskussion über den Zusammenhang von Gebetsverständnis und Gottesbegriff zeigte sich sehr rasch, daß zugleich immer die Frage nach dem Verhältnis von Gebet und Selbstverständnis des Menschen zur Debatte stand. Die klassischen Argumente der Religionskritik formierten sich wie von selbst zu Einwänden gegen das Gebet: Stellte es nicht den erfolgreichsten Weg des Menschen dar, sich selbst und seinen Aufgaben in der Gesellschaft und an der Welt zu entkommen? Einzelne Theologen versuchten, diese Einwände aufzufangen und mindestens das Christentum als eine Religion der Tat und der Vernunft darzustellen[13], gerieten dabei aber in die Gefahr, das Bittgebet in seinem herkömmlichen Verständnis gänzlich aufzugeben.

Wie also sollte angesichts der angedeuteten theologischen und anthropologischen Schwierigkeiten sinnvoll und unter Inanspruchnahme der christlichen Tradition von »*Bitte*« und »*Erhörung*« geredet werden können? Das ist die Frage, der sich die vorliegende Studie zu stellen sucht. Sie skizziert in ihrem ersten Teil die verschiedenen Grundmuster neuer und alter Prägung, die in der Theologie heute angeboten werden, um das Problem des Bittgebets verständlich zu machen. Dieser erste Durchgang mündet in die Frage, wie die verschiedenen Gesichtspunkte zum Gottesbegriff, die aus der unterschiedlichen Begründung des Bittgebets resultieren, einander zugeordnet werden können.

In einem zweiten Hauptteil werden die Einwände der Religionskritik aufgenommen. Obwohl die Übergänge fließend sind, läßt sich hier das Schicksal der verschiedenen theologischen Begründungsmodelle von Bittgebet weiterverfolgen. Dabei ergibt sich, daß die Religionskritik zwar – durch einen mehr oder weniger einleuchtend geführten Gewaltstreich – die Gottesfrage zu lösen, sprich: zu beseitigen versucht, aber im Blick auf das Verständnis des Menschen eine ganze Reihe von Problemen offenläßt. Sollte es also nicht denkbar sein, daß es ein Modell der Zuordnung von Gebet und Gottesbegriff gibt, das sowohl die theologischen Schwierigkeiten, wie sie sich aus der christlichen Tradition ergeben, als auch die anthropologischen Probleme, die in der Perspektive der Religionskritik offenbleiben, zu klären verspricht?

Ein solches Modell, das genuin christlicher Tradition entstammt, aber kaum je explizit bedacht worden ist, wird im dritten Hauptteil vorgestellt und im vierten Hauptteil systematisch-theologisch entfaltet sowie auf seine praktischen Konsequenzen hin befragt. Die Eingrenzung auf das Bittgebet, die sich methodisch für den Gang der Untersuchung empfohlen hatte, wird sich am Ende wieder lockern und schließlich erübrigen.

Für wen ist dieses Buch geschrieben? Ich vermute, jeder Autor schreibt, was er schreibt, zunächst einmal für sich selbst. Die Gottesfrage hat mich seit meiner »theologischen Geburt« aus dem Widerstreit zwischen progressiver Tod-Gottes-Theologie und lutherischer Wort-Gottes-Theologie begleitet. Auch mein Gebetsverständnis und mein Beten selbst hatten dabei ihre Geschichte. Ich weiß mich mit meinen Fragen und mit meiner Geschichte nicht allein. So hat mein Buch eine doppelte Adresse, die wohl in manchem Leser in eine zusammenfallen wird: Ich schreibe für die Betenden und für die Denkenden. Ich teile die Ansicht von Gerhard Ebeling: »Das Beten wurde nicht zuletzt deshalb dem Denken fremd und das Denken dem Beten feind, weil über das Beten – nicht etwa zuviel, sondern – zu wenig *gedacht* worden ist.«[14] Wohl auch deswegen, so möchte ich ergänzen, weil im Blick auf das Denken so wenig *gebetet* worden ist[15].

1 Theologische Begründungsmodelle des Bittgebets

1.1 Das Bittgebet als Akt des Gehorsams

Mein Gott,
du hast geboten zu bitten
und zu glauben,
daß die Bitte erhört werde.
Darum bitte ich
und verlasse mich darauf:
du wirst mich nicht verlassen
und mir den rechten Glauben geben.

Martin Luther[1]

Nimm hin, o Herr, meine ganze Freiheit. Nimm mein Gedächtnis, meinen Verstand, meinen ganzen Willen. Was ich habe und besitze, hast Du mir geschenkt – ich stelle es Dir wieder ganz und gar zurück und übergebe alles Dir, daß Du es lenkest nach Deinem Willen. Nur Deine Liebe schenk mir mit Deiner Gnade und ich bin reich genug und suche nichts weiter.

Höchster König und Herr aller Wesen, obwohl ein Unwürdiger, biete ich mich doch Dir ganz dar im Vertrauen auf Deine Gnade und Hilfe und versichere im Angesicht Deiner glorreichen Mutter und Deines ganzen himmlischen Hofes, daß folgendes meine Absicht, mein Wunsch, mein festester Entschluß ist: daß ich, soweit es zu Deiner größeren Ehre und zum Fortschritt meines Gehorsams dient, Dir in möglichster Nähe folgen will, in wahrer geistiger und äußerer Armut, Dir im Ertragen von Unrecht und jeglicher Widrigkeit nachleben will ...

Ignatius von Loyola[2]

Die beiden ausgewählten Beispiele machen von vornherein deutlich, daß in der christlichen Tradition unter »Gehorsam« durchaus Verschiedenes verstanden werden konnte. Die Autorität, an die sich das Gebet wendet, wird bei Luther schlicht als persönlich relevant und tragend angesprochen (»Mein Gott«), während sie bei Ignatius feierlich, fast theatralisch vergegenwärtigt wird (»Höchster König und Herr aller Wesen, ... im Angesicht Deiner glorreichen Mutter und Deines himmlischen Hofes ...«).

In beiden Gebeten ist ein »Dialog« erkennbar, bei Luther (Anruf – Gott hat »geboten« – Reaktion – Gott wird »mich nicht verlassen«) stärker als bei Ignatius (»Nimm hin« – Gott ist der Herr, hat alles geschenkt – »übergebe alles Dir – versichere – meine Absicht«). Als »Gebot« versteht das Luther-Gebet, daß wir auf die Zusage Gottes vertrauen, es ist also im Grunde das Gebot, sich auf das Evangelium und seine Verheißung zu verlassen. Das Ignatius-Gebet erkennt eine Mehrung der »Ehre« Gottes im »Fortschritt meines Gehorsams«, wobei unter Gehorsam Hingabe, Unterwerfung und Leiden aufgrund eines bewußten und willentlich herbeigeführten Entschlusses verstanden wird. Ein konkretes Gebetsanliegen wird in beiden Gebeten nicht genannt; vielmehr geht es in beiden Fällen um die rechte christliche Existenz, also auch darum, was rechtes Beten heißt. In beiden Gebeten vollzieht sich bereits bis zu einem gewissen Grade das, worum gebetet wird.

1.1.1 Rufe mich an ...

Zunächst ist nach der biblischen Begründung solchen Betens zu fragen. Nicht anders als Luther hat auch die katholische aszetische Literatur bei der Begründung des Bittgebets aus dem Gebot immer wieder auf das Vaterunser verwiesen. Bei Matthäus wird es mit der Aufforderung eingeleitet: »Darum sollt ihr also beten« (Mt 6,9); auch bei Lukas folgt es auf einen Imperativ aus dem Mund Jesu: »Wenn ihr betet, so sprecht ...« (Lk 11,2).

So haben insbesondere die Einleitungen zum Vaterunser dazu beigetragen, daß das Gebet zu einer Sache des fordernden Gesetzes werden konnte. Es braucht hier nicht aufgeführt zu werden, an wievielen Stellen im Neuen Testament von Jesus berichtet wird, daß er zum Bitten auffordert, zu der ihn umgebenden Gebetspraxis sich kritisch äußert (vgl. Mt 6,5ff) und schließlich auch selbst betet. Doch in den biblischen Zeugnissen wollen die Imperative, die das Gebet empfehlen, zur Bitte einladen, ermuntern, ermutigen, ermächtigen, nicht aber sie in einem kultisch-gesetzlichen Sinne anordnen und institutionalisieren. Der alttestamentliche Glaubende weiß sich zu seinem Gebet von Gott aufgerufen (Ps 50,15), aber er versteht das Bittgebet keineswegs als ein Gesetz, dem er blindlings nachzukommen hätte. Es wäre allenfalls zu fragen, inwieweit sich für alttestamentliches Verständnis Sollen und Dürfen trennen lassen. Jedenfalls steht fest: Ein isoliertes Bittgebet, das schlicht nur aus Gehorsam (im Sinne blinder Unterwerfung) oder um solchen Gehorsam bittet, kennt das biblische Zeugnis nicht[3].

1.1.2 Begründende oder gefährdende Autorität Gottes?

Dem Verständnis des Bittgebets als eines Gehorsamsakts können zwei diametral verschiedene Gottesbegriffe zugrundeliegen:

a) Es gehört zum Wesen der Autorität Gottes, daß er Opfer und Hingabe fordert. So wird das Gebet in der katholischen Moraltheologie als »vorzüglich ein *Akt der Tugend der Gottesverehrung*« genannt[4]. »Nichts hat der Heiland Seinen Jüngern ernster und nachdrücklicher ans Herz gelegt als das beharrliche, demütige, bettelnde, dankende und jubelnde Gebet.«[5] Während die Anbetung dem Stand der Vollendung entspricht, ist das Bittgebet dem Pilgerstand zugeordnet und insofern die unserer Wirklichkeit entsprechende Weise der Gottesverehrung. Es weckt in uns die »Tugend der Hoffnung«[6]. Ohne das Bittgebet kann niemand selig werden: »Wer betet, wird sicher gerettet, wer nicht betet, wird sicher verdammt« – diese Regel wird einem Heiligen zugeschrieben![7] Das Gebet gilt als notwendiges Gnadenmittel zur Erlangung der Seligkeit. Es liegt gar nicht so viel daran, worum da gebetet wird – als ein gegen menschliche Trägheit und sonstige Widerstände durchgehaltenes »gutes Werk« gehört es in den Heilsplan Gottes hinein. Es hat in ihm seinen Stellenwert, auch wenn der Bittende den Wortlaut einmal nicht voll nachvollziehen kann und eher darauf wartet, durch den vorgegebenen Wortlaut innerlich erst in Gang gebracht zu werden. Eine ausschließlich als gesetzliche Leistung vollzogene Gebetspraxis wäre zwar mangelhaft, andererseits brächte die langfristige Unterlassung des Gebets erheblichen Schaden mit sich. Es ist übrigens eine neuprotestantisch-aufgeklärte Meinung, daß man erst beten könne, wenn man das Bedürfnis dazu verspüre oder sich in der entsprechenden Stimmung befinde: Laut vorgetragene Gebete haben, so findet Luther in seiner Vaterunser-Auslegung 1519, ihren Sinn (und auch ihre Grenze) darin, »als eine Anreizung und Bewegung der Seele« zu dienen; denn »so viel unaussprechliche Gnade ist in dem Wort Gottes, daß (es) auch mit dem Munde ohne Andacht gesprochen, aus Gehorsam, ein fruchtbar Gebet ist und dem Teufel wehe tut«[8]. Die Frage Karl Rahners wird auch dem Protestanten einleuchten: »... ist es nicht besser, daß wenigstens noch die Lippen Gott benedeien, als daß der ganze Mensch stumm werde? Und ist so nicht mehr Hoffnung, daß auch im Herzen Widerhall finde, was auf den Lippen klingt, als wenn alles im Menschen stumm bleibt?«[9]

Das ist nun freilich eine anthropologische Begründung, die nicht mehr aus der Annahme eines nach Opfern ausschauenden Gottes resultiert. Ein Gebet als Opfer verstanden, bei dem es dann notwendig auf das Quantum ankommt (»drei Vaterunser beten«) und bei dem der Inhalt letztlich irrelevant wird, verdirbt das Beten, zu dem das biblische Zeugnis ermutigen will: Das, wozu Gott einlädt und ermächtigt, kann nicht als Leistung des Menschen ihm wieder vorgerechnet werden. Es ist eine Perversion des Bittgebets in sich selbst: Die Bitte anerkennt ja gerade die Situation völliger Angewiesenheit auf ihren Adressaten und kann nicht, ohne sich selbst zu verraten, zum Aufbau von Anspruchsdenken dienen.

Eine Variante solchen unbiblischen Verständnisses der göttlichen Autorität liegt im Verzicht auf jede Konkretion des Bittgebets: In frommer Ergebung überläßt sich der Bittende der Verfügungsgewalt seines Adressaten, zeigt sich einverstanden damit, wenn dieser ihn auch den schlimmsten Peinigungen und der ödesten Leere aussetzen sollte (»resignatio ad infernum«). In diesem scheinbar frommen Gedanken, den selbst Luther zu Beginn seiner Wirksamkeit teilen konnte, liegt eine Verschmelzung mystischer Gelassenheit mit dem Bild eines autoritären Willkürgottes vor, der, im Extremfall mit sadistischen Zügen ausgestattet, auf seiten seiner Verehrer masochistische Anwandlungen zu provozieren vermochte.

b) Die *Autorität Gottes* kann aber auch als *begründend* und *befreiend* erfahren werden; die Berufung auf sie rechtfertigt gerade das Gebet dessen, der beim Beten von allen »Nützlichkeitserwägungen« absieht. In diesem Sinne hat Luther etwa im Großen

Katechismus unter Bezugnahme auf den Beginn des Dekalogs unermüdlich darauf hingewiesen: Gottes Name soll angerufen werden, Gott hat dies geboten, nicht weniger als alle anderen Gebote: »Das will er von uns haben, und soll nicht in unsrer Willkür stehen, sondern wir sollen und müssen beten, wollen wir Christen sein«[10]; »was und wofür wir bitten, sollen wir so ansehen, als von Gott gefordert und in seinem Gehorsam getan«[11]. »Solches kannst du ihm aufrücken (vorhalten) und sprechen: Hier komme ich, lieber Vater, und bitte, nicht aus meinem Vornehmen noch auf eigene Würdigkeit, sondern auf dein Gebot und Verheißung« – schließlich hätte Gott das Gebet nicht geboten, wollte er es nicht erhören[12]. Der Gehorsam, für den Luther plädiert und den er Gott gegenüber am Platze sieht, besteht nicht darin, sich »gehorsamst« zu unterwerfen. Bleibt der Inhalt des Bittgebets letztlich belanglos, so könnte es ja leicht zu einem psychologischen Mittel degenerieren, menschlichen Willen zu brechen. Gerade in dieser willentlichen Brechung des Willens, in der aktiven Selbstaufopferung, sieht Luther die sublimste Form menschlicher Selbstbehauptung, den raffiniertesten Triumph des menschlichen Willens! Seiner Meinung nach gehorcht der Mensch Gott vielmehr dann, wenn er auch auf den Gehorsam als Mittel der Selbstbehauptung verzichtet und ohne Vorbehalt in Anspruch nimmt, was Gott ihm anbietet und ihm nahelegt, wozu Gott ihn ermächtigt und befreit, wenn wir also den Namen Gottes »nicht unnützlich führen, sondern denselben in allen Nöten anrufen, beten, loben und danken« (Auslegung des Zweiten Gebots im Kleinen Katechismus).

In der Gegenwart hat besonders Karl Barth diesen Gesichtspunkt zur Entfaltung gebracht, indem er das Bittgebet mit der Buße zusammensah: »Christlich beten heißt: auf alle Illusionen über sich selbst verzichten und sich zu seiner ganzen Bedürftigkeit offen bekennen.«[13] Als Bittender weiß der Glaubende, daß er ganz und gar der Empfangende – und daß Gott ganz und gar der Gebende, Schenkende, Gewährende ist. Gott kann als der Gebende gar nicht stärker geehrt werden, als daß der Mensch sich geben läßt, als daß er darum bittet, nehmen zu dürfen. Die einseitige Ausübung dieses Gebetstypus mag in der christlichen Frömmigkeitsgeschichte allerlei unchristliche Folgen gezeitigt haben, falsche Demut und unangebrachte Selbstverleugnung. Trotzdem läßt sich – innerhalb dieses Ansatzes gesehen – nicht bestreiten: Gerade im Bittgebet, zu dem Gott gebietend einlädt, wird er als der erkannt, der er ist – der »ewigreiche Gott«, der »Brunnquell guter Gaben«[14].

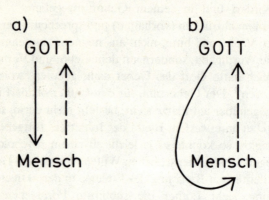

Abb. 1: Gebet als Akt des Gehorsams
(Geschlossene Linie = Aktion, gestrichelte Linie = Reaktion)

a) Gott als gefährdende Autorität: Gott ordnet das Bittgebet an. Der Mensch reagiert gehorsam, ohne nach Erhörung zu fragen.

b) Gott als begründende Autorität: Gott gebietet das Bittgebet, um dem Menschen damit die Zuverlässigkeit seiner Zusage zu verdeutlichen. Der Mensch wird dadurch zum Bitten inspiriert und befähigt, ohne Gott auf eine bestimmte Weise der Erhörung festzulegen.

1.1.3 Verzicht auf Erhörung

Die Frage der konkreten *Erhörung* bzw. *Nicht-Erhörung* tritt, wenn das Bittgebet einseitig als Gehorsamsakt aufgefaßt wird, zurück, ja, sie kann gänzlich verschwinden: Ziel solchen Gebets ist dann nicht die Erfüllung eines bestimmten Anliegens, sondern das eigentliche Anliegen besteht im Vollzug dessen, was im Akt des Bittens ansatzweise schon sich verwirklicht: Hingabe im Sinne des Ignatius, Inanspruchnahme der Einladung Gottes im Sinne Luthers. Hat das Bittgebet seinen Sinn bereits als das Opfer an Zeit, Aufmerksamkeit oder Selbstüberwindung, so ist seine Erhörung unwichtig, wenn nicht überflüssig – Nicht-Erhörung könnte den Gehorsamsakt ja sogar noch intensivieren[15]. Das Bittgebet im Sinne Luthers erwartet zwar die Erhörung in einer konkreten Not, doch stehen Gebot und Verheißung Gottes so sehr im Vordergrund, daß keine konkrete Nicht-Erhörung sie ernstlich widerlegen könnten.

Kritisch ist festzuhalten, daß das Bittgebet, verstanden als Gehorsamsakt, je nach Interpretation durchaus etwas davon klarlegen kann, wie der Bittende sich selbst und wie er den Adressaten seines Bittens versteht. Darin ist es deutlicher als andere Formen des Gebets, wie etwa Dank oder Anbetung. Doch bliebe die Bitte, würde sie nicht auch als solche auf ihren Inhalt, ihre Erwartung bzw. Enttäuschung hin bedacht, nur ein Vorwand: Durch den Hinweis auf das Gebot kann die Problematik des Bittgebets nicht als ausreichend beantwortet gelten. Faktisch werden heute ohnehin nur wenige Menschen »aus Gehorsam« – gegenüber Gott oder der Kirche – beten.

1.2 Die naive Bitte »um etwas«

Für die Früchte des Feldes

Herr, Gott, Schöpfer Himmels und der Erde. Du hast uns dazu bestellt, daß wir uns die Erde untertan machen und von ihren Früchten uns nähren Jahr um Jahr. Weil wir aber selber nicht ein Körnlein aus der Erde bringen können, flehen wir zu dir:
(Bei gutem Wachstum:)
Gib fruchtbares Wetter, Regen und Sonnenschein zu seiner Zeit, daß die Früchte des Feldes wohl geraten. Bewahre in Gnaden die Fluren vor Unwetter und Nässe, vor Dürre und Schädlingen.
(Bei drohendem Mißwachs:)
Wir haben es ja wohl verdient, daß du uns so sehr zürnest, aber wende dich doch wieder zu uns und gib uns günstiges Wetter, auf daß die Früchte des Feldes nicht verderben, sondern wohl geraten.
(Gemeinsame Fortsetzung:)
Segne alle treue Arbeit in Feld, Garten und Weinberg. Kröne das Jahr mit deinem Gut, erquicke unsere Seelen mit dem Brot des Lebens. So wollen wir deine Güte rühmen, daß du so wohl an uns tust.
Evangelisches Kirchengesangbuch[16]

Die Zahl der möglichen Beispiele ist unbegrenzt. Ich habe dieses gewählt, weil das Gebet um Regen ein klassisches Paradigma der Religionsgeschichte ist – man denke nicht nur an den Regenzauber in vielen primitiven Religionen, sondern auch an Elia (1Kön 17,18) oder an Rabbi Choni, den Kreiszieher. Er pflegte sich in die Mitte eines Kreises zu setzen, den er im Sand um sich gezogen hatte und den er nicht eher wieder verließ, als bis seine Bitte erfüllt war. Man erinnere sich aber ebenso der Bittprozessionen in katholischen Gebieten; auch eine evangelische Kirchenleitung hat in einem der letzten Dürrejahre zur Abhaltung von Bittgottesdiensten um Regen aufgerufen. Das Beispiel scheint mir andererseits geeignet, weil ihm der Zeitgenosse wohl eher distanziert gegenüberstehen wird – die Analyse eines solchen Textes stellt keinen Einbruch in die Intimsphäre dar, wie das bei persönlicheren Gebeten »um etwas« der Fall wäre.

Wir haben einen fingierten Dialog vor uns, bei dem die Anrede seitens der Bittenden dominiert, eventuelle Gegenrede höchstens ahnungsweise deutlich wird: Gott, der Angeredete, hat sich als Auftraggeber für den jetzt ohne seine Hilfe nicht zu erfüllenden Auftrag zu erkennen gegeben (»Du hast uns dazu bestellt . . .«); er trägt offenbar gewisse Bedenken gegen die ihn Bittenden (»Wir haben es ja wohl verdient . . .«). Der Adressat wird auf seine Kompetenz hin angesprochen (»Schöpfer Himmels und der Erde«), er wird an seinen eigenen Auftrag erinnert; darauf folgt das Eingeständnis der Unfähigkeit der Bittenden, ihrer Angewiesenheit auf den Adressaten (»Weil wir aber selber nicht können«). Die Möglichkeiten der Bittenden werden minimalisiert (»nicht ein Körnlein«). Der Inhalt der flehentlich vorgetragenen Bitte konzentriert sich schlicht auf die Bitte: »Gib . . ., daß . . ., bewahre« bzw. »gib, auf daß . . .« Die Konkretion (»Schädlinge«, »Weinberg«) mündet in den Gesamthorizont einerseits des Gesamtertrags (»alle treue Arbeit« – »das Jahr«), andererseits der Zuwendung Gottes (»Segne«, »kröne«, »Brot des Lebens«). Ein Versprechen künftigen Wohlverhaltens bildet den Ausklang.

Die Parallelen zu außerchristlichem Gebet[17] sind deutlich, aber auch die Nähe zur Bitte biblischer Prägung.

1.2.1 Was ihr bitten werdet ...

Die biblische Begründung solchen Bittens liegt für jeden auf der Hand, der sich auch nur ein wenig in den Texten des Alten und Neuen Testaments auskennt; »Sprüche«, die man im Religions- und Konfirmanden-Unterricht gelernt haben mag, fallen einem dazu ein: »Bittet, so wird euch gegeben. . « (Mt 7,7), »was ihr bitten werdet in meinem Namen, das will ich tun« (Joh 14,13), »wenn ihr in mir bleibt . . ., werdet ihr bitten, was ihr wollt, und es wird euch widerfahren« (Joh 15,7). Der Vergleich mit dem bittenden Freund (Lk 11,5ff), der schließlich »um seines unverschämten Drängens willen« Erhörung findet, und mit der Witwe, auf deren Bitten selbst ein ungerechter Richter schließlich reagieren muß, machen deutlich, wie zuversichtlich der Glaubende bitten darf!

»Alle eure Sorge werfet auf ihn, denn er sorget für euch!« (1Petr 5,7), »des Gerechten Gebet vermag viel, wenn es ernstlich ist« (Jak 5,16) – das lehrt nicht zuletzt ein Blick ins Alte Testament: Abraham war in seinem Gebet ein »dreister Bettler«[18]. Der alttestamentliche Glaubende wußte: Man kann jedenfalls der Aufmerksamkeit Jahwes gewiß sein – denn: »Der das Ohr gepflanzt hat, sollte der nicht hören?« (Ps 94,9a).

Die Geschichte der Christenheit ist voll von Männern und Frauen, die in diesem Sinne zu Gott gebetet haben, kühn, herausfordernd, geduldig, zuversichtlich. »Gott will«, so legt Martin Luther im Kleinen Katechismus die Vaterunser-Anrede aus, »uns damit locken, daß wir glauben sollen, er sei unser rechter Vater und wir seine rechten Kinder, auf daß wir getrost und mit aller Zuversicht ihn bitten sollen wie die lieben Kinder ihren lieben Vater.« Friedrich Heiler hat Luther zum großen Exponenten der von ihm so benannten »prophetisch-evangelischen Frömmigkeit« hochstilisiert, die er freilich dann vom »naiven Beten des primitiven Menschen« nicht recht abzusetzen vermag[19].

1.2.2 Der theistische Vatergott

Welcher Gottesbegriff liegt solchem naiven Bitten zugrunde? Der Adressat der Bitte »um etwas« – so oder ähnlich wird er dann auch in der Anrede genannt – ist der »allmächtige Vater«: Er ist der schlechthin Überlegene, der Herr, der Schöpfer; seine Allmacht wird – trotz gelegentlicher theologischer Proteste – verstanden als eine Allmächtigkeit, als die Fähigkeit, nach Belieben seinen Willen durchzusetzen, jeglichen Widerstand zu brechen, jedwede Grenze zu überschreiten. Sein Wille aber gilt als der gute Wille des Vaters, der sich anschickt zu helfen, der jederzeit ansprechbar ist, umsichtig, vertrauenswürdig, beeinflußbar, umstimmbar. Jesus wird zum Indiz dieses guten väterlichen Willens; an der Hingabe des Sohnes wird der Ernst des Liebeswillens Gottes gemessen, gegen allen Augenschein, der dem widersprechen möchte. Der Geist ist es, der die Zuversicht weckt, wie ein Kind »abba« zu rufen und sich voller Vertrauen an den Vater zu wenden. Die Trinitätslehre, so weit sie in diesem Zusammenhang überhaupt bedacht wird, vermag die ihr an sich eigene kritische Funktion, die unten noch ausführlich zu erörtern sein wird, kaum wahrzunehmen. Gott, den »allmächtigen Vater«, stellt man sich durch und durch anthropomorph vor, ja, je intensiver das geschieht, desto elementarer scheint auch das Bittgebet auszufallen. Karikierend könnte man sagen (der anachronistische Vergleich sei erlaubt): Die dem Bittgebet zugrundeliegende Vorstellungswelt ist die Erinnerung an den Vater, der dem Kind hilft, mit seiner elektrischen Spielzeugeisenbahn klarzukommen – ist da ein Zug entgleist, dann greift der Vater von außen ins Geschehen ein und bringt die Dinge wieder zurecht. Mit dieser Vorstellung eines »deus ex machina«, eines Gottes, der von außen rettend in die Welt einzugreifen vermag, verbindet sich dann natürlich auch eine bestimmte Sicht der Welt und der Eigenverantwortung des Menschen.

1.2.3 Theorien der Gebetserhörung

Erhörung heißt im Kontext dieses naiven Bittens »um etwas«: Durch meine Bitte wird ein heilvoller, stützender oder auch den Naturzusammenhang durchbrechender Eingriff Gottes ausgelöst, der andernfalls ausgeblieben wäre. Daraus ergeben sich die drei klassischen Fragen der Religionskritik[20], die aber auch der naiv Bittende selbst als die innere Anfechtung seines Bittens kennt:

a) Wie sollte unter den heutigen Denkvoraussetzungen von »*Wundern*« gesprochen werden können? Das naive Bittgebet rechnet mit der Möglichkeit von Wundern im primitiven, umgangssprachlichen Sinn. Der Kapitän des sinkenden Schiffs, so weiß es die Anekdote, sagt: »Jetzt hilft nur noch das Beten!« Der Pfarrer antwortet entgeistert: »Ist es schon so weit?« Wenn unsere Möglichkeiten zu Ende sind, dann rufen wir Gott an in der Not, und er soll ein Wunder tun und uns erretten. Die Theologie bemüht sich eifrig darzulegen, daß man so schlicht vom Wunder nicht denken dürfe. Die historisch-kritische Exegese der letzten Jahrzehnte hat herausgearbeitet, daß in den biblischen Texten selbst die Pointe des Redens von Wundern keinesfalls in der Durchbrechung natürlicher Gegebenheiten liegt: Wunder sind dem alttestamentlichen Gläubigen Machttaten Jahwes, die zum Lobpreis der Gemeinde herausfordern, sind den neutestamentlichen Zeugen Zeichen, in denen die Nähe des Gottesreiches und die heilvolle Relevanz seines Verkünders aufblitzt. Es geht bei der Rede von Wundern jedenfalls im biblischen Zusammenhang nicht primär um ein historisches, sondern um ein hermeneutisches Problem: Was will sie sagen – über den, von dem »wunderbares« Handeln berichtet wird, und über den, dem solches »Wunder« widerfährt?

Diese Auskünfte passen freilich zu gut in das beim Zeitgenossen erwartete »moderne« Weltbild, demzufolge es Durchbrechungen des Naturzusammenhangs und seiner Gesetzmäßigkeiten nicht geben kann, als daß man in ihnen nicht auch einen apologetischen Zug vermuten dürfte. Es bleibt ein geheimnisvoller Rest, der, in Verbindung mit den Andeutungen der Naturwissenschaften über die Relativität und Begrenztheit ihrer Aussagen und mit allerlei Unerklärlichkeiten im Ablauf des scheinbar so lückenlosen Kausalzusammenhangs, die Frage offenhält, ob denn das Bittgebet nicht doch auch im naiven Sinne mit »Wundern« rechnen dürfe.

b) Sollte es ein derartiges direktes Eingreifen eines allmächtigen Vaters in das Weltgeschehen geben, dann treten notwendig Gebet und *Arbeit*, Erwartung des göttlichen Eingriffs und Wahrnehmung eigener Verantwortung miteinander in Konkurrenz. Nach einem Satz, den man Luther in den Mund gelegt hat, muß man »arbeiten, als ob das Beten nichts hülfe, und beten, als ob das Arbeiten nichts hülfe«[21]. Gebet und Arbeit würden einander so als zwei Totalaspekte ergänzen. Die Geschichte der christlichen Frömmigkeit und ihrer säkularen Fortsetzung kennt aber auch das Auseinanderfallen dieser beiden Ansätze, das Gebet als Ersatzhandlung für entschlossenes Eingreifen und die wahrgenommene Eigenverantwortung als Ablösung scheinbar nutzlosen, ja die Kräfte am falschen Ort bindenden Bittens: »Uns wird kein Gott erlösen...« Aber es lassen sich, wie wir sehen werden, Denkmodelle finden, in denen das Bittgebet, wenn es nicht mißbraucht wird, sinnvoll und fruchtbar der Eigeninitiative des Menschen zugeordnet werden kann.

c) Die stärkste Herausforderung für den Bittenden und wohl die durchschlagendste Provokation für seinen Kritiker ist das *Theodizee-Problem*: Wenn es den allmächtigen Vater gibt, der die Möglichkeiten hätte, hilfreich in das Weltgeschehen einzugreifen, der individuelles Leid und politische Katastrophen verhindern könnte und es nicht tut, der ungerührt zusieht, wie in Auschwitz und anderswo die Schornsteine rauchen, in denen menschliches Leben planmäßig vernichtet wird – dann kann es sich doch nur um einen sadistischen Dämon handeln, oder eben um eine Ausgeburt krankhafter menschlicher Phantasie. Erzählungen naiv Glaubender davon, wie gerade sie aufgrund ihres Gebets die »Durchhilfe Gottes« erfahren haben, während andere Menschen jämmerlich zugrundegingen, wirken abstoßend und pervers.

Der naiv »um etwas« Bittende wird, wenn er sich nicht sogleich in theologische Ausflüchte und Hilfskonstruktionen hineinrettet, jedenfalls hin und wieder zugeben müssen, daß seine Bitte nicht erhört wurde, daß das »Wunder« nicht stattfand, daß schließlich doch alles davon abhing, was er selbst, der Bittende, an Initiative einzubringen hatte, daß Gott rätselhafter Weise schwieg, als die Katastrophe sich zu entladen begann. Nun kann man natürlich einwenden: Kein praktizierender Christ verstehe das Gebet in diesem naiven und die Gabe vom Geber isolierenden Sinn als eine Bitte »um etwas«. Meine Frage in diesem Zusammenhang aber lautet: Welchen Sinn hat dann überhaupt ein Bitten »um etwas« (oder »für jemanden«!), wenn es von vornherein theologisch unerlaubt sein soll, die Bitte so zu verstehen, wie sie nun einmal lautet, wie sie sich mir sozusagen auf die Lippen zwingt?

1.2.4 Theorien über das Ausbleiben der Erhörung

Die konkrete Nicht-Erhörung kann von den Vertretern dieses Gebetsverständnisses durch folgende Denkfiguren bewältigt werden:

a) Die *Unterscheidung von Erstursache und Zweitursachen* gab der Scholastik und der ihr folgenden Theologie die Möglichkeit, zwischen dem eigentlichen Willen Gottes und dem aktuellen Vollzug einer scheinbar nach eigenen Gesetzen ablaufenden Ereigniskette zu unterscheiden. Mochte im Bereich des Vordergründigen und Zweitursächlichen ein Phänomen als Zufall oder auch als eindeutiges Ergebnis klar zu beschreibender Prozesse erscheinen, blieb dies, so oder so, doch umfangen von der alles begründenden und alles seinem guten Ziel zuführenden Erstursache, nämlich vom Willen Gottes selbst. Das Bittgebet gehört als solches der Ebene der Zweitursachen zu, auf die es auch einwirkt, doch so, daß es, falls es auf dieser Ebene keine Auswirkungen zeitigt, von Ewigkeit her der Vorsehung und damit Gottes eigentlichem Willen zugeordnet bleibt. Es kann als Faktor auf der Ebene der Zweitursachen im Rahmen der Vorsehung Gottes von vornherein in den Weltplan Gottes eingebaut sein, und zwar als ein Faktor, der sich auswirkt – dann findet der Bittende in einem auch für ihn selbst evidenten Maße Erhörung. Wird sie ihm jedoch nicht zuteil, so bleibt er doch der Verläßlichkeit von Gottes Vorsehung gewiß[22].

Abgesehen davon, daß uns heute die philosophischen Voraussetzungen fehlen, dieses Denkmodell in einer für uns fruchtbaren Weise nachzuvollziehen: Es droht die Bitte »um etwas« zum Scheinmanöver zu machen – sie hat ja als solche keine eigene Kraft, wird entweder übergangen oder kommt auf eine Weise zum Zuge, deren Funktion rational nicht eingesehen werden kann. Warum bedient sich Gott von Ewigkeit her im einen Falle des Gebets, um ein bestimmtes Ziel zu realisieren, im anderen Falle nicht? Das Bittgebet muß dann anderweitig, nicht jedoch von seiner Erhörung her motiviert werden – beispielsweise als Akt des Gehorsams und der Frömmigkeit.

b) Die Lehre von der *Zulassung Gottes* stellte im Zeitalter der altprotestantischen Orthodoxie das evangelische Seitenstück zur katholischen Unterscheidung zwischen den Ursachen dar: Hier wird nicht eine philosophische Ehrenrettung Gottes versucht, sondern von dem durch und durch personalen Willen Gottes aus argumentiert. Gott »sitzt im Regimente«, er regiert, und er kann dies tun, indem er natürliche Auswirkungen im Bereich des Geschöpflichen

- hindert, zu dem ihnen immanenten Ziel zu gelangen (»impeditio«),
- umlenkt, so daß sie trotz böser Absicht einem von Gott intendierten Ziel dienen (»directio«)
- begrenzt, so daß sie über ein bestimmtes Maß hinaus nicht Schaden anrichten können (»determinatio«)
- zuläßt, ohne in einem positiven Sinn an ihnen beteiligt zu sein (»permissio«)[23].

Das Ringen des Bittenden mit Gott, wie es die biblische Tradition kennt, wird hier stärker durchgehalten als in der unterkühlten scholastischen Lehre von den Erst- und Zweitursachen; verschiedene Möglichkeiten der Reaktion Gottes auf das Gebet kommen in Sicht. Aber abgesehen davon, daß uns der hier vorausgesetzte Gottesbegriff möglicherweise schwer nachvollziehbar ist – der Gedanke, daß Gott das Böse ggf. doch zuläßt, kann auch in sich nicht befriedigen, wenngleich die Intention verständlich ist: Das Böse soll durch den Gedanken der Zulassung umgriffen bleiben von der Allmacht des Vaters, ohne die eben auch Böses nicht existieren könnte. Erklären jedoch die alten Dogmatiker die Zulassung als etwas, das Gott eigentlich nicht will und das nur negativ mit ihm in Beziehung steht, so fallen sie sich damit selbst wieder ins Wort. Eine »innere« Grenze des Bittens »um etwas« kommt dem Bittenden in den Blick: Das Bittgebet gilt zwar in jedem Fall als erhört – freilich »wenn nicht zu Willen, so doch zum Heil« des Bittenden[24].

c) Eine Variante der Unterscheidung von Erst- und Zweitursachen und auch der Differenzierung zwischen dem eigentlichen Willen Gottes und dem, was er zuläßt, stellt der Versuch dar, die Einlösung der Erhörung ins *Eschaton* zu verlegen: in die von Gott verheißene Zukunft von Heil und Erlösung jenseits unserer Existenz- und Verstehensbedingungen. Jede Bitte, Gott möge verhindern, daß Menschen Tränen vergießen müssen, mündet ins Ziel, wenn Gott »abwischen wird alle Tränen von ihren Augen« (Offb 21,4). Alles Bitten, mit dem wir das Leiden und Sterben unserer Nächsten begleiten, vielleicht auch unser eigenes, ist erhört in dem Jubelruf: »Der Tod ist verschlungen in den Sieg! Tod, wo ist dein Stachel, Hölle, wo ist dein Sieg?« (1Kor 15,55). Für mich ist diese Zuordnung des Bittgebets, wenn sie nicht als Vertröstung auf den St. Nimmerleinstag mißbraucht wird, ein weiterführender Gedanke[25], auf den ich unten zurückkommen werde. Es erhebt sich dann freilich die Frage, in welchem Verhältnis zueinander gegenwärtige und zukünftige Erhörung stehen. Veränderungen in der gegenwärtigen Situation müßten sich aus der in der Zukunft zu erwartenden Veränderung ergeben. Erhörung ließe sich dann ja wohl nicht auf die Zukunft begrenzen!

d) Durch ein anthropomorphes Gottesbild kann natürlich auch die *absolute Souveränität Gottes* unterstrichen werden: Gott »erbarmt sich nun, wessen er will, und verstockt, welchen er will ... Ja, lieber Mensch, wer bist du denn, daß du mit Gott rechten willst?« Diese bei Paulus (Röm 9,18.20) zwar in einem anderen Argumentationszusammenhang stehenden Sätze machen jedenfalls deutlich, daß der Mensch keinen Anspruch auf Erhörung hat. Gott ist ihm gegenüber frei, zu nichts verpflichtet – der Mensch ist Sünder, ihm muß es schon Gnade bedeuten, daß Gott sich überhaupt von ihm ansprechen läßt! Der Christ beeile sich daher, Gott darauf hinzuweisen, daß er es ja nicht verdiene, erhört zu werden, und zu bitten, Gott wolle seine Sünde nicht ansehen (vgl. unser Beispiel: »Wir haben es ja wohl verdient, daß du uns so sehr zürnest, aber wende dich doch wieder zu uns und gib uns günstiges Wetter ...«); auch die formelhafte Berufung auf Jesus – »um Jesu Christi, deines lieben Sohnes willen« – kann die Funktion haben, Gott anzuzeigen, daß der Beter um seinen Stand als Sünder weiß und wirklich keine Ansprüche geltend machen möchte. Er betet »um etwas«, aber in dem Wissen, daß es Gottes freie Entscheidung ist, die erbetene Gnade zu gewähren oder zu verweigern.

e) Umgekehrt läßt sich zur Bewältigung einer ausbleibenden Erhörung auch an *Gottes leidende Liebe* erinnern, wie sie sich am Kreuz Jesu Christi gezeigt hat. Jesus selbst ging nicht den Weg der billigen Erhörung und der raschen Erfüllung, er verzichtete darauf, sich das Brot und die Herrschaft und den Schutz zu besorgen, den – nicht Gott, sondern der Teufel ihm angeboten hatte (Mt 4,1ff par.). Er floh nicht, er bestand nicht darauf, daß sein Wille geschah – und das alles um der Erlösung der Menschen willen! Gott, »der auch seines eigenen Sohnes nicht hat verschonet, sondern hat ihn für uns alle dahingegeben – wie sollte er uns mit ihm nicht alles schenken?« (Röm 8,32). Wenn also eine Bitte nicht die Erhörung findet, die sie ersehnt, dann muß das einen besonderen Sinn haben, dann kann das nicht an einer etwaigen Unfähigkeit oder Gefühllosigkeit des allmächtigen Vaters liegen! Kann ich den Sinn auch nicht erkennen, so lasse ich mich doch dessen getrösten, daß Jesus selbst diese Erfahrung gemacht hat: Gott muß das Versagen einer Bitte sich selbst abringen. Eines Tages wird sich zeigen, wofür »es gut war«.

In der langen Geschichte des christlichen Glaubens wurde diese Überzeugung, gewonnen im Aufblick zum Gekreuzigten, für zahllose Menschen zur entscheidenden Hilfe, mit dem Ausbleiben der ersehnten Erhörung fertig zu werden. Im Kontext eines personalen Gottesverständnisses ist sie wohl sachlich überzeugend, dagegen logisch kaum befriedigend. Die Denkschwierigkeit liegt hier nicht zwischen Bitte und ausbleibender Erhörung, aber sie ist auch in diesem Argumentationsmodell nicht beseitigt, sondern nur verlagert – aus dem Verhältnis zwischen Gott und Mensch in das Verhältnis zwischen Gott und Gott, zwischen Gott dem Vater und Gott dem Sohn. Das Rätsel wird in den fernen Gott hineinverlegt, statt daß zum Ausdruck käme, wie der nahe Gott den bittenden Menschen geheimnisvoll gegenwärtig umgreift.

f) Wer davon ausging, daß hinter einer versagten Erhörung letztlich Sinn liegen mußte, fand ihn – vielleicht erst nachträglich und in gehörigem Abstand zu den Ereignissen – in einer Art *göttlicher Pädagogik*: Wenn ich mich Gott auch in Situationen überlasse, die ich nicht verstehe, vertieft sich mein Vertrauensverhältnis zu ihm. Insbesondere Martin Luther hat viel Positives über die Anfechtung gesagt: Gott selber ist ihr Urheber, ja, Gott kann den Teufel dazu »erwecken«, daß er die Menschen in Unglück und Herzeleid stürze. Anfechtung wozu?, fragt Luther in einer seiner

Vaterunser-Auslegungen[26]. »Daß der Mensch sich und Gott erkennen lerne; sich erkennen, daß er nichts vermag als sündigen und übeltun, Gott erkennen, daß Gottes Gnade stärker sei als alle Kreaturen.« Die Anfechtung schärft dem Menschen den Blick dafür, was wirklich verläßlich ist und was nicht, sie schult ihn, bewährt ihn wie im Feuer, sie reizt ihn zu immer intensiverem Gebet, sie treibt ihn Gott geradewegs in die Arme. Nirgends anders als in der Hölle erkennen wir den, der uns wieder aus ihr herauszieht, nicht anders als unter Kreuz und Leiden werden wir dessen gewahr, wie tröstlich Gott gerade in der Verlassenheit gegenwärtig ist.

Die in diesen Sätzen ausgesprochene Erfahrung und Überzeugung soll keineswegs angetastet werden. Für den, der sie teilt, ist sie gültig. Aber heute legt sich doch manchem die Frage nahe, ob nicht hier auch ein gehöriges Maß an pädagogischer Vorentscheidung zugrunde liegt: Gott »spielt mit uns, wie der Vater mit seinem Kindlein, dem er ein kleines Geschenk wegnimmt, um die Zuneigung des Sohnes zu prüfen und auf sich zu ziehen«[27]. Zuviel grausames Spiel ist mit dieser Art von Pädagogik schon getrieben worden, als daß sie uns ohne weiteres als Erklärung dafür dienen könnte, wieso Gott eine Bitte nicht erhört.

g) Die Bitte »um etwas« *transzendiert sich selbst*: Wer den allmächtigen Vater um etwas bittet, kann im Grunde nicht bei »etwas« stehen bleiben, wenn er sein eigenes Bitten ernst nimmt. Wem wird es genügen, Pfennige aus Gottes Hand zu erhaschen, wenn er doch Gottes Hand selbst haben kann[28]? Die Gabe, um die gebeten wird, verweist auf den Geber, der sie geben kann, der um ihre wahre Qualität weiß und der die Stunde kennt, in der sie angebracht ist, ja in der er sie maßlos in den Schatten stellen wird. Gott gewährt nicht etwas, sondern sich selbst. Wir suchen im Grunde auch nicht etwas, sondern ihn selbst. Indem er statt eines »Etwas« sich selbst uns schenkt, gewährt er uns, was wir im Grunde unseres Herzens letztlich statt des Etwas suchen. Es scheint ganz selbstverständlich: »Gott hört auf dein Rufen, wenn du ihn dabei suchst. Er hört dich nicht, wenn du durch ihn anderes suchst« (Augustin)[29].

Ich finde, solche Auskünfte stimmen – und sie stimmen nicht. Es sind Aussagen, die ihre Heimat in der Etappe einer friedlichen

Christlichkeit haben. Sie wirken vernünftig, solange ich kein wirklich bedrängendes Anliegen habe, deswegen auch ein wenig billig und abgeklärt. Was aber soll derjenige zu ihnen sagen, dessen Kind nach einem Unfall in der Klinik unter dem Sauerstoffzelt liegt? Oder der Gefolterte in seiner Zelle? Oder . . .? Die Lösung für das Verständnis des Bittgebets liegt hier jedenfalls nicht, obwohl eine breite Tradition christlicher Frömmigkeit in dieser Weise gedacht, gelebt und geglaubt hat.

Zusammenfassend läßt sich festhalten: Das Bittgebet »um etwas« lebt von der naiven Überzeugung des Bittenden, es sei notwendig und sinnvoll, ein bestimmtes Anliegen von einem personal, als kompetent und wohlwollend vorgestellten Gegenüber, dem »allmächtigen Vater«, zu erbitten. Es begibt sich damit in das Feld zahlreicher logischer Ungereimtheiten, die theoretisch durch Distinktionen gelöst oder gemindert werden sollen. Diese Unterscheidungen, zunächst abgelesen an dem Widerspruch zwi-

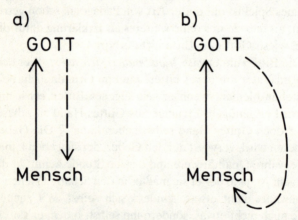

Abb. 2: Die naive Bitte »um etwas«
(Geschlossene Linie = Aktion, gestrichelte Linie = Reaktion)

a) Gott »erhört« direkt: Das Bittgebet ist durch ein konkretes Anliegen ausgelöst; es erwartet (und findet) konkrete Erfüllung.

b) Gott »erhört« indirekt: Das Bittgebet ist zwar durch ein konkretes Anliegen ausgelöst. Es findet die Erhörung jedoch nicht in der konkreten Erfüllung eines Wunsches, sondern in Gottes Zuwendung, die dem Bittenden umfassend weiterhilft.

schen Erhörungsgewißheit und faktischer (jedenfalls »scheinbarer«, »vorläufiger«) Nicht-Erhörung, weisen auf unterschiedliche Aspekte des Gottesbegriffs hin und erreichen in der Gegenüberstellung von Gott, dem Vater, und Gott, dem Sohn, ihren stärksten Ausdruck. Sie können vom Bittenden bis zu einem gewissen Grade nachvollzogen werden durch sein eigenes Wissen um die unterschiedliche Gewichtung äußerer und innerer Anliegen.

Das naive Bittgebet »um etwas« ist äußerst anfällig für Mißbrauch, vermag den Bittenden auf der Stufe magischen Wünschens festzuhalten und ihn am konkreten Einsatz seiner eigenen Möglichkeiten zu hindern. Findet es keine Erhörung, so kann es zwar zu einem vertieften Vertrauensverhältnis gegenüber dem »allmächtigen Vater« führen, aber auch zu tiefer Verzweiflung und zum »Abbruch der Beziehungen«. Es scheint sich primär aus einer bestimmten Weise der religiösen Sozialisation heraus zu artikulieren; diese aber droht insgesamt über Bord geworfen zu werden, wenn es nicht gelingt, die naive Bitte »um etwas« (auch intellektuell redlich) zu klären und geistlich zu vertiefen.

Die Widersprüche, in die es hineinführt, sind jedoch der – letztendlich nicht zu hohe – Preis für seine Sprengkraft. Für den Bittenden, der mit der Möglichkeit des »Wunders« rechnet, ist jede Situation grundsätzlich offen. Diese Offenheit mag sich auf den individuellen Bereich beziehen: »Das Gebet erzeugt eine jeweils spezifische *Offenheit* im Betenden: Die Offenheit dessen, der sich in allem, was kommen mag, von seinem Gott behütet und bewahrt weiß .. die Offenheit dessen, der in allem, was kommen mag, von Gott her einen bedeutsamen Gewinn, einen Zuwachs seiner Existenz ... erwartet und darin jeweils einen weiteren Schritt zur Errichtung jener endgültigen Gemeinschaft, zu der er sich bestimmt weiß.«[30]

Die Bitte selbst droht in solcher Argumentation schon wieder spiritualisiert, zum Vorwand für »Eigentliches« zu werden. Eine deutlichere Sprache sprechen diejenigen, die an der Bitte »um etwas«, um konkrete Veränderung festhalten: »Das Gebet ist ein Ort des Widerstands, der ›Unterbrechung‹, ein Ort des Aufstands gegen diese gnadenlose Kontinuität, deren Erfahrung uns so apathisch macht und . . . so unpolitisch . . . Das Gebet kann und muß . . . zum Aufruhr gegen die grassierende Erwartungslosigkeit und ihre schleichende Zersetzung eines jeden nicht verzweckbaren Engagements« werden[31]. Insofern kommt gerade das Bittgebet als ein »in sich subversiver Akt – ein Akt der ›unverschämten‹ Selbstbehauptung gegenüber dieser Welt« zu stehen.[32] Unzählige Beter haben dies gerade unter extremen Belastungen erfahren.

Das naive Bittgebet »um etwas« ist also offenbar – trotz aller notwendigen Einwände – ein zutiefst menschliches und zugleich zutiefst christliches Geschehen[33]. Umso dringlicher stellt sich die Frage, welche Elemente seiner theologischen Theorie einer Neuformulierung bedürfen, damit es nicht auf Kosten intellektueller Redlichkeit einerseits und auf Kosten notwendigen Engagements andererseits praktiziert werden kann bzw. muß.

1.3 Die Bitte »um Gott«

Nach deiner Verheißung, Herr, bitte ich:
Gib mir nicht Gold oder Silber,
sondern einen starken festen Glauben.
Nach deiner Verheißung suche ich:
Laß mich finden,
nicht Lust oder Freude der Welt,
sondern Trost und Erquickung
durch dein heilsames Wort.
Nach deiner Verheißung klopfe ich an:
Tue mir auf,
ich begehre nichts,
was die Welt hoch und groß achtet,
sondern deinen heiligen Geist gib mir,
der mein Herz erleuchte,
mich in meiner Angst und Not
stärke und tröste.

Martin Luther[34]

Gib mir, o Herr, ein wachsames Herz, damit kein voreiliger Gedanke mich von dir entferne; ein edles Herz, das kein unwürdiges Gefühl erniedrigt; ein gerades Herz, das keine zweideutige Absicht vom Wege abirren läßt; ein festes Herz, das kein Ungemach zerbricht; ein freies Herz, das keine Leidenschaft unterjocht. Gib mir, o Herr, einen Verstand, der Dich kennt; einen Eifer, der Dich sucht; eine Weisheit, die Dich findet; ein Leben, das Dir gefällt; eine Ausdauer, die Dir mit Vertrauen anhangt, und ein Vertrauen, das Dich endlich besitzt.

Thomas von Aquin[35]

Die Bitte »um Gott« kann sich auf den Adressaten und damit auf die ersehnte Erfüllung – wie bei Luther – oder auf den Menschen als den Empfänger des Ersehnten – wie bei Thomas – konzentrieren. In beiden Fällen handelt es sich um formal stark durchgearbeitete Texte: Das Luthergebet[36] ist aufgebaut entsprechend der dreifachen Weisung Jesu (»bitte ich«, »suche ich«, »klopfe ich an«), das Thomasgebet bedenkt das menschliche Herz nach verschiedenen (negativen) Hinsichten und fügt schließlich eine Reihe von (positiven) Aspekten hinzu, die sich im Sinne der mittelalterlichen Anthropologie nicht ohne weiteres mit dem »Herzen« verbinden lassen. Die Bitte »um Gott« legt nicht spontan und stürmisch los wie das Bittgebet »um etwas«, das Stoßgebet in tiefer Bedrängnis; sie ist vielmehr reifes, geläutertes, wissendes Gebet, das nach klarer, auch ästhetisch befriedigender Form verlangt. Luther bezieht sich dreimal ausdrücklich auf die Verheißung, auf die dem Gebet vorausgehende Anrede Gottes, während Thomas offenbar bewußt geworden ist, was alles an ihm Gott daran hindern könnte, seine Bitte zu erfüllen. Beide Beter benennen die Gefährdungen, denen ihr Bitten »um Gott« begegnet: Bei Thomas ist es das menschliche Herz selbst (»voreiliger Gedanke«, »unwürdiges Gefühl«, »zweideutige Absicht«, Zerbrechlichkeit angesichts von »Ungemach«, »Leidenschaft«), bei Luther ist es »Gold oder Silber«, »Lust oder Freude der Welt«, »was die Welt hoch und groß achtet« – er bekundet damit zugleich, worum er nicht bittet; die Bitte »um etwas« wird ausdrücklich ausgeschlossen. Die erbetenen geistlichen Gaben werden bei Luther eher von Gott her (»starken, festen Glauben«, »dein heilsames Wort«, »deinen heiligen Geist«), bei Thomas eher vom empfangenden Menschen her formuliert (»Verstand, der Dich kennt«, »Eifer, der Dich sucht« usw., »Vertrauen, das Dich endlich besitzt«). Das letzte verwegene Ziel solchen Bittens wird bei Thomas offen auf das Begehren des menschlichen Ich bezogen (»Dich ... besitzt«), während es von Luther in seiner Funktion für den bedürftigen Menschen erscheint (»der mein Herz erleuchte, mich in meiner Angst und Not stärke und tröste«). Die Alltagssprache tritt im Bittgebet »um Gott« zurück, da es ja geistliche Güter sind, um die es bittet.

1.3.1 Meines Herzens Trost und mein Teil ...

Im biblischen Zeugnis steht die Bitte um Gottes Nähe und Zuwendung am Ende einer langen und schmerzlichen Entwicklung der Frömmigkeitsgeschichte. Dem alttestamentlichen Glaubenden[37] lag es zunächst ferne, um etwas anderes zu bitten als um Hilfe in ganz konkreten Nöten: Er trug sie Gott vor wie einem Freund und konnte dabei feilschen wie Abraham um die Errettung von Sodom (Gen 18,22b ff) oder bedächtig sein Anliegen vor Gott ausbreiten wie Hiskia den Brief Sanheribs (2Kön 19,14ff). Er konnte schreien, weinen, rufen, wie das in den frühen Psalmen eindrucksvoll dokumentiert ist. Aber im Zuge einer Geschichte, welche äußere Erwartungen an Gott immer mehr widerlegte, wurde dem Volk Israel und dem einzelnen Israeliten deutlich: Mochte es einst ein Zeichen für die Zugehörigkeit zu Jahwe gewesen sein, Anteil am verheißenen Land zu bekommen – jetzt galt: »Wenn mir gleich Leib und Seele verschmachtet, so bist du doch, Gott, allezeit meines Herzens Trost und mein Teil« (Ps 73,26). Mochte dem Israeliten ursprünglich Besitz, Nachkommenschaft und die nackte physische Existenz wichtig gewesen sein – nun konnte er sagen: »Wenn ich nur dich habe, frage ich nichts nach Himmel und Erde« (Ps 73,25). Nicht nur einzelne Güter verloren an Anziehungskraft, sondern auch das irdische Leben als ganzes: »Deine Güte ist besser als Leben« (Ps 63,4)[38]. Der von politischen Katastrophen erschütterte oder in persönlichen Schwierigkeiten steckende Israelit wird dessen inne, daß letzter Verlaß nur auf Jahwes Zuwendung, auf sein »Wort« ist: »Das Gras verdorrt, die Blume verwelkt, aber das Wort unseres Gottes bleibt ewiglich« (Jes 40,8). Diesem Wort möchte der Glaubende antworten und entsprechen, an ihm kann er sich freuen, es gibt ihm Halt und Orientierung: »Dein Wort ist meines Fußes Leuchte und ein Licht auf meinem Wege« (Ps 119,105). Die Bitte »um etwas« war offenbar in vieler Hinsicht nicht erhört worden – diese Krise führte zu einem neuen und tieferen Verständnis des Betens selbst, zur Bitte »um Gott«.

Das Neue Testament geht von dieser Einsicht bereits aus: Die Glaubenden sollen nicht viel »plappern wie die Heiden« – »euer Vater weiß, was ihr bedürfet, ehe denn ihr ihn bittet« (Mt 6,7f).

»Trachtet am ersten nach dem Reich Gottes und nach seiner (Gottes) Gerechtigkeit, so wird euch solches alles zufallen« (Mt 6,33) – dies ist die Ordnung, die für das Bittgebet gilt. Deswegen stellt das Vaterunser – offenbar in bewußter Polemik gegen sein jüdisches Seitenstück, das Achtzehnbittengebet – vor die Bitten, die konkrete Nöte betreffen, die großen eschatologischen Themen, die Gottes eigene Anliegen sind: Gottes Name, Gottes Reich, Gottes Wille. Freilich wäre es ein Vorurteil, wollte man behaupten, die irdischen Sorgen der Menschen würden damit gering geachtet, als würde es da »nur« um Gott und nicht um den Menschen gehen. Vermutlich lag in der ursprünglichen Verkündigung Jesu durchaus auch ein Protest gegen die fromme Spiritualisierung des Bittgebets. Sonst hätte sich Jesus doch wohl auf die Vergebung von Sünden konzentriert und die Krankheiten und Besessenheiten seiner Mitmenschen auf sich beruhen lassen. Daß auch die Zeitgenossen hier eine Spannung bemerkt haben, läßt sich an einer kleinen Modifikation ablesen, die das Lukas-Evangelium vornimmt: Während Jesus nach Matthäus aus dem Gleichnis vom bittenden Sohn, dem der Vater doch keinesfalls statt eines Brotes einen Stein anbieten werde, folgert: »Wieviel mehr wird euer Vater im Himmel Gutes geben denen, die ihn bitten« (Mt 7,11), heißt es bei Lukas an der gleichen Stelle, der Vater werde den ihn Bittenden jedenfalls »den heiligen Geist« nicht vorenthalten (Lk 11,13). Das »Gute«, das nach Matthäus vielleicht auch Materielles beinhalten sollte, wird bei Lukas konzentriert – und reduziert – auf Gottes Geist.

Die Bitte »um Gott« formuliert sich in den biblischen Zeugnissen nur ausnahmsweise direkt (»wenn ich nur *dich habe*«, Ps 73,25); der Abstand zwischen dem Beter und seinem Adressaten wird im allgemeinen auch durch die sprachliche Form gewahrt. Der Glaubende bittet um Gottes Zuwendung, Gnade und Schutz, um Gottes Gegenwart. Die Jünger Jesu erfahren freilich auch ein »Bleiben« ihres Herrn, das sie im Brotbrechen des gemeinsamen Mahls erkennen. Es wird ihnen gewiß, wo zwei oder drei von ihnen versammelt sind in seinem Namen (Lk 24,13ff; Mt 18,20). Johannes benennt die Verbindung zwischen Jesus und denen, die an ihn glauben, in den Bildern vom Guten Hirten und vom Weinstock. Überall in den urchristlichen Gemeinden weiß man von der Dynamik des heiligen Geistes und seiner Gaben, und inspiriert von Gottes Geist bittet die Urchristenheit voller Sehnsucht und Ungeduld: »Marana tha – ja, komm, Herr Jesus!« (1Kor 16,22; Offb. 22,20).

1.3.2 Gott für die Seele?

Der Gottesbegriff, der in der Bitte »um Gott« zur Auswirkung kommt, kann sehr vielgestaltig sein; das ergibt sich schon dadurch, daß Gott sowohl als Geber geistlicher Gaben wie auch als der sich selbst Gewährende verstanden wird.

a) Gottes Wesen besteht zutiefst in seiner *Bezogenheit auf die Welt* und insbesondere auf *den Menschen*. Diese Grundbeziehung Gottes kann personal, aber auch mystisch-überpersonal artikuliert werden.

Von der biblischen Tradition her ist der Christ in seinem Bittgebet um Gottes Zuwendung zunächst an einem personalen Gottesbegriff, am Bild des für seine Kinder sorgenden Vaters orientiert. Die Bitte »um Gott« wird daher oft als Fortsetzung und Vertiefung der Bitte »um etwas« zu stehen kommen. Gott will den Menschen nicht mit »etwas« abspeisen, sondern sich selbst ihm schenken. Am brennenden Dornbusch offenbart sich Jahwe als der, der schlechthin da sein wird für die Seinen, als der, der sich seinem Volk für alle Zeit und über alle Widerstände hinweg zusagt. Gott ist für die Menschen und ihre Welt da – anders kann der alttestamentliche Glaubende von ihm nicht sprechen; ein funktionsloses »Sein« Gottes ist ihm uninteressant und ein abwegiger Gedanke. Nach dem Zeugnis des Neuen Testaments radikalisiert sich dieses Dasein Gottes für die Menschen, indem es in dem Menschen Jesus von Nazareth, in seinem Sterben und Auferstehen, ja schließlich auch in der Gemeinde als dem »Leib« Christi zum Zuge kommt. Martin Luther bringt diese Bewegung der Selbsthingabe, die für Gottes Sein konstitutiv ist, zum Ausdruck, indem er sagt: Das ist unseres Hergottes »Ehre«, darin vollzieht sich das Gottsein Gottes, daß er sich um unseretwillen »aufs tiefste herunter gibt, ins Fleisch, ins Brot, in unsern Mund, Herz und Schoß«. Für Luther setzt sich die Bewegung der Selbsthingabe Gottes, deren Inbegriff die Menschwerdung ist, fort in der Gabe des Sakraments und des Gebets; zum Ziel gelangt ist sie dann, wenn sie in unserem »Mund, Herz und Schoß« angekommen ist[39]. Freilich, erst am Ende der Tage kann Gott so völlig sich den Seinen schenken, wie es seinem Wesen entspricht und wie sie es von ihm erbitten.

Damit wird aber auch das mystisch-überpersönliche Element sichtbar, das von hier aus den personalen Gottesbegriff aufsprengt und transzendiert: Gottes Nähe, die Gegenwart Jesu Christi, vermittelt sich den Glaubenden im sakramentalen Genießen von Brot und Wein auf eine Weise, die nicht mehr einfach als »personal« (im modernen Begriff des Wortes) verstanden werden kann. In der Feier des Abendmahls Jesu gewährt sich der Gott Jesu Christi den Seinen. Er unterfängt in seiner schlechthin vorweg und bedingungslos sich darbietenden Hingabe alles Bitten um seine Zuwendung und Nähe: Das Bittgebet »um Gott« sieht sich aufgehoben in der Feier der Eucharistie, in der dankbaren Annahme vorweg und unverdient gewährter Gottesnähe. Gott gibt sich hin – Gott gibt teil an seinem Sein: Diese beiden Aussagen, die in der theologischen Theorie so scharf gegeneinander aufgeboten werden können, gehen für das religiöse Bewußtsein möglicherweise problemlos ineinander über.

Im Bereich evangelischer Theologie und Frömmigkeit, in dem gegen alle mystische Religiosität immer wieder »das Wort« ins Feld geführt wurde, hat gelegentlich der Umgang mit ebendiesem »Wort« mystische bzw. sakramentale Züge erhalten. »Herr, dein Wort, die edle Gabe«, singt Zinzendorf, »diesen Schatz erhalte mir, denn ich zieh es aller Habe und dem größten Reichtum für . . .«[40] Hier ist der Grund, von dem aus gegen alles Haben und Nicht-Haben der Güter dieser Welt aufzukommen ist. Wenn ich mich ganz auf diesen Grund zurückzunehmen vermag, wenn ich mich völlig und ausschließlich auf dieses Wort zurückziehen, in dieses Wort hineinfliehen und mich in ihm bergen kann, dann gibt es nichts sonst, das mich ernstlich anzufechten oder zu erschüttern vermöchte. Hat die Seele nur das Wort, so »bedarf sie auch keines anderen Dings mehr, sondern sie hat in dem Wort Genüge, Speis, Freud, Fried, Licht, Kunst, Gerechtigkeit, Wahrheit, Weisheit, Freiheit und alles Gut überschwänglich«[41]. Was hier von der Seele gesagt wird, das trifft gewiß für den ganzen Menschen zu.

Von gelegentlichen Verirrungen abgesehen, hat evangelische Frömmigkeit und Theologie immer gewußt, daß das »Wort« nicht aufgrund seines »Buchstabens« zum letzten Zufluchtsort menschlichen Sehnens und Bittens werden kann: Wer Gottes Wort hört, der kommt mit Gottes Geist, mit Gottes schöpferischem Atem in Berührung. »Wer die Stimme nicht will hören, den geht der Atem auch nichts an.«[42] Die Bitte »um Gott« wird für den Christen zur Bitte um den heiligen Geist, die Bitte um den heiligen Geist kann sich wiederum direkt an den heiligen Geist wenden: Im heiligen Geist ist Gott Geber und Gabe zugleich. Ein Bittgebet, das Gottes Geist als Adressaten und als ersehnte Gabe, ja als Impuls zu solchem Sehnen und Bitten ernstnimmt, kann sich unmöglich auf den personalen Gottesbegriff, symbolisiert im Bild des allmächtigen Vaters, festschreiben lassen. Das trinitarische Element, das die theologische Theorie in der Gotteslehre für wesentlich, ja für konstitutiv erachtet und das in der Praxis des Glaubens bislang kaum eine nennenswerte Entsprechung findet, wird hier jedenfalls einmal sichtbar.

b) Das Bittgebet »um Gott« kann auch die Schaffung der Voraussetzungen für eine Begegnung mit Gott erflehen. Es bittet dann, sozusagen in seinem eigenen Vorfeld, um *göttliche Maßnahmen auf Seiten des Menschen oder der Welt*, die den Empfang der Gabe begleiten, ihm vorausgehen oder folgen müssen. Dadurch wird der dynamische Aspekt des personalen oder auch des mystisch-überpersonalen Gottesbegriffs akzentuiert. Im individuellen Bereich erhofft der Bittende von Gott, daß er ihn erneuern und heiligen wolle, daß er ihn aufnahmebereit mache für sein Wort und sein Gebot, er erwartet, daß Gott ihn in Anspruch nehmen, daß er über ihn gleichsam hereinbrechen werde. Doch gerade weil es dabei um Gottes alles erneuernde Macht geht, um die alles erfüllende schöpferische Kraft des Gottesgeistes, kann diese Bitte nie auf den Bittenden begrenzt bleiben. Sie bittet um die Heiligung des Gottesnamens, um das Kommen des Reiches Gottes und um das Geschehen des Willens Gottes »wie im Himmel ... so auf Erden«. Solche Bitte macht sich Gottes eigenes Anliegen zu eigen, sie entspricht dem Interesse des Reiches Gottes. Sie artikuliert sich im Blick auf die Kirche und ihre Verkündigung, auf ihre Mitarbeiter und ihre Leitung, sie bittet um die »reine

Predigt des Evangeliums« oder für »unseren Papst«. Es ist die Bitte des mit der Sache Gottes sich identifizierenden Beters. Gott hat ein Projekt in dieser Welt, dem das Bittgebet und der Bittende selbst und auch die gesamte Gruppe der Bittenden zugehört. Bei dieser Auffassung wird Gottes Wirklichkeit von seinem mächtigen, sein Projekt vorantreibenden und zum Ziel bringenden Willen her verstanden. Gott führt sein Reich herauf, setzt es im Bittenden und in der Gemeinde der Bittenden gegen den Widerstand der Welt durch. Oder aber Gottes Gegenwart wird mit seiner Herrschaft in eins gesetzt, mit seiner Herrschaft ist er selbst gegenwärtig, Gott setzt mit seiner Herrschaft nicht »etwas«, sondern sich selbst durch, er kommt in den Bittenden und ihrer Gemeinde selbst zum Zuge, verwirklicht sich selbst in ihnen.

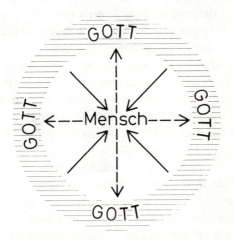

Abb. 3: Die Bitte »um Gott«

Die Bitte findet sich durch mannigfache von Gott ausgehende Impulse ausgelöst, die in ihrer Vielfalt und Gesamtheit den theistischen Gottesbegriff sprengen: Gottes Zuwendung zum Bittenden umfaßt ihn von allen Seiten und in allen Bereichen seiner Existenz. Die Erhörung ist in der Wahrnehmung solchen Umfaßt- und Getragenseins von Gott bereits im Gebetsvollzug gegeben.

Das personale und das mystisch-überpersonale Element schließen sich dabei keineswegs gegenseitig aus. Auf der Ebene christlicher Theologie hat sich diese Spannung niedergeschlagen in dem

Selbstverständnis der Kirche – einmal als des Leibes, der von Christus als dem »Haupt« her sich organisiert, gelenkt wird und funktioniert, zum andern als des Leibes Christi selbst: Christus existiert als seine Gemeinde[43].

1.3.3 Erhörung im Gebetsvollzug

Die Erhörung der Bitte »um Gott« ergibt sich aus ihrem Anliegen: Gott wird sich dieser Bitte nicht versagen, ja, solches Bitten selbst ist schon Teil seiner Erhörung, da in ihm sich bis zu einem gewissen Grade bereits das vollzieht, worum da gebetet wird. Das Vaterunser, so verstanden, ist dann schon mit seiner Anrede, sofern diese in ihrer ganzen Bedeutung ernst genommen wird, erhört. Wer in seinem Beten vollen Herzens und in hingebungsvollem Glauben dieses eine erste Wort »Vater!« zu sprechen vermöchte, der wird gewiß nicht fragen, ob denn sein Bitten Sinn habe und erhört werde: Es ist erhört, ja es antwortet sozusagen auf das Hören und Erhören Gottes. Es ist Gebet »im Namen Jesu«, nicht nur, weil es Jesu eigenem Bitten und dem von ihm gelehrten Vaterunser entspricht, sondern weil Jesus es »vertreten« kann[44]. Es hat nicht irgendwelche Vordergründigkeiten zum Inhalt, sondern ist geboren aus der Diastase zwischen dem Wissen um Gottes heilvollen Plan mit dieser Welt und ihrem offensichtlich diesem Plan noch längst nicht entsprechenden derzeitigen Zustand. Schleiermacher formuliert daher mit einer deutlichen Spitze gegen jede magische Vorstellung von Gebetserhörung: »Jedes Gebet im Namen Jesu hat die Verheißung Christi, daß es erhört wird, aber auch nur ein solches«.[45] Die Beziehung eines Gebetsinhaltes auf das Reich Gottes wird selbst zum entscheidenden Kriterium für seine Erhörung. Hat eine Bitte mit dem Reich Gottes nichts zu tun, so kann sie nicht als Gebet »im Namen Jesu« gelten, hat sie folglich auch keinen Anspruch darauf, erhört zu werden. Schleiermacher läßt das »bedingte Gebet« (das Gebet »um etwas«) insofern gelten, als es doch in irgendeiner Weise mit dem »Gottesbewußtsein« in Beziehung steht und bei einer deutlicheren Klärung seiner selbst die Beziehung seines Anliegens zum Reich Gottes finden wird. Es wäre an Schleiermacher die Frage zu stellen, was denn er unter »Reich Gottes« versteht und ob hier gegenüber dem neutestamentlichen Verständnis von Reich Gottes nicht eine erhebliche Verengung vorliegt. Charakteristisch ist, welche Funktion einem so verstandenen Bitten im Namen Jesu gegenüber konkreten »bedingten« Gebetsanliegen zugewiesen wird: Es dient der Erkenntnis, wie wenig unsere Wünsche mit dem Reich Gottes zu tun haben. Es »müßte sich gleichsam«, findet Schleiermacher, »während der Rede das Gebet in ein Gebet um Ergebung verwandeln, und dies wäre dann eines im Namen Jesu«[46]. Die Bitte »um Gott« führt zum Verzicht auf alles, was nicht Gott und seinem Reich entspricht, was nicht seine Notwendigkeit in Gottes Heilsplan ausweisen kann. Das schließt nicht aus, daß es auch zu neuer Begegnung mit der den Bittenden bedrängenden Realität des Alltags kommt[47]. Doch kann das Bittgebet »um Gott« in seinem Vollzug derart selbstevident erscheinen, daß ihm eine ganz besondere Gefahr droht. Es könnte – so, wie es eine »sich selbst erfüllende Prophezeihung« gibt – zum »sich selbst erhörenden Gebet« werden.

Ziehen wir ein kritisches Fazit, so haben wir davon auszugehen, daß das Bittgebet »um Gott« aus dem Verhältnis zwischen dem Bittenden, dem Adressaten und dem Inhalt der Bitte lebt. Die Bitte »um Gott« zehrt jede Bitte »um etwas« aus, erkennt sie als überflüssig. Allenfalls bei der Präzisierung ihres Inhalts, seiner Voraussetzungen und Konsequenzen kann »etwas« in den Blick kommen; doch dabei handelt es sich dann um geistliche Gaben an den Einzelnen oder eine ganze Gruppe. Gott und der Bittende werden einander wichtig, die Welt kann dabei zurücktreten, ja gänzlich irrelevant werden. Sie erhält jedenfalls einen Platz, von dem aus sie den Bittenden nicht zu bedrängen vermag: Gott, dessen der Bittende ja gewiß ist, steht dafür gerade, daß es mit der Welt schon irgendwie in Ordnung geht. Die Gewißheit um die Nähe Gottes begleitet den Bittenden bei all seinem Tun und Lassen, ermächtigt ihn in seinem beruflichen oder politischen Handeln, ohne daß er jedoch letzte Verantwortung dafür übernehmen oder auch eine äußerste Infragestellung befürchten müßte. Der archimedische Punkt ist gefunden, von ihm aus läßt sich sogar allerlei in Gang setzen und aus den Angeln heben, er fungiert keineswegs nur als eine Insel der Seligen, doch ist dies im Grunde ein Nebeneffekt.

Die einseitige, jegliches »Etwas« außer Kraft setzende Bitte »um Gott« taucht zwar in der Spätphase alttestamentlicher Frömmigkeit auf. Und gewiß wird von Paulus mit Worten, die wohl teilweise der Stoa entlehnt sind, die Freiheit des Glaubenden gegenüber irdischen Anfechtungen und Trübsalen zum Ausdruck gebracht: »In allen Dingen erweisen wir uns als die Diener Gottes ... als die Sterbenden, und siehe, wir leben ... als die Traurigen, aber allezeit fröhlich, als die Armen, aber die doch viele reich machen; als die nichts haben, und doch alles haben« (2Kor 6,4ff). Das Leben unter irdischen Verhältnissen erfolgt aus der »Distanz des ›als ob‹«[48] nicht, weil sich in solcher Distanziertheit besser leben ließe, sondern weil die verbleibende »Zeit kurz« ist und weil das »Wesen dieser Welt vergeht«. Es erweist sich als sachlich, als – realistisch betrachtet – notwendig: »Fortan müssen auch, die da Frauen haben, sein, als hätten sie keine; und die da weinen, als weinten sie nicht; und die sich freuen, als freuten sie sich nicht; und die da kaufen, als besäßen sie es nicht ...« (1Kor 7,29ff). Der Glaubende kann es wie Paulus lernen, sich »genügen zu lassen« (der griechische Wortlaut verwendet den Begriff ›autarkes‹), wie er's »findet« (Phil 4,11).

Doch das Ziel Gottes mit seiner Welt ist nach biblischer Auffassung nicht da erreicht, wo sich der Glaubende auf seine in Gott gewonnene Unabhängigkeit besinnt, so sehr auch sie als Geschenk, als Befreiung und Entlastung erfahren werden soll. Die alttestamentliche Erwartung eines den Menschen und seine Welt umfassenden Heils, Jesu Heilen und Eingreifen in irdische Verhältnisse, die Vision der Hütte Gottes bei den Menschen, der alle Tränen abwischen und dem Schreien und Sterben ein Ende machen wird – all das spricht eine zu deutliche Sprache, als daß es dem Christen erlaubt sein könnte, sich mit einer frommen Bitte »um Gott« zu begnügen. Die Konzentration des Bittgebets auf die Bitte »um Gott« oder doch um das Kommen seines Reiches, sofern sie auf Kosten der an den konkreten irdischen Verhältnissen interessierten Bitte geschieht, vermag also die Lösung des theologischen Problems, das mit dem Bittgebet ansteht, nicht zu sein.

Vom biblischen Zeugnis abgesehen, läßt sich ja auch die Frage stellen, ob eine derartige Selbstreduktion des Bittenden auf sein innerstes Anliegen menschlich sein kann. Begreift sich der Mensch als psychosomatische Ganzheit, so wird er das Somatische an seiner Existenz und folglich auch die Zusammenhänge, in denen er sich somatisch vorfindet, nur zu seinem Schaden vernachlässigen können. Auch eine soziologische Anfrage legt sich an dieser Stelle nahe: Ist ein Mensch, der nicht über das Instrumentarium eines geschulten Abstraktions- und Sublimierungsvermögens verfügt, zu einer derartigen Engführung seines Denkens und Empfindens überhaupt in der Lage? Die Augen in die Ohren zu stecken (Luther) und zusammen mit den Augen sämtliche Sinne, Eindrücke und Erfahrungen auf das »Hören« von »Wort« hin zurückzunehmen, das ist ein Verfahren, welches letztlich das Wort selbst nicht gestattet[49].

1.4 Das Bittgebet als Veränderung des Beters

Während die bisher besprochenen Formen des Bittgebets überall in der Geschichte der Religion und natürlich auch des Christentums begegnen, betreten wir mit diesem letzten Typus in gewisser Weise Neuland. Auch das traditionelle religiöse Bewußtsein konnte die Veränderung des Bittenden während und mit Hilfe des Bittgebetes einschließen, doch nie unter Ausblendung anderer Funktionen. Mochte das Bittgebet noch so sehr einen Menschen »umstülpen«, so war es doch zugleich immer auch mehr – Bitte aus Gehorsam, Bitte um etwas, Bitte um Gott. Ja, nur weil es *mehr* als Veränderung des Beters war, konnte es *auch Veränderung* des Bittenden sein. Selbst die Texte des Politischen Nachtgebets[50], denen es ja elementar um Veränderung geht, stellen letztlich eine Variante des traditionellen Betens dar. Sie wollen mehr als eine (innere) Verwandlung des Bittenden und eine sich daraus ergebende Veränderung einer (äußeren) Situation. Sie leben aus dem Engagement Jesu für die Menschen und sie sind gesättigt von Hoffnung. Im Zuge der Diskussion um den Gottesbegriff, wie sie vor allem innerhalb der letzten beiden Jahrzehnte stattfand, wurde jedoch eine Form des Gebets bedacht und erprobt, die *ausschließlich* auf Veränderung des Bittenden (und damit indirekt seiner Situation) abhebt. Es versteht sich von selbst, daß Begriffe wie »Bitte« und »Erhörung« in diesem Zusammenhang nur uneigentlich gebraucht werden können.

Ich will mich öffnen
> für alle Menschen, die zu Opfern der Mauern und Grenzen werden
> – zwischen den Völkern und Ideologien,
> – zwischen arm und reich
> – und auch noch zwischen den Konfessionen:
> daß ich im täglichen Leben bewußt Jesus nachfolge, der alles Trennende zwischen den Menschen beseitigt hat.

Ich will mich öffnen
> für unsere Kirche, in der viele Menschen ihre Hoffnung auf eine beginnende Erneuerung setzen, andere davor aber Angst haben:
> daß ich besser auf sie höre, um sie besser zu verstehen;
> daß ich mit Antwort gebe auf die Fragen unseres Lebens,
> so wie es Jesus getan hat, als er kam und uns allen ein Freund wurde.

Ich will mich öffnen
> für alle, denen das Glück nicht mehr hold ist
> oder denen es noch nie beschieden war;
> für alle, denen ein Fehltritt ein Leben lang nachgeht;
> für die von Leid und Krankheit Gezeichneten;
> für die Arbeitslosen und die mit ihrer Arbeit Unzufriedenen;
> und für die von zu Hause Verstoßenen oder Weggelaufenen:
> daß ich ihnen in konkreter Not nicht allein mit Worten gut bin,
> sondern es auch nicht an Taten fehlen lasse;
> daß ich handfest mitarbeite an einer Gemeinschaft, in der sich jeder zurechtfindet und sich wohlfühlt.

Ich will mich öffnen
> für alle, die nicht kapitulieren wollen vor den Anforderungen, die das Leben immer wieder neu an sie stellt;
> und für alle, die nicht müde werden, nach neuen Wegen zu suchen, auch wenn es schwerfällt, die alten zu verlassen:
> daß ich selber herauskomme aus einem Leben der Halbheiten und Unehrlichkeiten;
> daß ich mir nicht ständig etwas vormache, sondern mir in meinem Wollen und Tun ein Beispiel an Jesus nehme, der die Wahrhaftigkeit seines Lebens schließlich mit dem Tod am Kreuz bezahlt hat.

Ich will mich öffnen
> für alle, die ein Recht auf meine Liebe und Freundlichkeit,
> auf meine Erfahrung und Hilfe haben;
> für meine Frau und meine Kinder;
> für meine Eltern und Verwandten;
> für meine Freunde und Mitarbeiter;
> für Kranke, Notleidende und Ratsuchende:

daß ich vergessen und vergeben kann,
wo es um die Fehler der anderen geht;
daß ich selbst nicht müde werde,
das Gute und Schöne ihres Lebens zu wollen;
denn: Gott – das bedeutet Liebe;
      Gott – das bedeutet auch, daß wir uns freuen können;
      Gott – das bedeutet auch, daß wir glücklich sein sollen.

                                                                         Paul Schulz[51]

Wir danken
für das Licht des Tages und die Stille der Nacht;
für die Blüte des Frühjahrs (Höhe des Sommers/Pracht des Herbstes) und die wiederkehrenden Vögel (das Reifen der Frucht/die Fülle des Herbstes);
für jedes spielende Kind, das geborgen ist, ohne darüber nachzudenken.

Wir hoffen
auf die Kraft zum Gelingen für jeden in seinem Werk;
auf Gelassenheit für alle Ruhelosen;
auf Erfüllung für jeden, der sich danach sehnt;
auf Humor und gute Einfälle,
auf gute Zeit für einen jeden an seinem Ort.

Wir gedenken
derer, denen es schlechter geht als uns, und wollen ihnen helfen;
derer, die für unser Leben verantwortlich sind, und wollen sie nicht allein lassen;
derer, die nicht ein noch aus wissen, und wollen ihnen Licht bringen.
Wir sehnen uns nach Frieden für uns und alle Menschen.
Amen.
                                                                         Gert Otto[52]

Das Beispiel von Paul Schulz ist als Gebet des Einzelnen möglich, während der Entwurf von Gert Otto die betende Gemeinde im Blick hat. In beiden Fällen wird die Form des fingierten Dialogs bewußt verlassen, es findet keine Adressierung des Gebets statt, es taucht kein »Du« auf. Die Sätze schreiten in feierlicher Aussageform dahin, ein Moment des Respekts, aber auch des Gelöbnisses und der moralischen Verpflichtung schlägt sich in ihnen nieder. Aber schon ein Fragezeichen würde den Text stören – nicht zu reden von dem Aufschrei eines Geängstigten. Das muß bei dem hier vertretenen Gebetstypus nicht immer so sein: Das Gebet kann sich auch im Aussprechen und Durchhalten einer bohrenden Frage artikulieren: »Wie lange werden wir diese Spannungen noch ertragen? ... Wer bewahrt unsere Kinder vor ...?«[53]. Die Bitte verwandelt sich in die Frage, in die Bereitschaft zur Offenheit (»Ich will mich öffnen . . .«). Das Bittgebet findet sich transformiert in ein gemeinsames »Hoffen« und »Gedenken«, dem das »Danken« vorausgehen mag.

Oft wird dabei die Alltagssprache in den Vordergrund treten, da es ja der Alltag ist, der hier reflektiert wird. Konkrete Informationen des politischen Tagesgeschehens können einfließen[54]. Nicht selten ist freilich auch eine generalisierende Distanz zu beobachten: »Ich will mich öffnen . . .«, »für alle, die . . .«, »für meine Frau und meine Kinder«, von denen sich wohl zum Zeitpunkt solchen Bittens niemand gerade in einer Intensivstation befindet. Auch dann wäre ja die Formulierung noch sinnvoll, aber könnte es bei ihr bleiben? Nicht zu verkennen ist häufig auch ein intellektualisierender Zug. Die in diesem Gebetstyp vorgenommenen Abstraktionen sind für den im Artikulieren und Zuhören ungeübten Menschen gewiß nicht einfach nachzuvollziehen[55]. Dazu tritt gelegentlich eine »Tendenz zum Lyrismus«[56]. Die auf das Verhalten des Menschen sich beziehenden Passagen sind von der gewohnten Gebetsauffassung her wohl am leichtesten zu verstehen, da sie in gewisser Weise der traditionellen Bitte »um Gott« entsprechen (»daß ich selber herauskomme aus einem Leben der Halbheiten und Unehrlichkeiten . . .«). Es können auch Anleihen aus der Sprache der Tradition gemacht werden, die in dem gewählten Kontext unangemessen restaurativ wirken. Wie merkwürdig isoliert nimmt sich in Ottos Entwurf das abschließende »Amen« aus! Derartige Stilelemente sollen vermutlich den Anschluß zu traditionellen Formen des Betens herausstellen, wobei sich gleichwohl die Intention dessen, was die herkömmliche Gemeinde unter »Gebet« versteht, unter der Hand nicht unwesentlich verändert.

Doch haben Anleihen aus der Tradition bei den verschiedenen Autoren auch einen unterschiedlichen Stellenwert. Gemeinsam ist den Vertretern dieses Gebetstyps wohl dies, daß sie Gott nicht als »eine himmlische Figur« und folglich das Gebet nicht als »naives mythologisches Gott-Mensch-Begegnen« verstehen können[57]. Aber nun gehen die Wege auseinander: Während etwa bei Schulz ein Horizont erkennbar bleibt, auf den hin er sich öffnet, und den er geradezu mit der Vokabel »Gott« in Zusammenhang bringen kann (»Gott – das bedeutet Liebe«, »bedeutet auch, daß wir uns freuen können« und »daß wir glücklich sein sollen«), ist davon in dem Entwurf von Gert Otto nichts zu bemerken: Der Horizont besteht offenbar in der Möglichkeit zu danken, zu hoffen und zu gedenken, die dann als solche nicht mehr näher qualifiziert wird[58]. Die Begründung des Gebets als eines sinnhaften Tuns kann, wenn sie über »Gott« nicht mehr klar zu leisten ist, entweder auf dem Weg über die Gestalt Jesu erfolgen: Der Text von Paul Schulz enthält massive christologische Aussagen (»der alles Trennende zwischen den Menschen beseitigt hat«). Oder aber es muß anthropologisch versucht werden (»Wir sehnen uns ...«). Was ergibt sich dabei – in beiden Ansätzen – für den Gottesbegriff und das Verständnis von »Erhörung«?

1.4.1 Seid nüchtern und wachet ...

An einer biblischen Begründung in dem Sinne, wie sie für die Bitte aus Gehorsam, die Bitte »um etwas« und die Bitte »um Gott« gefunden werden konnte, dürften die Vertreter dieses Gebetsverständnisses kaum interessiert sein. Doch lassen sich eindrucksvolle Belege dafür geltend machen, in wie starkem Maße auch der biblische Beter in seinem Gebet sich selbst, seinem Woher und seinem Wohin begegnet ist.

Offenbar hat das Gebet für israelitisches Empfinden etwas mit Rechenschaft vor Gott zu tun, mit dem Auffinden und Wahrnehmen des eigenen Standorts vor Gott, wobei fromme Fehleinschätzungen dieses Standorts nicht auszuschließen sind: Das Gebet des Pharisäers belegt dies – im Gegensatz zu dem des Zöllners – auf anschauliche Weise (Lk 18,10ff).

Es gab sicher auch die Möglichkeit, schwierige Situationen im Gebet vor Gott zu reflektieren, wie dies etwa Hiskia tut (»Es ist wahr, Herr, die Könige von Assyrien ... Nun aber, unser Gott ...«, 2Kön 19,15ff); auch in manchen Psalmen vollzieht sich solches Reflektieren auf den eigenen Ort, der dann von Jahwe her begriffen wird: »Jahwe ist mein Hirte, mir wird nichts mangeln« (Ps 23,1ff). Oder man denke an die dem alttestamentlichen Beter wichtige Bitte um sein »Recht«[59]. Besonders die resignativ gestimmte »Weisheit« hat wohl den Beter dazu angeleitet, sich und seine Situation reflektierend vor Gott »aufzufinden«.

Im Gebet wurde dem Glaubenden klar, wie er sich verstehen durfte und was er zu tun hatte; das gilt gewiß auch für Jesus. Die Stimme, die Jesus versicherte, daß er der »Sohn« sei, äußerte sich nach dem Bericht des Lukas, als Jesus getauft war »und betete«[60]; das Gebet Jesu in Gethsemane und sein oftmaliges Fliehen in die Wüste und in die Einsamkeit sind unter diesem Gesichtspunkt zu verstehen[61]. Im Gebet kann es zu Visionen kommen, in deren Deutung dem Beter sein Auftrag klar wird[62]. Schließlich macht das Gebet den Menschen wach, aufmerksam, präsent[63] – »wachen«, und »nüchtern sein«[64], »warten«, »harren«, das alles kann zu einer Umschreibung des Betens und Bittens werden. Auch das Bild des Kämpfens, Partei-Ergreifens und Sich-Solidarisierens mag sich damit verbinden: »Ich ermahne euch aber, liebe Brüder . . ., daß ihr mir helfet kämpfen mit Beten für mich zu Gott«[65]. Die apostolische Weisung, »allezeit« zu beten[66], gibt sich aus ihrem Zusammenhang als einen Beitrag zur Ortsbestimmung des Glaubenden zu erkennen. Auch Luther urteilt: Man bete nicht, damit Gott dadurch belehrt würde, sondern vielmehr, damit wir bewegt würden zu fühlen, was uns fehlt und was man bitten müsse. »Das Gebet belehrt vielmehr mich und zeigt mir, was ich nötig habe, und es ermahnt mich zum Schreien zu Gott.«[67] Die Blickrichtung auf Gott soll hier natürlich nicht ersetzt werden durch diejenige auf meine eigenen Belange. Aber es ist doch deutlich, daß sowohl die biblische Tradition wie auch die christliche Frömmigkeitsgeschichte Selbstbesinnung und damit Selbstveränderung als legitime Elemente des Gebets verstanden haben.

Freilich, immer bleibt dabei auch für das reflektierende, die Situation und den Ort des Beters analysierende Gebet ein Gegenüber gegenwärtig und konstitutiv: der Gott Israels, der Gott Jesu Christi, Jesus Christus selbst. Kann man dies als zeitgebundene, dem antiken religiösen Denken verpflichtete Form abtun? Gert Otto stellt fest: »Soweit das Neue Testament in seinen Vorstellungen vom Gebet ungebrochen an der spätantiken Religiosität Anteil hat und das, was religionsgeschichtliches Allgemeingut dieser Zeit ist, lediglich auf Gott oder auf Jesus überträgt, sind seine Gebetsvorstellungen für uns nicht mehr übernehmbar, denn wir leben unter anderen geistigen Bedingungen.«[68] Hier werden unter der Hand zwei Kriterien miteinander verquickt (von denen mancher Autor sich wohl wünschte, daß sie sich deckten!): Der das religiöse Allgemeingut korrigierende Ansatz des Neuen Testaments und die geistigen Bedingungen unserer Zeit. Der gemeinsame Nenner wird gefunden in dem Gebetsverständnis des Neuen Testaments als einer das gesamte Leben betreffenden und prägenden Haltung (1Thess 5,17), die das Handeln von vornherein mit einschließt. Liegt hier aber nicht gerade das Allgemeinste an religiösem Allgemeingut vor? Auch der fromme Jude wußte, daß Gebet und Almosen zusammengehören; das Opfer, das der naiv Religiöse bringt, wird doch dargebracht in dem Bewußtsein, daß eigentlich die gesamte Existenz des Opfernden gefordert wäre! Und natürlich ist auch dem hellenistischen Zeitgenossen des Neuen Testaments klar, daß das Gebet nicht als ein separater religiöser Akt verrichtet werden kann, wenn es ernst genommen wird. Die Durchbrechung und Korrektur des religiösen Allgemeinguts durch den christlichen Ansatz muß an anderer Stelle gesucht werden. Schließlich ist an die Position von Gert Otto die Frage zu richten, wieso er nicht das Gebet insgesamt der antiken Religiosität zuschreiben und folglich für die Gegenwart eliminieren will, sondern »nur« das nach Erhörung verlangende Bittgebet!

1.4.2 Psychische Hilfe und moralische Orientierung als Erhörung

Welche Funktion kommt dem (Bitt-) Gebet zu, wenn es auf keinen Fall mehr darum gehen kann, »auf *Erhörung* zu lauern«[69]? Folgende Gesichtspunkte lassen sich ausfindig machen:

a) Das Bittgebet, auch wenn es nicht in irgendeiner Form »Erhörung« erwartet, dient doch der *psychischen Entlastung,* indem es die Angst nicht verdrängt, sondern zuläßt. »Das Gebet kann gerade durch Angst hindurch frei machen – wie schließlich das Gebet der Angst und der Betrübnis im Ölgarten Jesus frei gemacht hat, wach und klar«[70]! Joh. Bapt. Metz fragt in diesem Zusammenhang, ob unser herkömmliches Beten nicht gerade dieser Funktion des Bittgebets sich entziehe, indem es sich viel zu »positiv« und optimistisch artikuliere, »geprägt von einer Art Überbejahung, die von den Leiden und Widersprüchen nur im Klischee spricht und in der deshalb auch kaum etwas durchschlägt von unseren eigenen Zustimmungskrisen, von unserer Schwierigkeit, ja zu sagen?«[71] Dabei wird – sicher zu Recht – vorausgesetzt, daß das reine Aussprechen von Angst ebenso wie das Bekennen von Schuld in sich bereits eine Weise der Bearbeitung und Bewältigung darstellt. Eine weitergehende Entlastung, die über das immanente und doch wohl auch therapeutisch zu leistende Bewältigungsverfahren hinausführte, wird bei diesem Gebetstypus nur andeutungsweise oder auch gar nicht sichtbar. Die psychische Entlastung muß natürlich – ebensowenig, wie dies beim herkömmlichen Verständnis des Bittgebets der Fall ist – nicht unbedingt in die verantwortliche Aktion ausmünden, kann es vielleicht gar nicht angesichts unumstoßbarer Verhältnisse, angesichts von Krankheit und Tod. »Die häufigste Gebetserhörung«, so formuliert Heinrich Buhr resignativ, »wird als die Kraft erfahren, im Frieden, mit gutem Gewissen *es alles sein lassen zu können, wie es ist*«[72].

b) Das Bittgebet vermag aber auch als *Artikulationshilfe* meiner Bedürfnisse und Möglichkeiten zu dienen. In einer Situation allgemeiner Apathie, in der die Menschen so abgestumpft sind, daß sie weder ihr Leid noch ihre Wünsche ausdrücken können, in der sie ohnmächtig und dumpf hinnehmen, was ihnen widerfährt bzw. was ihnen von anderen zugemutet wird, in der sie sich ihrer Bedürfnisse und Sehnsüchte gar nicht mehr bewußt sind, könnte das Gebet sich als Medium der Selbstfindung erweisen, als ein Mittel »erster Hilfe«, wieder Tritt zu fassen. Das hat besonders Dorothee Sölle zur Geltung gebracht, ohne daß ihr Ansatz diesem Gebetstypus einfach zugeordnet werden dürfte: »Beten ist ein ganzheitlicher Akt, in dem Menschen den stummen Gott einer apathisch erlittenen Wirklichkeit transzendieren und zum redenden Gott einer pathetisch in Schmerz und Glück erfahrenen Wirklichkeit hingehen. Mit diesem redenden Gott hat Christus in Gethsemane gesprochen.«[73] Sicher sind viele Psalmen ein eindrucksvolles Beispiel für das, was damit gemeint ist; leider sei gerade diese Möglichkeit der »Selbstformulierung«, so urteilt Dorothee Sölle, »heute wie verschüttet«[74].

c) Die dritte Funktion eines nicht nach Erhörung schielenden Bittgebets könnte man charakterisieren mit dem Stichwort: »*Gebet als Realitätsgewinn*«. Dabei geht es nicht nur darum, daß der

Bittende sich über das Gewicht seiner Wünsche – im Kontext etwa seines gesamten Lebens, der Gesellschaft, in der er lebt, im Zusammenhang der Menschheitsgeschichte oder des »Reiches Gottes«[75] – klar wird. Gerade im Bittgebet, das entschlossen auf »Erhörung« in einem konkreten Anliegen verzichtet, wird dem Betenden klar, welche magischen Ausflüchte ihm nicht erlaubt sind, welchen Regressionsmechanismen er nicht zum Opfer zu fallen braucht. In diesem Sinne hat Walter Bernet das Gebet als »Anti-Beten«[76] zu begreifen versucht: »Konnte man früher vielleicht das Beten verstehen als eine Zuflucht und Flucht an die Brust eines allwissenden Vaters, als die Geborgenheit, die das sündige Ich im göttlichen Du findet«, so hat sich seine Funktion heute geradezu umgekehrt: Es bezeichnet »die Form, den Akt des Erfahrungsdenkens, worin der Mensch der Moderne sein Erwachsensein als die allein Leben ermöglichende Forderung übernimmt«[77]. Im Gebet wird mir also klar, worauf ich mich *nicht* verlassen darf, wenn ich nicht an der Realität und ihren Erfordernissen vorbeileben und -glauben will. Statt tröstliche Antworten zu geben, stellt das Gebet Fragen, stellt es jede Antwort in Frage und bekommt daher im Blick auf den Einzelnen und die Gesellschaft kathartische Kraft. Nicht »die Gesellschaft« kann die weiterführenden Fragen aufwerfen, sondern nur der Einzelne, und die radikalste Frage, die der Einzelne stellen kann, ist die nach seiner letzten Zuflucht und seiner ihn zum Leben weisenden Orientierung. Insofern bewährt sich das Gebet »als kritisches Prinzip gerade darin, daß es die Kategorie des Einzelnen einschärft, darin reine Frage ermöglicht und zur Vermenschlichung der Gesellschaft beiträgt«[78]. Dieser Ansatz, der dem herkömmlichen Gebetsverständnis auf den ersten Blick so sehr zu widersprechen scheint, bringt ohne Zweifel wichtige kritische Gesichtspunkte zum Zuge, die gerade im Interesse eines an Gott und nicht an menschlichen Wunschphantasien orientierten Bittgebets beachtet sein wollen.

d) Eine positive Entsprechung zu der hier vorgetragenen kritischen Sicht, immer noch auf der Ebene eines nicht nach »Erhörung« fragenden Bittgebets, artikuliert sich in dem Gedanken des »*Gesprächs zwischen dem Ich und dem Ich-Ideal*«[79]. Für Dorothee Sölle ist das bei der Erläuterung des Gebets freilich nur ein

Gesichtspunkt unter anderen. Sie beobachtet, daß ein solches Gespräch im Menschen nun einmal stattfindet, daß der Mensch es zu seiner Selbstklärung braucht. Es kommt nun alles darauf an, wer in diesem Gespräch der Partner des »Ich« ist: »Je nachdem, wer mitzureden hat, wer also im christlichen Sinn der ›Gott‹ des Betenden ist, wird das Ergebnis (die im Gebet erfolgende Veränderung des Betenden und seiner Welt) ein anderes sein.«[80] Die Überlegung, daß ein »Ideal«, das den Menschen fordernde und antreibende Über-Ich, hier sein Mitspracherecht anmeldet, läßt vermuten, daß sich die »Gesprächsthemen« stark im Bereich des Verantwortens und Handelns bewegen werden. Nun meldet sich das Über-Ich nicht nur vorweg, Orientierung gebend und Maßstäbe setzend, sondern auch anklagend und verdammend, wenn die Maßstäbe verletzt sind. Das Ich seinerseits fragt nicht nur danach, wie es handeln soll, sondern auch, wo es inmitten seines Handeln- und Scheitern-Müssens bleiben kann. Vielleicht darf das Ich doch einen umfassenderen Gesprächspartner als lediglich sein »Über-Ich« in Anspruch nehmen? Deutlicher scheint es mir daher, wie Marie Veit vorschlägt, das Gebet als ein Nachdenken im Angesicht Christi, als eine »›meditatio coram Christo‹« zu verstehen[81]. Meditiere ich vor Christus oder vor einem Abgott? »Wer coram Hitler meditierte und dadurch etwa dazu gebracht wurde, einen ihm vertrauenden Freund zu denunzieren, auch wenn er selbst daran zerbrach, der erfuhr die entsetzliche Macht dieses Abgotts.« Das christliche Gebet dagegen »enthält als ersten Schritt eine Art Zurücktreten von allem, worin wir leben, ein Zurücktreten aber, das nicht Abwendung ist, sondern ein Distanznehmen, damit (im Bild gesprochen) das Licht Christi darauf fallen kann.«[82] Der Betende wird auf diese Weise vor blindem Optimismus und realitätsfernem Aktionismus gleichermaßen bewahrt, d. h. aber, zu wirklich fruchtbarem Handeln befähigt.

e) Die nächstliegende Funktion des nicht um Erhörung bittenden Gebets, die in den bisher besprochenen Ansätzen auch meistens bereits mitgedacht wird, ist die von *Orientierung und Handlungsimpuls*. Darin besteht wohl, historisch gesehen, die erste und älteste Antwort auf unser Problem, die bis in die Zeit der Aufklärung hinabreicht[83]. Es war Kant, der dem Gebet »höchstens den Wert eines Mittels zu wiederholter Belebung« der moralischen

Gesinnung zubilligte[84]. Der Geist des Gebets, der »ohne Unterlaß« in uns wirken soll, ist der Geist der Moralität, nur er kann der »Erhörlichkeit« gewiß sein. Für Kant ist schon der äußere Gestus des Gebets verdächtig: Da redet jemand laut, ohne ein ersichtliches Gegenüber zu haben; wird er dabei ertappt, so schämt er sich dessen; sein Unternehmen ist, da es nicht mit einem eindeutig zu beweisenden Gegenüber rechnen kann, unter Umständen unredlich. Es geht Kant also wohl nicht darum, das Bittgebet noch irgendwie als sinnvoll zu »retten«, sondern vielmehr, es auf die Ebene zu begrenzen, auf der es keinen Schaden anrichten kann. Diese Grenze ist berücksichtigt, wenn sich im Gebet der Wunsch des Menschen artikuliert, »ein würdiges Glied im Reiche Gottes zu sein; also keine eigentliche Bitte um etwas, was uns Gott nach seiner Weisheit auch wohl verweigern könnte«, sondern ein »Wunsch, der, wenn er ernstlich (tätig) ist, seinen Gegenstand (ein Gott wohlgefälliger Mensch zu sein) selbst hervorbringt«[85]. Freilich überholt wachsende Moralität ihre vorläufige Ausdrucksform: Der moralische Mensch stellt das Gebet ein und erkennt es nur noch in seiner Öffentlichkeitswirkung auf die Moralität des einfachen Volkes an. Dieser letztere Gesichtspunkt ist inzwischen irrelevant geworden.

Es fragt sich, ob eine Theologie, die jedenfalls tendenziell das Gebet ausschließlich als Unternehmen zur Schärfung des Gewissens, zur Besinnung auf die Forderungen der Situation und auf etwaige Quellen menschlichen Engagements und Durchhaltevermögens auffaßt, deutlich machen kann, warum sie – gegen Kant – schließlich doch am Gebet festhalten will. Der Protest gegen das Gebet als Ersatzhandeln, an der Episode mit der stummen Kattrin in Brechts »Mutter Courage« von der neueren theologischen Literatur immer wieder verdeutlicht, treibt weiter zu einem Verständnis des Handelns als Gebetsersatz[86]: Das Gebet bekommt als Akt der Orientierung und der Selbstklärung seinen Ort im Rahmen eines Handlungsmodells zugewiesen, als eine bestimmte, sinnvolle Phase, die jedenfalls nach Auffassung mancher Autoren prinzipiell auch anders gestaltet werden kann. Daraus ergeben sich zwei Fragen. Einmal: Wie ist das Gebet gegenüber anderen Weisen menschlichen Reflektierens zu profilieren und zu begründen? Zum anderen: Wie geht ein Mensch mit dem so verstandenen Gebet dann um, wenn er sich nicht mehr als Handelnder, sondern nur noch als Leidender begreifen kann?

f) Einige theologische Versuche deuten an, daß sich mit der Veränderung, die im Bittenden vor sich gehe, auch die *Situation objektiv verändere*. Das gilt sicherlich dann, wenn der Beter den Entschluß faßt und die Kraft gewinnt, in eine bestimmte Situation nun aktiv einzugreifen. Es kann ebenso zutreffen für den Fall, daß der Beter zwar im Moment sozusagen zum aktiven Gegenschlag, der eine gegebene Konstellation auflösen würde, nicht ausholen kann, aber immerhin Kräfte für diesen Augenblick sammelt, in Wartestellung und in geheimer oder offener Solidarisierung mit anderen Bittenden oder Leidenden ausharrt. Selbst wenn es zum

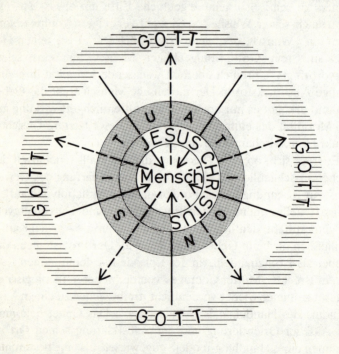

Abb. 4: Die Bitte als Veränderung des Bittenden

a) Der Mensch deutet die ihn aus seiner Situation erreichenden Impulse »vor Gott« und »auf Gott hin«, ohne den dabei verwendeten Gottesbegriff näher zu bestimmen. Die Erinnerung an und die Hoffnung auf Jesus kann ihm jedoch hilfreich sein. Unklar bleibt dabei einerseits das Verhältnis von Situation und »Gott«, andererseits die Beziehung zwischen Jesus (»Christus«) und »Gott«.

aktiven Eingreifen aus irgendwelchen Gründen nie kommen kann, ist die Situation damit verändert. Verändern wird das Gebet auch die psychosomatische Situation eines Beters oder eines Menschen, für den gebetet wird und der davon weiß[87]. Man braucht all das nicht nur psychologisch zu begründen, sondern

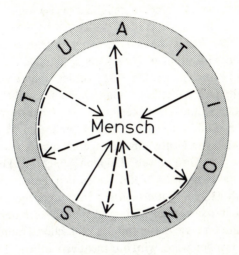

4b) Der Mensch erfährt Impulse zu Reflexion und Veränderung aus dem Gegenüber zu einer bestimmten Situation. Das Gebet hat die Funktion, solche Impulse aufzunehmen, zu klären, weiterzuführen und fruchtbar zu machen.

kann auch erkenntnistheoretisch argumentieren: Not »an sich« ist eine Abstraktion; eine Situation ist notvoll immer insofern, als sie als notvoll erfahren wird, »unter einem bestimmt qualifizierten Erfahrungshorizont. Ändert sich ... dieser Horizont, vermag sich auch die Erfahrung der Not umzuwandeln in die Erfahrung der Hoffnung ... Insofern gibt es *im strengen Sinn* keine unerhörte Bitte«[88]. Verbindet sich diese Argumentation mit herkömmlicher Theorie und Praxis des Gebets, so mündet sie in die Bitte »um Gott« bzw. um eine Veränderung des Beters dahingehend, daß er »seine Gottesbeziehung aktualisiert und realisiert«[89]. Ist dies nicht der Fall, so stellt sich hier wie bei allen anderen Varianten des Bittgebets als einer Veränderung des Beters die Frage, ob das Bittgebet nicht durch therapeutische oder politische Maßnahmen ersetzt werden könnte oder sollte.

1.4.3 Gott – universaler Horizont, bildlose Instanz?

Geht man vom traditionellen Gottesbegriff aus, so wird man diesen in seiner vollen Entfaltung bei den hier besprochenen Verstehensmodellen des (Bitt-)Gebets natürlich vermissen, aber doch auch einzelne seiner Elemente, möglicherweise sogar in eigenartiger Verzeichnung, entdecken:

a) Als *letzter Bezugsrahmen des Weltgeschehens,* auf den man freilich keinerlei Einfluß ausüben kann, kommt »Gott« zu stehen, wenn er als Forum verstanden wird, vor dem menschliches Leben sich abspielt. Der »Weltlauf« mag einem freundlich entgegenkommen oder »feindlich entgegenstehen« – wir dürfen an Gott nicht verzweifeln[90], aber auch nicht auf ihn hoffen. Wir gedenken des Nächsten »vor Gott«; im Tischgebet machen wir uns klar: Man darf »es vor Gott wissen, daß man genießt.«[91] Die Funktion der Wendung »vor Gott« bleibt undeutlich. Der herkömmliche, kritisierte christliche Gottesbegriff wird aufgegeben, soll jedoch offenbar nicht ersatzlos gestrichen werden. Worin der Ersatz bestehen könnte und wie dieser mit der biblischen Tradition in Verbindung zu bringen wäre, wird mir nicht ersichtlich. Hat die Wendung »vor Gott« noch eine andere Aufgabe als die, eine Leerstelle offenzuhalten[92]?

b) Die Problematik und, wie behauptet wird, die Unzumutbarkeit des personalen Gottesbegriffs läßt Ausschau halten nach anderen, *nicht-personalen Möglichkeiten, von Gott zu reden.* Zwar müsse man, meint Gert Otto, »jede *unreflektierte* Vorstellung von Gott als einem anredbaren personhaften Gegenüber hinter sich lassen. Wer sich ihrer als Erwachsener bedient, sollte sich darüber klar sein, daß er eine, *für ihn* vielleicht notwendige, rhetorische Figur der Tradition aufnimmt.«[93] Mindestens für einen spezifisch organisierten psychischen Haushalt mag diese rhetorische Figur also notwendig sein, sollte aber in ihrer Relation und Bedingtheit erkannt werden: Daraus würde ein personales Bitten folgen, das sich einem Du anvertraut und zugleich weiß, daß es dieses »Du« im ontologischen Sinne nicht gibt. Das »Du« muß damit nicht als irrelevant, als funktionslos, als »Einbildung«, an der man groteskerweise noch festhält, diskreditiert sein. Es bleibt sehr wohl vorstellbar, daß der Mensch dieses sein letztes Vertrauen nicht anders als personal ausdrücken kann. Ein solches »Du« gehört damit einer durchaus sinnvollen »poetischen Sprache« an[94]. Die Poesie, freilich nicht nur die fromme – Otto denkt an Franz Degenhardt, Wolf Biermann und Nelly Sachs[95] – transzendiert die immanente Welt; Gott aber ist das »Schlüsselwort für die aller Immanenz innewohnende Transzendenz«[96], dafür nämlich, »daß Leben tragenden Grund und Sinn *hat*; daß Freiheit ... *eröffnet* ist; daß Zukunft hoffend *erschlossen* ist«[97]. Begründet allein das Vorhandensein eines solchen Schlüsselwortes das, was es – dieser Interpretation zufolge – bekundet? Wie, wenn es ganz anderes, wenn es Falsches, die Menschen Irreführendes ansagte? Wie gehört die biblische Tradition in diese Aussage hinein? Hier ergeben sich vielerlei Fragen. Doch wird man nicht behaupten können, daß die zentralen Anliegen des herkömmlichen Gottesbegriffs hier gänzlich unter den Tisch fallen. Sie werden freilich rasch Opfer des Ansatzes werden, innerhalb dessen sie hier zu stehen kommen, wenn sie nicht anders als thetisch festgehalten werden können.

c) Im Protest gegen die mögliche Engführung eines personalen Gottesbegriffs kommen nicht nur weltanschauliche Erwägungen im Blick auf gegenwärtige Verstehensbedingungen zum Zuge. In ihnen äußert sich zugleich ein auch für die überlieferte Theologie legitimes, freilich von dieser oft vernachlässigtes Interesse, nämlich an der *Bildlosigkeit Gottes*. Ein Bitten, das sie durchzuhalten versucht, kommt sich sozusagen selbst auf die Schliche und entdeckt, wie es ständig der Versuchung unterliegt, eben doch ein Bild von Gott zu entwerfen – das Bild eines freundlich und hilfsbereit dem Bittenden zugewandten Superpartners. Das Bittgebet, das auf solche Bilder verzichtet, erkennt beispielsweise »in der theologischen Kategorie der Personalität eine regressive Gefahr«[98]. Radikal vollzogen, muß der Verzicht auf jegliche bildliche Projektion nicht einmal an der Existenz Gottes festhalten: »Dabei weiß ich gar nicht genau, ob es Gott gibt. Aber ich habe immer zu ihm gebetet.«[99] Auch der in herkömmlicher Weise Bittende betet ja nicht aufgrund einer bestimmten Vorstellung seines Adressaten, sondern in einer bestimmten Gewißheit; die Bitte »um Gott«, in die sowohl die Bitte aus Gehorsam wie auch die Bitte »um etwas« münden, transzendiert ohnehin jede Vorstellbarkeit. Im Anschluß an eine Wendung von Alfred Andersch spricht Walter Bernet von »Erfahrung, die – vom Gebet formuliert – durch die Welt trivialer Pseudoerfahrung und voreiliger Ideologie hindurchführt zum Geheimnis, zur Wildnis Gottes«[100]. Nicht von ungefähr fließt hier ein Begriff ein, der in der Mystik zuhause ist; sie könnte Impulse und Denkmodelle bereithalten, diesen Gesichtspunkt weiter zu entfalten. Auch Luthers Rede vom verborgenen Gott dürfte in diesem Zusammenhang fruchtbar werden, weil sie weiterführt zu der Frage, inwiefern wir als die an Jesus Christus Glaubenden es mit dem Stehen vor der »Wildnis Gottes« oder gar dem Eindringen in die »Wüste«, die er ist, nicht bewenden lassen müssen.

d) Als *moralische Instanz* wird Gott offenbar in jenen Verstehensmodellen festgehalten, die das Gebet als Zwiegespräch mit dem Über-Ich interpretieren. Gott wird dabei zwar nicht als ein Handelnder oder in den Weltlauf Eingreifender verstanden, aber er erhält ein Mitspracherecht bei der Entscheidungsfindung des Menschen. Er wird dadurch auf indirekte Weise doch für den Bittenden und seine Situation relevant. Das Bestechende und Problematische zugleich an dieser Position liegt darin, daß sie die erfahrbare Wirklichkeit des Menschen direkt aufgreifen kann: Bei jedem Menschen findet im Zuge eines Entscheidungsprozesses ein solches Zwiegespräch statt, reden irgendwelche Instanzen einflußnehmend mit. Wie aber lassen sie sich gegeneinander abheben und wer teilt ihnen ihr Mitspracherecht zu? Setzt es sich einfach von selbst durch? Kann man die Geltung einer solchen Instanz durch Entschluß »einführen« – wie wird sie sich zu den bereits vorgefundenen Instanzen verhalten? Und vor allem: Muß eine letzte Instanz nicht mehr als eine nur moralische sein? Könnte sie als moralische Instanz überhaupt Geltung beanspruchen, wenn sie dem, was sie fordert, nicht auch Gelingen, Durchsetzungskraft, »Zukunft« zu verheißen vermöchte? Ist sie dazu in der Lage, so lautet die nächste Frage natürlich sogleich: Wie läßt sich das begründen?

e) Die *Gestalt Jesu* hat bei manchen der hier vorgetragenen Positionen für die Defizite im Gottesbegriff aufzukommen. An Jesu Lehre und Beispiel wird deutlich, was die moralische Instanz – im Gegensatz zu anderen Instanzen – fordert. Jesus gilt es nachzufolgen, »der alles Trennende zwischen den Menschen beseitigt hat«[101]. Wie diese Beseitigung des Trennenden sich vollzog, ob sie nur programmatisch erfolgte, welche Rolle dabei irgendwelche angenommenen oder kontrollierbaren Fakten gespielt haben, braucht offenbar nicht näherhin dargetan zu werden. In unserem bis zu einem gewissen Grade vom Christentum geprägten abendländischen Raum mag die Berufung auf Jesus noch ausreichen, eine bestimmte Orientierung zu begründen. Wie aber steht es in einer Gesellschaft, in der Jesus nicht (mehr – oder noch nicht) aufgrund historisch-kultureller Gegebenheiten mit einer scheinbaren Selbstevidenz als positive Gestalt präsent ist? Gewiß, die Botschaft von Jesus entfaltet ihre eigenen Potenzen. Hier liegt zweifellos ein wichtiger Ansatzpunkt für eine nachtheistische Theologie des Bittgebets. Dorothee Sölle behauptet: »An Christus glauben heißt im Entwurf Christi leben.«[102] Der Entwurf Christi leitet sich nicht ab aus irgendwelchen vagen Humanismen, und er vermittelt mehr als Richtlinien. Er entzündet Hoffnung und bringt in Gang – deswegen ist ihm auch das Bittgebet nichts Abwegiges. Doch bleibt die Frage, wie die »Selbsttätigkeit«, die Eigenpotenz dieses Entwurfs deutlicher zum Ausdruck gebracht und gegen das Mißverständnis geschützt werden kann, hier handle es sich nur um eine billige Moralisierung des Christentums. Sicher ist dies nicht möglich durch den Rückgriff auf das theistische Denkmuster, durch die Rücknahme des Entwurfs unter die Kompetenz und Autorität eines »allmächtigen Vaters« in dem kritisierten Sinne[103]. Doch ging der Glaube der Christenheit nie in weltanschaulichem Theismus auf[104]. Er hält mit seinem Bekenntnis zum dreieinigen Gott ein Denkmodell bereit, das es für die hier verhandelte Problematik erst noch auszuschöpfen gilt. Dazu möchte ich mit diesem Buch beitragen.

1.5 Exkurs A: Das Bittgebet aus der Perspektive der Transaktionsanalyse

Es lassen sich, das hat der bisherige Gang unserer Überlegungen gezeigt, vier Grundauffassungen vom Bittgebet gegeneinander abheben: Die Bitte als Gehorsamsakt, die naive Bitte »um etwas«, die Bitte »um Gott« und das Bittgebet als Veränderung des Bittenden bzw. seiner Situation. Dem Verständnis der Bitte entspricht jeweils ein bestimmter Gottesbegriff: Gott als bedrohende oder autorisierende Autorität, der theistische Vatergott, Gott für die Seele, schließlich Gott als bildlose Instanz. Auch ein spezifisches Verständnis von »Erhörung« konnte ausfindig gemacht werden: Während in dem durch Gottes Autorität begründeten Bittgebet auf Erhörung ggf. verzichtet wird, versteht die Bitte »um etwas« unter Erhörung die konkrete Realisierung »von etwas«; die Bitte »um Gott« sieht sich im Gebetsvollzug selbst schon erhört. Das reflektierende, auf Änderung bedachte Gebet erkennt in der psychischen und moralischen Hilfe, die sich in ihm vermittelt, dasjenige gegeben, was der traditionelle Beter als »Erhörung« bezeichnet hat (vgl. Abb. 1). Natürlich sind die Übergänge fließend; eine idealtypische Skizze muß notgedrungen vereinfachen und stilisieren. Wir konnten beobachten, daß es nicht ein einzelner der beschriebenen Gebetstypen ist, der, durch biblisches Zeugnis und theologische Reflexion gerechtfertigt, nun als der allein legitime Typus eines heute zu praktizierenden und intellektuell zu verantwortenden Bittgebets gelten darf. Im Gegenteil: Es muß nach einer Integration dieser verschiedenen Gebetsverständnisse und der ihnen entsprechenden Gottesbegriffe gesucht werden.

Erst nach Abschluß der im eigentlichen Sinne theologischen Vorarbeiten zu dieser Frage kam mir zu Bewußtsein, in wie hohem Maße die bisher erreichten Ergebnisse durch Einsichten der Transaktionsanalyse bestätigt werden. Da sich das Gebet ja immer in irgendeiner Weise als Beziehungsphänomen versteht, in das der subjektive Pol des Bittenden engagiert und bewußt eingebracht wird, wird es nicht abwegig sein, nach vergleichbaren Modellen menschlichen Selbst- und Kommunikationsverständnisses Ausschau zu halten.

Auf den amerikanischen Psychiater Eric Berne geht der Vorschlag zurück, die »Ichzustände« der kommunizierenden Menschen zu untersuchen[105]. Er arbeitet heraus, daß ein »Eltern-Ich« die elterlichen Verbote bzw. Gebote gleichsam auf Band gespeichert hat, während im »Kindheits-Ich« die natürlichen Bedürfnisse (nebst einigen Strategien, sie abzudecken) gegenwärtig sind. Das »Erwachsenen-Ich« sucht sich reflektierend und lernend den Weg zwischen den Ansprüchen von gebieterischem »Eltern-Ich« und begehrendem »Kindheits-Ich«, wobei das psychologische Ideal in einem ausgewogenen Verhältnis der drei Ich-Zustände läge. Es ist hier nicht der Ort, auf die Theorie der Transaktionsanalyse ausführlicher einzugehen[106]. Für unseren Zusammenhang relevant ist jedoch, daß sich das Bild der Ich-Zustände verändert und kompliziert durch ein fundamentales »ok-« bzw. »nicht ok-Gefühl«[107]. Muriel James und Louis Savary[108] haben den Versuch unternommen, die Grundeinsichten der Transaktionsanalyse im Blick auf das religiöse Verhalten von Einzelnen und von Gemeinden fruchtbar zu machen; dabei kommen sie auch auf Gebet und Gottesbegriff zu sprechen.

1.5.1 Das Bittgebet des Eltern-Ichs

Das durch Gottes Gebot begründete Bittgebet, das letztlich auf seine Erhörung verzichten kann, weil es ihm ausreicht, in der Anordnung göttlicher Autorität begründet zu sein, läßt sich am einleuchtendsten dem »Eltern-Ich« eines Menschen zuordnen. Ohne Frage werden dem Kind durch Eltern oder andere, die frühe Kindheit bestimmende Bezugspersonen Grundvorstellungen von »Religion« und »religiöser Praxis« vermittelt. Hat ein Mensch solche elterliche Anweisung internalisiert, so mag ihm das für die Begründung eines eigenen religiösen Verhaltens ausreichen; wenn das Modell autoritärer Verhaltensbegründung ihn bestimmt, kann die elterliche Autorität von anderen Eltern-Instanzen übernommen werden, von »der Kirche«, von einzelnen ihrer Vertreter, von »der Bibel« bzw. einer bestimmten, als unumstößlich gültig erachteten Auslegung des biblischen Zeugnisses. Doch dieses Phänomen ist ambivalent. Wir haben bei der Darstellung des autoritär begründeten Bittgebets zwei verschiedene Ausprägungen konstatiert: Das gehorsame, durch die göttliche Autorität bedrängte[109] und das in zuversichtlichem Gehorsam auf Gottes Gebot sich berufende Gebet[110]. Es ist nun von Interesse, daß der an der Transaktionsanalyse geschulte Beobachter zu einer ähnlichen Differenzierung gelangt: Er unterscheidet zwischen dem

»strafenden« und dem »nährenden« Eltern-Ich[111]. Wer, vom strafenden Eltern-Ich geprägt, betet, faßt Gott als Richter auf, der in transzendenter Majestät ihm gegenübersteht. Er hat unter Umständen ein starkes Bedürfnis, am Richteramt Gottes (auch mit Hilfe seines Gebets!) teilzunehmen; er bittet gegen diejenigen, die sich seiner Meinung nach der Autorität Gottes widersetzen:

»Der Tod übereile sie, daß sie lebendig in die Hölle fahren, denn es ist eitel Bosheit unter ihrem Haufen«*[112]*.

Wessen Gebet sich dagegen am »nährenden Eltern-Ich« orientiert, der sieht sich durch Gottes Gebot eingeladen, ermutigt, die wohlwollend sich ihm zuwendende Autorität des Vaters zu nutzen und in Anspruch zu nehmen. Er sieht zwar – wie der durch das strafende Eltern-Ich Bestimmte – »die Welt in ›gut‹ und ›böse‹ aufgeteilt«, verläßt sich aber »auf Gottes bedingungslose Vergebung und seine unendliche Liebe«; als Beispiel seines Betens kann das folgende Gebet eines Studenten gelten:

»Herr, hilf mir, mich selbst zu finden und anzunehmen – meine eigenen Probleme und die anderer Menschen zu lösen. Hilf mir, die anderen zu respektieren und zu lieben; zu erkennen, daß sie wertvoller sind, als ich meine.«[113]

Die Autorität Gottes wird nicht als bedrängend oder gar gefährdend erfahren, sondern sie hilft zu Ordnung und Klarheit.

1.5.2 Das Bittgebet des Kindheits-Ichs

Dem Kindheits-Ich entspricht das ungestüme Begehren, das nicht nach Möglichkeiten, Grenzen oder nach der Sinnhaftigkeit des Bittens fragt – die naive Bitte »um etwas«. Das Kindheits-Ich läßt sich bestimmen von natürlichen Bedürfnissen, die elementar und spontan aufbrechen und unter voller Anteilnahme der Gefühlswelt verfolgt werden. Der Transaktionsanalytiker hält für wichtig, ob das »ok-« oder das »nicht ok-Gefühl« dabei die Oberhand hat. Das Gebet der »Glaubenden aus dem rebellischen K-Ich ist oft gereizt und fordernd, sie schmollen, schreien, klagen und tadeln, alles in einer emotional geladenen Atmosphäre.« Beispiel:

»Du da, großer Mann, hier auf Erden ist alles total verfahren. Wann wirst du dich endlich herbeilassen, etwas zu tun?«[114]

Hier geht es denn meist auch um die Erfüllung konkreter Wünsche. Das angepaßte und abhängige Kindheits-Ich verhält sich prinzipiell genauso, nur gebremst und gebändigt.

Anders ist es bei dem vom »ok-Kindheits-Ich« bestimmten Betenden. Er lebt aus der Zuwendung und Nähe Gottes, die er in seiner kreatürlichen Existenz und mit der ganzen Breite seiner Gefühlswelt bejaht: »Gott singt im Wind und tanzt in den Bäumen; überall sehe ich seine Schönheit und Lieblichkeit.« Sein Gebet lautet etwa:

»Halte du meine Hand, Herr, und sei bei mir. Ich liege hier unter diesem Baum und freue mich am Gras, am Himmel und am Wind. Ich möchte die Freude mit dir teilen, daß ich mit der Erde in Frühling bin.«[115]

Der vom »ok-Kindheits-Ich« Bestimmte ist freilich darauf angewiesen, daß ihm das Eltern-Ich, das ja auch in ihm ist, die »Erlaubnis« zu solchem ekstatischem Überschwang gibt und daß sein Erwachsenen-Ich sich für den Primat des Kindheits-Ichs in einer bestimmten Situation bewußt entscheidet.

1.5.3 Das Gebet des Erwachsenen-Ichs

Dem »Erwachsenen-Ich« kommt es zu, Informationen zu verarbeiten, Fragen aufzunehmen, Klärungen herbeizuführen. Sein Gebet ist eher ein »schrittweises Nachdenken«. »Es ist die Eigenart der religiösen Erfahrung dieser (ER-)Glaubenden, daß sie nicht auf Gefühle abhebt, sondern auf intellektuelle Einsicht, die neue Wege zum Verstehen und Bewerten des Erlebens weist.«[116] Das Erwachsenen-Ich versteht das Gebet als einen Beitrag zur Selbst- (und damit sich ergebenden) Weltveränderung. W. Bernets Charakterisierung des Gebets als eines »Antibetens«[117], in dem einem klar wird, welche psychischen oder sonstigen Fluchtmanöver man sich nicht gestatten sollte, Bernets Bestimmung des Gebets als »Reflektieren«, »Erzählen« und »Situieren« ist – transaktionsanalytisch gesprochen – ein typisches Ergebnis der Tätigkeit des Erwachsenen-Ichs, das freilich sich aus der lebenspendenden Gemeinschaft mit Eltern- und Kindheits-Ich herausgelöst hat.

1.5.4 Das bittende Ich

Für den Transaktionsanalytiker gilt es als erstrebenswert, daß die drei beschriebenen Ich-Zustände im Frieden miteinander leben, daß sich nicht einer von ihnen absolut setzt. Dieses Ideal wäre dann natürlich auch für ein ausgewogenes Verständnis des Gebets zu fordern: »Für ›erwachsene‹ Glaubende umfaßt die religiöse Erfahrung meist Elemente des Denkens (ER), der Gefühle (K) und der Bedürfnisse (EL).«[118] James und Savary fassen zusammen: »Psychologisch gesprochen, sehen EL-bestimmte Menschen den Glauben in erster Linie als *Forderung* oder als *Bedingung* an; für K-Bestimmte ist der Glaube vorwiegend ein *emotionales Erleben,* und die vom ER-Ich Geleiteten fassen den Glauben primär als *reflektierte Entscheidung* auf.«[119] Dies läßt sich offenbar genauso im Blick auf das Gebet sagen.

Nun hat eine derartig schematische, beinahe mechanisch vorgehende Darstellung natürlich erhebliche Schwachpunkte; trotzdem finde ich die unerwartet sich auftuenden Parallelen verblüffend. Offen bleibt, worin die Gemeinsamkeit des aus Eltern-, Kindheits- und Erwachsenen-Anteilen sich konstituierenden Ichs näherhin besteht; mythologisch klingende Ersatz-Angebote wie »Innerer Kern« und »Innere Kraft«[120] erscheinen problematisch. Es wäre doch wohl auch für den Psychologen interessant zu verfolgen, inwiefern die einzelnen Ich-Zustände ihre Geschichte haben, in welchen Situationen, unter welchem Risiko und mit welchen Auswirkungen sie »vorgeschickt« werden und dann ihre große Stunde haben können, bzw. wie sich ihr Gesamthaushalt im einzelnen organisiert. Ferner wäre zu fragen, ob nicht die ganze Konstruktion allzusehr vom Einzelnen her konzipiert ist. Die anthropologischen Voraussetzungen harren der Klärung und einer auch seitens der Theologie kritischen Befragung[121]. Ob sich das Gebet voll nach transaktionsanalytischen Gesichtspunkten verrechnen läßt, bleibt schon angesichts der Tatsache problematisch, daß es ja nicht einfach nach dem Reiz-Reaktions-Muster (transactional stimulus – transactional response) erfaßt werden kann: Wie auch immer es mit dem »stimulus« aussehen mag – es kommt nicht zu einer »Antwort«, die der Reaktion im zwischenmenschlichen Bereich ohne weiteres verglichen werden kann. Die Einsicht

Abb. 5:
Übersicht über die theologischen Begründungsmodelle des Bittgebets

Gebetsverständnis	Gebet als Gehorsamsakt	Naive Bitte »um etwas«	Bitte »um Gott«	Bittgebet als Veränderung des Bittenden und seiner Situation
Biblische Begründung	... so sollt ihr beten ... Rufe mich an ...	Was ihr bitten werdet ...	... meines Herzens Trost und mein Teil ...	Seid nüchtern und wachet ...
Gottesbegriff	Bedrohende / autorisierende Autorität	theistischer Vatergott	Gott und die Seele / überpersonaler Gott	Gott als bildlose / letzte Instanz
Erhörungsverständnis	Erhörung im Sinne einer konkreten Reaktion	Konkrete Reaktion Gottes / planvolle Verweigerung	Selbstvergegenwärtigung Gottes im Gebetsvollzug	Psychische Entlastung / moralische Orientierung
Aus der Perspektive der Transaktionsanalyse	Eltern-Ich, strafend / nährend	Kindheits-Ich nicht ok	Kindheits-Ich ok	Erwachsenen-Ich

in psychische Mechanismen erweist sich als hilfreich. Das Gebet muß sich, so verstanden, aber keineswegs auf einen intrapsychischen Vorgang reduzieren.

2 Das Gebetsverständnis der Religionskritiker

Das Gebet erfährt in den Ausführungen der Religionskritiker[1] ein eigenartiges Schicksal. Zu Beginn der Aufklärung dient es dem einen oder anderen Autor als Alibi. Gleichsam im Schatten eines feierlichen Gebets, das er an den Anfang oder das Ende seiner Ausführungen stellt, entwickelt er seine kritischen Thesen: Das Gebet schützt ihn gegenüber der weithin noch religiös geprägten Öffentlichkeit vor allzu rascher Verdammung. Ob sich hier einfach die Tradition oder das Unbewußte als übermächtig erweist oder ob es sich um Kalkül etwa der Obrigkeit gegenüber handelt – wer kann das entscheiden! Herbert von Cherbury, der Vater des englischen Deismus, berichtet, er habe vor Beginn der Niederschrift seines Hauptwerks von Gott ein Zeichen erbeten, das ihn der göttlichen Zustimmung versichern sollte. Alsbald bemerkte er »ein sanftes, erquickendes Säuseln aus hoher Luft bei dem heitersten Himmel«[2] – und ging ans Werk. Von den verschiedensten Aufklärern sind Gebete überliefert[3]. Die meisten von ihnen gebärden sich nicht spöttisch[4], sondern räsonieren, die Gottheit werde, falls sie überhaupt existiert, sich ihnen als freundlicher und sozusagen aufgeklärter Partner erweisen.

Je weiter die Religionskritik fortschreitet, desto deutlicher zeigen sich im Blick auf das Gebet zwei Lager, die sich formal zu widersprechen scheinen: Entweder man übergeht das Gebet, das sich angesichts der Unhaltbarkeit der Gottes-Hypothese von selbst erledigt – oder man versteht es als Inbegriff, als das Herzstück der zu beseitigenden Religion und konzentriert deswegen darauf alle kritischen Bemühungen. Je näher ein Religionskritiker der kritisierten Religion selbst steht, je mehr er »von Religion« versteht, desto wichtiger ist ihm das Gebet als Ansatz- und Zielpunkt seiner Kritik. Man denke an Feuerbach oder Nietzsche, die aus eigener Anschauung und Erfahrung wußten, was sich intrapsychisch beim Gebet vollzieht. Auch Marx hatte wohl noch eine Ahnung davon, wenn er die Religion insgesamt als den »Seufzer der bedrängten Kreatur« charakterisierte[5]. Wer dagegen dem Bereich des Religiösen etwa durch seine Sozialisation bereits entfremdet ist, dem liegt es näher, das Gebet als ein Moment unter vielen zu sehen und deshalb nicht besonderer Kritik zu würdigen[6].

Der Zusammenhang zwischen Gebetsverständnis und Gottesbegriff ist in jedem Falle deutlich: Entweder man greift den Gottesbegriff an und meint dann, damit auch das Gebet bereits getroffen und ad absurdum geführt zu haben, oder man kritisiert das Gebet als unhaltbar und versucht von hier aus auch den Gottesbegriff aus den Angeln zu heben. Geht man diesen letzteren Weg, so empfiehlt es sich, erst einmal die Untrennbarkeit von Gottesbegriff und Gebetsverständnis zu betonen: »Ein Gott ohne Ohren ist keiner.«[7] Die Funktion, ja die Existenzberechtigung Gottes besteht darin, daß er hört. Entfällt dies, wozu sollte Gott dann noch gut sein[8]? Die Möglichkeit, daß man beten könne, auch ohne der Existenz Gottes gewiß zu sein, hatte schon Immanuel Kant verworfen: Sollte Gott tatsächlich existieren, so dürfte ein Beter, der nur auf Verdacht bitte, angesichts seiner Heuchelei gewiß nicht erwarten, etwas dadurch zu erreichen.

Mustert man die Einwände der Religionskritik durch, so ist – wie wir sehen werden – auch hier wiederum zu beobachten, daß sich der Hauptangriff gegen die Bitte wendet. Dank und Anbetung können, je nachdem, von welchem Standpunkt aus die Kritik formuliert wird, gelegentlich noch verkraftet, ja als die aufgeklärte, philosophisch einzig zu verantwortende Weise des Gebets gegen die einfältige Bitte ausgespielt werden[9]. Den eigentlichen Anstoß erregt die Bitte. Da die Bitte jedoch, wie ich zu zeigen versucht habe, sehr unterschiedlich verstanden werden kann, und da dem jeweiligen Verständnis der Bitte auch ein unterschiedlicher Gottesbegriff entspricht, muß auch innerhalb der religionskritischen Argumente gegen das Bittgebet differenziert werden. Ich versuche daher zunächst, die den einzelnen oben skizzierten Typen des Gebetsverständnisses entsprechenden kritischen Argumentationsfiguren darzustellen und den dabei vom Kritiker offenbar vorausgesetzten Gottesbegriff zu erheben. Sodann möchte ich klären, was an der vorgebrachten Kritik standhält, wenn man den vorausgesetzten Gottesbegriff theologisch in Frage stellt. Eine Persiflage des jeweiligen Gebetstypus schicke ich voraus.

2.1 Mangelndes Selbstbewußtsein

Lieber Gott, ich möchte mit einem Fluch beginnen, oder mit einer Beschimpfung, die mir bald Erleichterung brächte. Eine Art innere Explosion müßte es werden, die dich zerfetzte ... Du warst eine solche Enttäuschung, ein solcher Betrug in meinem Leben ... Du warst einst so fürchterlich real, neben Vater und Mutter die wichtigste Figur in meinem Kinderleben ... Ich habe dir so schreckliche Opfer gebracht an Fröhlichkeit, Freude an mir und anderen ... ›Herr, erhebe dein Antlitz über uns ...‹, so haben wir am Ende jedes Gottesdienstes gefleht, als gäbe es keine größere Sehnsucht, als immerzu dein ewig-kontrollierendes big-brother-Gesicht über uns an der Decke zu sehen ...

Tilmann Moser[10]

Die wiedergegebenen Zeilen stellen nur eine kleine Auswahl von Sätzen am Beginn eines insgesamt 40 Seiten langen Textes dar, in dem sich mancherlei Motive mischen[11]; ich habe hier nur einen einzigen Motivstrang hervorgehoben. Formal gesehen, handelt es sich um einen Brief oder ein Gebet, gerichtet an eine Autorität, die allzulange als solche anerkannt wurde und deswegen Schlimmes angerichtet hat, obwohl sie sich nun als Bluff erweist. Schwer zu deuten und dem Verfasser möglicherweise selbst unklar ist die Tatsache, daß er sich nicht an diejenigen wendet, die ihm den Respekt vor dieser Autorität eingeredet haben (sie sind selbst nur Opfer), auch nicht an sein eigenes Ich, das dieser Pseudo-Autorität so viel Macht über sich einräumen konnte. Es bleibt offen, was es ist, das den Verfasser dazu zwingt, sich abermals mit dem Phantom »lieber Gott« zu beschäftigen. Das Aufbegehren schlägt sich in kräftigen Bildern nieder – »Fluch«, »Beschimpfung«, »Explosion« –, bleibt aber doch befangen: ›ich möchte ...«, es »müßte«. Die Übermacht, die ihre Ausstrahlung immer noch hat, wird nach Orwellschen Maßstäben gezeichnet: »ewig-kontrollierendes big-brother-Gesicht«, als totale, technisch perfekte Tyrannis über Leib und Seele. Mosers lieber Gott hat seinen Platz irgendwo zwischen dem utopischen totalitären Herrscher und der Allmacht elterlicher Autorität, »neben Vater und Mutter wichtigste Figur«, mit einer ähnlich verhängnisvollen Rolle. Das Schlimmste, was Moser seinem »lieben Gott« vorwerfen muß: Er hat ihn zu sinnlosen Opfern veranlaßt, er hat ihn Lebenssubstanz und Lebensfreude gekostet. Der Bitte aus Gehorsam entspricht der trotzige Fluch zur »Decke« hinauf.

2.1.1 Autorität als Gefahr

Der zitierte Moser-Text steht nur als Beispiel eines bestimmten Modells von Gebetskritik. Die Begründung des Bittgebets durch Gottes Gebot wird von den Kritikern nicht als das eigentliche Problem betrachtet; explizit spielt sie in ihren Überlegungen eine vergleichsweise geringe Rolle. Die Kritik taucht jedoch charakteristischerweise in zwei Zusammenhängen auf:

a) Die Autorität Gottes wird in Verbindung mit *staatlicher Autorität* begriffen und abgelehnt – das ist das Denkmodell der Aufklärung und später, dort allerdings schon zurücktretend, der Epoche der Allianz von »Thron und Altar«. So findet Baron d'Holbach in seinem »System der Natur«, dem Kompendium aufklärerischer Religionskritik: »Ganze Völker haben den Gott ihrer Väter und ihrer Priester auf ein bloßes Wort hin angebetet: Autorität, Vertrauen, Unterwerfung und Gewohnheit ersetzen ihnen Überzeugung und Beweise; sie demütigen sich und beten, weil ihre Väter sie gelehrt haben, sich zu demütigen und zu beten«. Dies wiederum sei auf die Anordnungen der Gesetzgeber und Führer zurückzuführen. Resumée: »Alle religiösen Begriffe gründen sich einzig auf die Autorität; alle Religionen der Welt verbieten die Nachprüfung . . .; die Autorität will, daß man an Gott glaube; doch dieser Gott selbst gründet sich nur auf die Autorität einiger Menschen.«[12] Die fingierte Autorität Gottes belastet die Menschen: »Unter diesen Umständen hat derjenige, der sich von den bedrückenden Begriffen der Gottheit frei machen kann, gegenüber dem leichtgläubigen und zitternden Anhänger des Aberglaubens den Vorteil, daß auf dieser Welt sofort eine Ruhe in sein Herz einzieht, die ihn wenigstens während dieses Lebens glücklicher macht«[13]; in einem etwaigen Jenseits hätte er als ehrlicher Atheist ohnehin nichts zu befürchten. Das Gebet wird hier offenbar als Inbegriff des Sich-Demütigens und Untertan-Seins aufgefaßt, eine für den aufgeklärten, seiner selbst bewußten Menschen entwürdigende Haltung. Schärfer hat dieses Argument Immanuel Kant zugespitzt, wenn er es in den Kontext der absolutistischen Welt einstellt, in den Rahmen von »Gunst«, um die der Untertan bittet, und »Vergünstigung«, die der Souverän gnädig gewährt. Gebet und Gottesdienst, die der »Gunsterwerbung« dienen, untergraben die Moralität, führen fast von selbst zur Heuchelei, ja können zum »Frondienst« werden[14]. Kant geht es also nicht nur darum, daß der Mensch mit jedem Bittgebet neu seine Abhängigkeit bestätigt, seine entwürdigende Selbsteinschätzung bejaht. Viel wichtiger ist ihm, daß dadurch die Moral des Menschen untergraben wird; der Mechanismus Autorität-Gehorsam ist für sie gerade keine Möglichkeit.

b) Die *väterliche Autorität* wird in ihrer Ambivalenz erkannt – das muß auch für die Vorstellung einer Autorität Gottes »des Vaters« Konsequenzen haben. Für Freuds Religionskritik war dies ein wichtiger Gesichtspunkt gewesen: Der Mensch, unfähig, anders mit den Kräften der Natur und des Schicksals sich auseinanderzusetzen, personifiziert sie, ja er gibt ihnen »Vatercharakter«. Einerseits entlastet ihn das, andererseits versetzt es ihn unter neue Spannungen. Das Verhältnis zum »Vater« ist »mit einer eigentümlichen Ambivalenz behaftet«. Merkt der Heranwachsende, »daß er des Schutzes gegen fremde Übermächte nie entbehren kann, verleiht er diesen die Züge der Vatergestalt, er schafft sich die Götter, vor denen er sich fürchtet, die er zu gewinnen sucht und denen er doch seinen Schutz überträgt«[15]. Der Mensch aber »kann nicht ewig Kind bleiben, er muß endlich hinaus, ›ins feindliche Leben‹«[16]. Im Gefolge Freuds hat Alexander Mitscherlich dann den »Weg zur vaterlosen Gesellschaft« beschrieben, der Vater wird »unsichtbar« und damit natürlich auch religiös irrelevant[17]. Ein Bittgebet aus Gehorsam wäre nach Freud ein erschreckendes Anzeichen von Unmündigkeit, nach Mitscherlich ein Anachronismus.

2.1.2 Der anthropomorphe Gott

Der Gottesbegriff, der hier angeprangert wird und mit dessen Hilfe das Bittgebet bloßgestellt werden soll, erweist sich tatsächlich auch als Resultat jeweiliger gesellschaftlicher Verhältnisse. Für Holbach ist Gott offenbar in den Augen seiner Verehrer ein ins Universale gesteigerter absolutistischer Souverän, freilich zugleich ein geschicktes Instrument irdischer Herrschaftsordnung, sich selbst zu stabilisieren. Es läßt sich nicht bestreiten, daß Gottes Autorität in der christlichen Tradition tatsächlich immer wieder nach Analogie irdischer Autorität verstanden wurde; das eingangs zitierte Gebet des Ignatius von Loyola trägt deutliche Spuren dieser Verkettung: »Höchster König ..., im Angesicht Deiner glorreichen Mutter und Deines ganzen himmlischen Hofes ...«. Das Alte Testament bekennt sich ganz offen und freimütig zu dem Zusammenhang zwischen dem irdischen König und Jahwe; es begriff freilich das Königtum Jahwes nicht nur als Stabilisierung, sondern auch als Maßstab und Kritik des irdischen Königtums. Es überliefert den Ruf: »Jahwe ist König!«[18]. Doch bekannte man mit diesem Ruf gerade die Überlegenheit Jahwes über alle etwaigen anderen Mächte; diese Überlegenheit war nicht Anlaß, sich vor einem absolutistischen oder orientalischen Souverän kriecherisch in den Staub zu werfen. Sich auf diese Überlegenheit des »Herrn der ganzen Welt« (Ps 97,5) einzulassen, sie zu respektieren, war eine Sache des Realitätssinnes. Insofern mußte die »Furcht vor Jahwe« als »der Weisheit Anfang« (Spr 1,7) und eben deshalb als eine »Quelle des Lebens« (Spr 14,27) gelten. Die damit angesprochene Autorität Gottes begründet das Bittgebet gerade nicht als einen Akt demütiger (oder gar heuchlerischer) Selbsterniedrigung, sondern, sofern überhaupt, als etwas, worauf der Betende Anspruch hat[19]. Bitten zu dürfen, betrifft so elementar den Wurzelgrund menschlicher Existenz, daß man es nicht ohne Schaden für das Gelingen seines Lebens mißachtet oder übergeht. Für Mitscherlich ist Gottes väterliche Autorität, sofern er dies im Rahmen seiner Überlegungen zur »Entväterlichung« überhaupt mitbedenkt, Element einer paternalistischen Gesellschaft – mit ihr zusammen zum Untergang verurteilt. Gott als Übervater: Die homerische Rede von Zeus als dem Vater der Götter und Menschen, das 4. Gebot des Dekalogs, die liberal-protestantische Verehrung des Vaters, der nach Adolf von Harnack allein ins Evangelium gehörte, schließlich das Vaterunser, – dies alles mag an dem verhängnisvollen Leitbild mitgewoben haben. Dabei hätten die einzelnen Vaterunser-Bitten, wären sie von ihrem biblischen Hintergrund her verstanden worden, das Bild des irdischen Vaters immer wieder transzendieren müssen: »Geheiligt werde dein Name, dein Reich komme«. Im Alten Testament spielt der Vatername Gottes kaum eine Rolle; daß ihn Jesus als Ausdruck des Vertrauens und gerade nicht zur Begründung einer väterlich-despotischen Autorität verstand, ist daran abzulesen[20], daß er den Vater mit dem kindlichen Kosewort »abba« anredet.

Man kann also die Karikaturen göttlicher Autorität, die bei Holbach und Kant, bei Freud und Mitscherlich anzutreffen sind, als Mißverständnisse jedenfalls der in der Bibel anvisierten Autorität Gottes entlarven. Dennoch läßt sich nicht leugnen, daß eben auch diese Karikaturen in der Geschichte der Christenheit ihre verhängnisvolle Wirkung gehabt haben. Und vor allem läßt sich nicht darüber hinweggehen, daß die Bilder, die in der Bibel für Gottes Autorität gebraucht werden, auch nach ihrer Bereinigung und Richtigstellung, für die Begründung des Bittgebets kaum mehr eingesetzt werden können. »Herr« und »Vater« – das sind Symbole, die, wie positiv sie zur Zeit ihrer Entstehung auch gemeint gewesen sein mögen, heute mehr Mißverständnisse als Verstehen auslösen müssen. Trotzdem bleibt die Frage, ob mit ihnen nicht auch etwas für die Begründung des Bittgebetes Gültiges angesprochen ist.

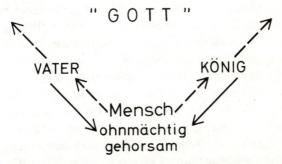

Abb. 6: Die Gebetsadresse »Gott« als Überhöhung irdischer Autoritäten
Der Mensch fühlt sich im zwischenmenschlichen Bereich ohnmächtig und unterlegen. Seine Ohnmacht gegenüber dem Vater, die er gehorsam akzeptiert, veranlaßt ihn zur Projektion eines allmächtigen Vaters; seine Unterlegenheit gegenüber übermächtigen politischen Instanzen löst die Projektion eines allmächtigen Herrschers aus.

2.1.3 Antikritik: Bitten als Einsicht in die Notwendigkeit?

Die Vorstellung, ein »Gott«, »Herr« oder »Vater« befehle uns, ihn um etwas zu bitten, löst in uns eine Reihe von negativen Assoziationen aus. Es ist uns fremd, überhaupt auf Befehl zu handeln. Wir sehen uns – hoffentlich! – nicht in der Lage, irgendeiner einzelnen Instanz letzte Befehlsgewalt über uns einzuräumen. Unsere Selbsteinschätzung ist zu hoch, als daß wir uns einem »Herrn« und »Vater« beugen oder gar noch ihn um etwas bitten könnten. Die Vorstellung menschlicher Befehlsgewalt und menschlichen Machtmißbrauchs ist uns dabei allzu sehr im Wege. So kann uns die Personalisierung göttlicher Autorität daran hindern, mit der Möglichkeit einer letzten, über Leben und Tod entscheidenden Autorität überhaupt zu rechnen. Vielleicht muß die Notwendigkeit des Bittgebets deswegen heute nicht von Gott, sondern vom Menschen her begründet werden. Nicht irgendein Willkür-Gott, sondern unser Menschsein könnte es uns nahelegen, Bitten zu formulieren, auch wenn wir über den Adressaten vielleicht nicht viel sagen können. Werfen wir einen Blick auf die Verhaltensforschung: Sie hat Gesten des Bittens schon bei frühen Stufen der Entwicklung beobachtet – Beschwichtigungs- und Demutsgebärden, Klagelaute, Bettelrufe bestimmter Vögel; manche Tiere vermögen sich kleiner zu machen oder regressiv zu verhalten, um damit bestimmte Ziele zu erreichen[21]. Gruß und Bitte gehören zusammen[22]. Das läßt sich sowohl historisch wie auch entwicklungsgeschichtlich weit zurückverfolgen[23]. Ob es mehr als ein journalistischer Gag ist, den Menschen daher als »das betende Tier« zu bezeichnen, bleibe dahingestellt. Jedenfalls hat bereits Thomas von Aquin die Frage diskutiert, ob etwa auch die außermenschliche Kreatur beten könne. Er verneint sie zwar, spricht aber von einem »natürlichen Begehren«, nach dem »alles auf seine Weise die göttliche Güte zu erlangen« suche[24]. Das Wissen um die Notwendigkeit des Bittens ist uns offenbar tief eingestiftet[25]. Unsere Sprache gibt dem Ausdruck, indem sie uns Möglichkeiten des Bittens in vielfältigen und differenzierten Formen bereitstellt. Es ist dem Menschen vom ersten Schrei an bis zum letzten bittenden Blick unumgänglich, bitten zu müssen. Unser Wünschen und Hoffen kann nicht still bleiben, es treibt uns ins Planen, Handeln und Bitten. Wenn es den Menschen zum Menschen macht, daß er sich mit dem Vorgegebenen nicht abfindet, daß er unablässig weiterschreitet, daß er seine jeweiligen Möglichkeiten transzendiert, dann wäre es seltsam, wenn er sein Bitten auf den Mitmenschen beschränken wollte. Er muß deshalb nicht sogleich Bittgebete formulieren, gerichtet an ein Du, um dessen gnädige Gegenwart er wüßte. Er schreit um Hilfe, auch wenn er nicht weiß, ob ihn jemand hört. Vielleicht unterdrücken wir den Schrei in uns, vielleicht entwickeln wir neue Demuts- und Bittgebärden, vielleicht ist unser Leistungs- und Erfolgsbedürfnis eine verfremdete Bittgebärde an das Leben, es möge uns doch gnädig sein und gewähren, was es an Segnungen bereit hält. Vielleicht aber bricht der Schrei auch aus uns heraus:

... Mich selbst
Ans Drehkreuz gespannt
Da geh ich rundum
Schöpfe mein brackiges Lebenswasser ...
Schreie den Eselsschrei
Hinauf zu den Sternen[26].

Der »Urschrei«, unartikuliert und unadressiert, wird als Erlösung erlebt und therapeutisch einsetzbar. Es ist nicht auszuschließen, daß für den sich selbst als Person begreifenden Menschen auch die Personalisierung seines Schreis hilfreich wäre, selbst wenn er nicht weiß, wen er anrufen soll mit seinem verzweifelten: »Du!«. Wenn sich der Schrei erst einmal artikulierte, wenn die Bitte sich in ihrer Artikulation selbst fände, würde der Bittende vielleicht entdecken: Bitten zu können, ist ein Ausdruck von Selbstbejahung und von Ich-Stärke. Indem ich bitte, bejahe ich mich in meinen Grenzen, nehme ich mein Angewiesensein auf andere und auf das Unverfügbare ernst, trage ich meine Hoffnung für mich und andere tapfer ins Unverfügbare hinein. Nicht irgendeine Willkür-Autorität würde mir dann die Bitte gebieten, sondern eine Notwendigkeit, die mit meinem Menschsein gegeben ist. Diese Überlegung wird mein Bittgebet nicht begründen können und nicht erst zu begründen brauchen. Sie kann mich darauf aufmerksam machen, daß mein Bitten schon in Gang ist, und hätte es nur die bescheidene sprachliche Form: »Wenn doch...«. Ich habe nicht nur Bitten, mein ganzes Leben stellt als solches eine Bitte dar, eine Bitte an die Menschen in meiner unmittelbaren Umgebung – und eine Bitte in bezug auf alles, was Menschen nicht gewähren können.

2.2 Wunschdenken

Herrgott!
Wenn du zufällig Zeit hast, dich zwischen zwei Börsenbaissen
und einer dämlichen Feldschlacht in Marokko auch einmal um
die Armen zu kümmern:
Hörst du siebentausend Kommunisten in deutschen Gefängnissen wimmern?
    Kyrie eleison –!

Da sind arme Jungen darunter, die sind so mitgelaufen,
und nun sind sie den Richtern in die Finger gefallen;
auf sie ist der Polizeiknüppel niedergesaust,
der da ewiglich hängt über uns allen ...
    Kyrie eleison –!

Da sind aber auch alte Kerls dabei, die hatten Überzeugung,
Herz und Mut –
das ist aber vor diesen Richtern nicht beliebt,
und das bekam ihnen nicht gut ...
    Kyrie eleison –!

Da haben auch manche geglaubt, eine Republik zu schützen –
aber die hat das gar nicht gewollt.
Fritz Ebert hatte vor seinen Freunden viel mehr Angst
als vor seinen Feinden – in diesem Sinne: Schwarz-Rot-Gold!
    Kyrie eleison –!

Herrgott! Sie sitzen seit Jahren in kleinen Stuben
und sind krank, blaß und ohne Fraun;
sie werden von Herrn Aufseher Maschke schikaniert und angebrüllt,
in den Keller geschickt und mitunter verhaun ...
    Kyrie eleison –!

Manche haben eine Spinne, die ist ihr Freund;
viele sind verzankt, alle verzweifelt und sehnsuchtskrank –
Ein Tag, du Gütiger, ist mitunter tausend Jahr lang!
    Kyrie ...

Vielleicht hast du die Freundlichkeit und guckst einmal
ins Neue Testament?
Bei uns lesen das die Pastoren, aber nur sonntags –,
in der Woche regiert das Strafgesetzbuch und der Landgerichtspräsident.
    ... eleison –!

Weißt du vielleicht, lieber Gott, warum diese Siebentausend
in deutsche Gefängnisse kamen?
Ich weiß es. Aber ich sags nicht. Du kannst dirs ja denken.
Amen.

Kurt Tucholsky[27]

Der Text ahmt, ohne daß dies wohl dem Verfasser bewußt war, die Gebetsform der Ektenie nach, bei der einzelne Anliegen (von einem Liturgen) vorgetragen und dann von dem Ruf (aller) – »Kyrie eleison« – aufgenommen werden. Der Gedankenstrich zwischen dem »eleison« und dem dann gesetzten Ausrufezeichen könnte als nonverbales Zeichen der Erwartung bzw. der Herausforderung gemeint sein: Nun zeig' doch mal ...! Zwischen das »Kyrie« und das »eleison« schiebt sich in den beiden vorletzten Strophen der Vorwurf gleichsam unabweisbar ein: Mit dem Neuen Testament hast du's ja wohl nicht besonders, und im übrigen kommst du gegen Strafgesetzbuch und den Landgerichtspräsidenten sowieso nicht auf. Das abschließende »Amen« bekräftigt die Unzuverlässigkeit des hier aufgerufenen »Herrgotts«, wenn er etwas unternehmen soll, was den Reichen und Mächtigen widerspricht. Der liturgischen Form der Ektenie widerspricht das pathetische, aus der Sprachwelt wilhelminisch-patriotischer Gebete kommende »Herrgott!«, das eben damit schon die Stoßrichtung der Gebetsparodie angibt: Der Gott der Etablierten bewegt sich nur zwischen kapitalistischen Aktionären und irgendwelchen Dämlichkeiten. Den Gefangenen ist eine Spinne eine größere Hilfe als ein Gott, der keine Ahnung hat; was Ewigkeit ist, wissen sie besser als er[28]: Das religiöse Wunschdenken wird schonungslos entlarvt; angesichts von Neid und Niedertracht, von unerträglichen politischen und kirchlichen Verhältnissen fällt es in sich zusammen.

2.2.1 Widersprüche und Täuschungsmanöver

Die Kritik am naiven Bitten kann sich »fromm« gebärden. Dann sind es vor allem zwei Einwände, die dagegen vorgebracht werden: Der Gottesbegriff wie auch der Gebetsakt des Menschen ist in sich widersprüchlich. Oder aber die Gebetskritik artikuliert sich im Interesse eines sachgemäßeren menschlichen Selbstverständnisses: Dann führt sie die Würde des Menschen und deren Gefährdung durch irreführende Projektionen ins Feld.

a) Die *Widersprüchlichkeit des Gottesbegriffs,* der dem naiven Bittgebet zugrunde liegt, erweist alles Bitten als absurd: Der allwissende Gott bedarf unserer Gebete nicht. »Wenn er alles weiß, warum sollten wir ihn von unseren Bedürfnissen unterrichten und ihn durch unsere Gebete ermüden?«[29] Daß man erst Gottes Aufmerksamkeit erwecken müsse, hält der niederländische Philosoph Franciscus Hemsterhuis für abwegig[30]. Für Kant bedeutet die Erklärung von Wünschen an ein Wesen, das diese ohnehin schon kennt, »Fetisch machen« und »abergläubischen Wahn«[31]. Eine ähnliche Argumentationsfigur nimmt von Gottes Allmacht ihren Ausgang: »... wenn wir Gott als den Urheber aller Dinge ansehen, so ist nichts lächerlicher als die Idee, durch unsere Handlungen sein Gefallen oder seinen Zorn erregen zu können«[32] – alles vollzieht sich dann nach seinem ewigen Ratschluß. Eine Willensänderung kommt doch für Gott nicht in Frage[33]; wenn in den Augen von Betenden einzelne Gebete erhört werden, dann liegt das am Lauf der Natur[34]. Die Theologie hat, so urteilt Baron d'Holbach, durch ihre widersprüchlichen Aussagen über die göttlichen Eigenschaften »ihrem Gott sozusagen dermaßen die Hände gebunden, daß sie es ihm unmöglich gemacht hat, zu handeln«[35]. Der Gott der Theologen *kann* auf Bitten in bestimmten Anliegen gar nicht reagieren: Entweder seine Allwissenheit und seine Allmacht oder sein unabänderlicher Ratschluß oder gar sein Zorn ist ihm dabei im Wege.

b) Die Widersprüchlichkeit des Gottesbegriffs schlägt sich im *inneren Widerspruch des Gebetsaktes* nieder. »Wenn man die Gottheit bittet, zweifelt man dann nicht an ihrer Weisheit, an ihrem Wohlwollen, an ihrer Vorsehung, an ihrer Allwissenheit, an ihrer Unwandelbarkeit?«[36] Das Bittgebet gerät so zu einem Akt des Mißtrauens gegenüber Gott. Der Mensch, der sich einem solchermaßen vorgestellten Gott gegenübersieht, kann ja auch gar nicht wissen, worum er bitten soll[37]. Sein Gebet wäre vermessen, nach Kant »vorwitzig« und sogar »ungläubig«; Kant bekennt: »Ich würde selbst erschrecken, wenn mir Gott besondre Bitten gewähren sollte, denn ich könnte nicht wissen, ob ich mir nicht selbst Unglück erbeten hätte.«[38] Er empfindet die »pochende Zudringlichkeit des Bittens«[39] als Gott gegenüber unstatthaft. Nicht zu reden von den Inhalten solcher Bittgebete, in denen sich die ganze Vielfalt menschlicher Ichbezogenheit spiegelt. Sarkastisch bezeichnet Ludwig Feuerbach das Tischgebet als das »Mastgebet des Egoismus«[40]. Das naive Bitten wird abgelehnt mit Argumenten der tieferen Religiosität[41], es wird verboten »um Gottes Willen«.

c) Aber auch *um des Menschen willen* wird das Bittgebet um eine konkrete Erhörung abgelehnt. »Schwache Sterbliche«, ruft der Baron d'Holbach beschwörend aus, »wie lange noch wird eure Einbildungskraft, die so geschäftig und so bereit ist, das Wunderbare zu ergreifen, außerhalb des Universums nach Vorwänden suchen, um euch selbst und den Wesen zu schaden, mit denen ihr hienieden zusammenlebt!«[42] Dieser Gesichtspunkt, in der Aufklärung nur nebenher formuliert, schiebt sich mit der Religionskritik des 19. Jahrhunderts in den Vordergrund: Feuerbach gibt am Ende seiner Vorlesungen über das Wesen der Religion seiner Hoffnung Ausdruck, es möchte ihm gelungen sein, seine Hörer »aus Gottesfreunden zu Menschenfreunden, aus Gläubigen zu Denkern, aus Betern zu Arbeitern, aus Kandidaten des Jenseits zu Studenten des Diesseits« gemacht zu haben[43]. Nach zwei Richtungen kann dieses Argument entfaltet werden: Es widerspricht dem Menschen, eine Gottheit, ein Phantom um etwas zu bitten; Nietzsche läßt seinen Zarathustra sagen: »Für *dich* ist es eine Schmach zu beten!«[44]; nur die Trägheit, die »Hände-falten und Hände-in-den-Schoß legen« schätzt, macht sich immer wieder für den Gedanken stark, es könnte einen Gott geben, der Gebete erhört. Aber auch um des Mitmenschen willen kann das Gebet kritisiert werden, wie es Bert Brecht mit seiner Gestalt der »stummen Kattrin« eindrucksvoll getan hat: Mit »Trommeln« ist den bedrängten Menschen mehr gedient als mit dem Vaterunser[45].

d) Den stärksten Einwand gegen das Bittgebet stellt schließlich der *Projektionsverdacht* dar: In wie vielen auch vergleichsweise harmlosen Fällen ist der Wunsch der Vater des Gedankens. Gerade im Bittgebet könnte die wünschende Projektion sich zu ungeheurer Intensität verdichten. In diesem Sinne deutet Feuerbach das »Geheimnis des Gebets«: Die Natur vermag den Menschen nicht zu erhören, sie bleibt seinen Leiden gegenüber teilnahmslos, deswegen wendet er sich von ihr ab. Im Gebet »vergißt der Mensch, daß eine Schranke seiner Wünsche existiert, und ist selig in diesem Vergessen«[46]. Hier findet er einen Durchbruch ins Freie, hinaus aus der ihn bedrängenden Situation; der Wunsch ist seiner Erfüllung gewiß: »Gott ist der in das Tempus finitum, in das gewisse selige Ist verwandelte Optativ des menschlichen Herzens, die rücksichtslose Allmacht des Gefühls, das sich selbst erhörende Gebet, das sich selbst vernehmende Gemüt, das Echo unserer Schmerzenslaute.«[47] Im Gebet bejaht das menschliche Gemüt »ohne Ein- und Widerrede«[48] sich selbst – freilich um den Preis der »Selbstteilung des Menschen in zwei Wesen«[49] – »im Gebete betet der Mensch sein eignes Herz an, schaut er das Wesen seines Gemüts als das höchste, das göttliche Wesen an«[50]. Diese Überlegungen sind philosophisch gemeint und beziehen sich auf die Gattung Mensch, wenngleich sie sich anhören, als wären sie im Blick auf individuelle Erfahrungen ausgesprochen. Humanwissenschaftlich vertieft und psychologisch untermauert hat sie – wir haben den Gedanken bereits berührt – Sigmund Freud: Der Mensch, der mit den »Naturkräften« nicht klarkommt, verleiht ihnen »Vatercharakter, macht sie zu Göttern«. Er »folgt dabei nicht nur einem infantilen, sondern auch ... einem phylogenetischen Vorbild«[51]. »Libido folgt den Wegen der narzißtischen Bedürfnisse und heftet sich an die Objekte, welche deren Befriedigung versichern« – das ist zunächst die Mutter, später der Vater[52]. Kann sich ein Mensch auch im Erwachsenenalter von seiner kindlichen Hilflosigkeit nicht befreien, so mag es ihm naheliegen, die Existenz eines »mächtigen Vaters« zu installieren: »Durch das gütige Walten der göttlichen Vorsehung wird die Angst vor den Gefahren des Lebens beschwichtigt...« Eine religiöse Vorstellung ist also weder Niederschlag von Erfahrung noch Denkresultat[53], sondern Illusion. Für sie »bleibt charakteristisch die Ableitung aus menschlichen Wünschen, sie nähert sich in dieser Hinsicht der psychiatrischen Wahnidee«[54]. Ein Glaube erweist sich dadurch als Illusion, daß »sich in seiner Motivierung die Wunscherfüllung vordrängt«[55]. Gegen dieses wahnhafte Wunschdenken empfiehlt Freud die »Erziehung zur Realität«: Es mache »schon etwas aus, wenn man weiß, daß man auf seine eigene Kraft angewiesen ist. Man lernt dann, sie richtig zu gebrauchen.

Ganz ohne Hilfsmittel ist der Mensch nicht, seine Wissenschaft hat ihn seit den Zeiten des Diluviums viel gelehrt ... Was soll ihm die Vorspiegelung eines Großgrundbesitzes auf dem Mond, von dessen Ertrag noch nie jemand etwas gesehen hat? Als ehrlicher Kleinbauer auf dieser Erde wird er seine Scholle zu bearbeiten wissen, so daß sie ihn nährt«[56].

2.2.2 Der Gott der Philosophen (und Psychologen)

Die beiden ersten skizzierten Typen von Religionskritik am naiven Bitten argumentieren – wenigstens formal – von einem Gottesbegriff aus, den sie gegen das Gebet ausspielen. Die beiden letzten dagegen versuchen den Gottesbegriff aus der psychischen Bedürfnislage des Menschen bzw. der Menschheit in einer bestimmten Periode ihrer Entwicklung abzuleiten und damit zu entlarven. Beide Argumentationsweisen setzen damit jedoch ihrerseits einen bestimmten Gottesbegriff voraus. Wenn die Allwissenheit und Unveränderlichkeit Gottes gegen das Bittgebet ins Feld geführt wird, so steht dahinter die Vorstellung, daß zum Wesen Gottes eben die Unveränderlichkeit seines Willens gehöre, in der er, was seine Allwissenheit ihm gebietet, unabänderlich zum Ziel führt. Gott wird begriffen als ein Wesen, auf das der Mensch schlechterdings keinen Einfluß haben kann; ja auf ihn Einfluß nehmen zu wollen, wäre bereits eine Form von Gottlosigkeit, von Auflehnung gegen ihn. Einem solchen Gott gegenüber bekennt der Weise nur seine schlechthinnige Abhängigkeit. Der Gott, der hier vorausgesetzt wird, ist nicht der dynamische, sich in seiner Heilsgeschichte verwirklichende Gott der Bibel, sondern der apathische, des Leidens und der Veränderung unfähige Gott der Stoiker. Letztlich bleibt diesem Gott nichts anderes übrig, als seinen eigenen Gesetzen zu gehorchen. Seneca fand: »Was es auch sein mag, das uns so zu leben, so zu sterben gebietet, die gleiche Notwendigkeit fesselt auch die Götter. Ein unwiderruflicher Gang führt das Menschliche und das Göttliche in gleicher Weise mit sich. Er selbst, der Gründer und Lenker des Alls, der die Schicksale geschrieben hat, muß ihnen auch folgen. Ständig gehorcht er; nur einmal hat er geboten.«[57] Oder ein anderes Beispiel: In seiner Schrift »Ob man beten darf/muß«, schreibt der spätantike Philosoph Maximus Tyrius: »Sich umstimmen zu lassen und anderen Sinnes zu werden, geziemt nicht einmal einem charaktervollen Menschen, geschweige denn Gott.«[58] Die Überfremdung des christlichen Gottesbegriffs mit Zügen vor- und außerchristlicher Philosophie beginnt schon in der Alten Kirche[59]; sie erreicht ihren Höhepunkt in den Auseinandersetzungen des 17. und 18. Jahrhunderts, in denen sich christliche Apologeten bemühen, von ihrem Gottesbegriff alles spezifisch Christliche abzustreifen: So sollte wenigstens der ihrer Meinung nach für die Vernunft plausible Gott der Stoa vor den Atheisten gerettet werden[60]. Im Blick auf das Bittgebet kam es dabei zu merkwürdigen Verschränkungen von stoischen und christlichen Auffassungen. Rousseau erklärt: »Das vollkommenste Gebet ist die völlige Resignation in Gottes Willensfügungen. ›Nicht was ich will, sondern was du willst!‹, ›Dein Wille geschehe!‹ Jedes andere Gebet ist überflüssig und steht mit diesem im Widerspruch.«[61] Die Vaterunser-Bitte, Gottes Wille möge geschehen, wird, statt den Aufstand gegen alles widergöttliche Wollen zu symbolisieren, einseitig quietistisch-mystisch gedeutet; Gethsemane und Stoa gehen eine unglückliche Verbindung ein. Dieser Typus von Kritik am Bittgebet tritt heute in den Schatten der am Projektionsverdacht orientierten Einwände. Aber auch sie arbeiten mit einem ganz bestimmten Gottesbegriff, den sie durch die Aufdeckung seiner Herkunft entlarven wollen: Der Gottesgedanke hat für den Bittenden, für seinen psychischen Haushalt und für seine Weise, den Schwierigkeiten des Lebens zu begegnen, einen klar umrissenen Stellenwert – Vertröstung, Beschwichtigung, innerpsychische Stabilisierung, jedoch auf Kosten des Realitätsbezugs. Der Bittende steht dadurch, daß er bittet (statt zu handeln), der Erhörung seines Gebets selbst im Wege. Gott geht ganz darin auf, für den Menschen eine bestimmte Funktion zu haben, nämlich: seine Ängste zu mildern und seine Wünsche, wenn schon nicht zu erfüllen, so doch als möglich und sinnvoll zu legitimieren. Auch dieser Gedanke hat eine Art Präfiguration schon in der Antike, nämlich in der Behauptung, die Furcht habe die Götter gemacht[62]. Daß der Mensch, statt zu beten, lieber selbst sein Geschick in die Hand nehmen solle, war ebenfalls bereits im Blick auf die antike Religiosität formuliert worden. »Wozu braucht es Gebet – mach dich selbst glücklich!«[63]

Die hier vorgeführten Argumente gegen das Bittgebet sind also samt und sonders nicht gegen das spezifisch christliche Verständnis des Betens entwickelt; sie treffen für jedes theistisch verstandene Gebet zu. Der Gottesbegriff, den sie voraussetzen, ist eine

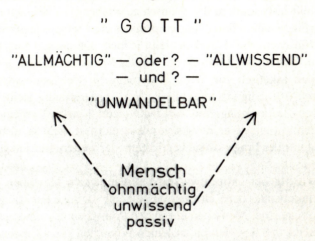

Abb. 7: In sich widersprüchliches Wunschdenken als Ursprung des Gebets

Der sich als ohnmächtig erlebende Mensch wünscht sich einen allmächtigen Gott, der sich als unwissend erfahrende Mensch einen allwissenden Gott, der dem Zufall und der Vergänglichkeit ausgelieferte Mensch erträumt sich einen unwandelbaren Gott. Zu diesen drei Projektionen zugleich verführt, verheddert er sich in Widersprüchen: Wie kann Gott zugleich unwandelbar und allmächtig, also zu jeder Wandlung fähig sein? Wie kann Gott zugleich allmächtig und allwissend sein, also jede Gegebenheit, die seine Allmacht verhindern müßte, vorherwissen? Wie ist es denkbar, daß Gott alles weiß und – trotz seiner Allmacht – nicht ändernd eingreift?

Kombination von Elementen, die verschiedenen Religionen zugehören und läßt sich daher auch relativ leicht ad absurdum führen (»Pappkamerad«). Die Frage bleibt, inwieweit der christliche Gottesbegriff von diesen Einwänden mitbetroffen ist – oder ob er sie durch einen spezifischen Ansatz entkräften kann.

2.2.3 Antikritik: Bitten als Festhalten an der konkreten Utopie?

Noch abgesehen von der eigentlichen theologischen Problematik ist zu bedenken, ob die konkrete, gegenüber der Grenze ihrer Erfüllbarkeit blinde Bitte nicht für das Menschsein des Menschen einen wichtigen Stellenwert besitzt. Während sich in der asiatischen Religiosität eine Kultur der Wunschlosigkeit entwickelt hat, ist die von Judentum und Christentum geprägte abendländische Welt durch eine Kultur des Wünschens gekennzeichnet. Gewiß stellt insbesondere der Wunsch zu »haben«, zu besitzen und zu verfügen, eine säkularisierte Form des einst religiös legitimierten Wünschens dar. Deutlich bleibt jedoch, daß der Umgang mit seinen Wünschen zu den Aufgaben des Menschen gehört, ob er sich nun asketisch zur Wunsch-Verneinung oder aggressiv zur Wunsch-Befriedigung entschließt. Nur vordergründig stellt die Wunsch-Befriedigung eine Alternative zur Wunsch-Verneinung dar, denn, wenn sie gefräßig sich selbst realisiert, steht sie alsbald erneut vor der Frage, ob sie verzichten oder weitere Befriedigung suchen soll.

Das Bittgebet hatte etwa für den glaubenden Menschen des Mittelalters oder der Reformationszeit eine wichtige Funktion für den Umgang des Menschen mit seinen Wünschen: Es ermöglichte einerseits, daß der Mensch an seinen Wünschen guten Gewissens festhalten konnte, und verhinderte andererseits, daß er einem reinen animalischen Reiz-Reaktionsmechanismus auflief. Indem der Mensch seinen Wunsch in den Horizont letzter, und das hieß schließlich, allen Menschen gemeinsamer Sinnerfüllung einstellte, lernte er, seinen Wunsch in Relation zu anderen Wünschen und Bedürfnissen, ja zum Geschick auch der ihn umgebenden außermenschlichen Kreatur und des ganzen Kosmos zu sehen. Insofern erwies sich der Verlust des Bittgebets als ein Ereignis von katastrophalem Ausmaß: Während innerhalb der asiatischen Kultur des Nicht-Wünschens der berechtigte und für das Überleben der Menschen ausschlaggebende Wunsch nach Verbesserung der diesseitigen Verhältnisse sich gar nicht recht zu artikulieren vermochte, verlor er im Westen, nicht mehr eingebettet in die Frage nach einer universalen Erfüllung, jegliches Bewußtsein einer sinnvollen Schranke und drohte taumelnd ins Animalische abzugleiten: Die Verhaltensforschung[64] ist bemüht, wenigstens von dort her wieder die Sinnhaftigkeit eines Wunsches zu begründen oder gegebenenfalls seine Sinnlosigkeit herauszustellen.

Aber nicht nur die Reinigung und Klärung des Wunsches durch das Bittgebet hat eine wichtige Funktion, sondern auch die Artikulation des Wunsches und die Möglichkeit, gegen allen »Terror der Vernunft« daran festzuhalten. Offenbar gehören Wünschen und Hoffen zu den elementarsten Auszeichnungen des Menschseins. Es gibt kluge Erörterungen und weitreichende Ausblicke auf das, was menschliches Hoffen sein könnte[65]. Eine Hoffnung, die sich nicht immer wieder auch in einzelnen »Hoffnungen« niederschlagen dürfte, käme mir unmenschlich vor. Eine Utopie, welche die Konkretion des nächsten Schrittes prinzipiell verböte, könnte viel Unheil anrichten – während andererseits menschliches Leben ohne Utopie, ohne das Denken über unsere vorfindliche Existenz und ihre Bedingungen hinaus, gar nicht denkbar ist[66]. Wieso sollte es zudem für den Menschen nicht hilfreich sein, seine Sehnsucht eben nicht nur sich selbst einzugestehen oder Gleichgesinnten zu offenbaren, sondern seinen Wunsch auszusprechen vor dem Forum des Seins, selbst wenn die Vorstellung eines solchen Forums nur ein fiktiver Hilfsgedanke wäre – welche andere Vorstellung könnte diesen Gedanken ersetzen? Man hat dem Bittgebet immer wieder seine Opiumfunktion vorgeworfen. Ich verstehe nicht, wieso gerade darin nicht auch ein positives Moment sollte entdeckt werden können, wenngleich sich Religionskritiker und Theologen – in seltener Übereinstimmung! – schwer tun, dies anzuerkennen[67]. Vielleicht liegt die Welt so sehr im Argen, daß sie, wenn es schon in diesem Äon nicht anders möglich ist, durch etwas erträglich gemacht werden muß, das wie ein Opiat wirkt. Opiate werden ja allenthalben verabreicht und eingenommen – ob unter diesen Gesichtspunkten das Bittgebet nicht eine Weise von Schmerzlinderung sein könnte, die, da sich in ihm ja ein spezifischer Realitätsbezug durchhält, alle nur betäubenden Mittel in den Schatten stellt? Ganz abgesehen davon, daß die Zuversicht, die das Bittgebet vermittelt, möglicherweise im psychischen, aber auch im physiologischen und sozialen Bereich positive Veränderungen hervorruft, die mit den Mitteln gegenwärtiger Erkenntnis bislang nicht zu fassen sind[68]!

2.3 Flucht in die Regression

Eigenartigerweise wird in der herkömmlichen Religionskritik selten mit dem Hinweis operiert, daß das Bittgebet ja ohnehin nichts »helfe«. Mag sein, daß dies vorausgesetzt wird, mag sein, daß man den Glaubenden aufgrund seiner immanenten Abwehrstrategie gegen dieses Argument für gefeit hält[69] – es taucht jedenfalls kaum auf. Die Theodizeeproblematik scheint mehr den Glaubenden als seinen Kritiker zu beschäftigen. Hat der Kritiker zum Phänomen des Gebets nicht selbst einen direkten Zugang, so betrachtet er seine Ablehnung der Bitte »um etwas« als ausreichende Kritik. Vielleicht erklärt es sich so, daß sich in der religionskritischen Literatur kaum eine Parodie der Bitte um Gottes Nähe finden läßt. Jede derartige Parodie wäre denn auch leicht in der Gefahr, ihrerseits als Ausdruck der in der Parodie apostrophierten Bitte verstanden zu werden. So verhält es sich etwa in dem Lied des einsamen und jammernden Zauberers in Nietzsches »Zarathustra«:

». . . Haha!
Und marterst mich, Narr, der du bist,
Zermarterst meinen Stolz?
Gib *Liebe* mir – wer wärmt mich noch?
Wer liebt mich noch? – Gib heiße Hände,
Gib Herzens-Kohlenbecken,
Gib mir, dem Einsamsten,
Den Eis, ach! siebenfaches Eis
Nach Feinden selber,
Nach Feinden schmachten lehrt,
Gib, ja ergib,
Grausamster Feind,
Mir – dich! –

Davon!
Da floh er selber,
mein letzter einziger Genoß,
Mein großer Feind,
Mein Unbekannter,
Mein Henker-Gott! –

– Nein! Komm zurück,
Mit allen deinen Martern!

Zum letzten aller Einsamen
O komm zurück!
All meine Tränenbäche laufen
zu dir den Lauf!
Und meine Herzensflamme –
Dir glüht sie auf!
O komm zurück,
Mein unbekannter Gott! Mein Schmerz! Mein letztes – Glück!«

Friedrich Nietzsche[70]

Es ist ein wirres Gebet, hin und her gerissen von abgrundtiefem Haß und verzehrender Sehnsucht, ein Gebet, das ohne Feuer, Herzens-Kohlenbecken, Tränenbäche und Herzensflamme nicht auskommt, ein Gebet, das sich gleichsam in den Felsen hinein verrennt, auf dem es stattfindet, ein tödliches Bitten, dem Zarathustra, indem er auf den Betenden einschlägt, brutal ein Ende macht. Es ist eine Lüge, aber auch »Ernst darin«[71]. Es mag die Erinnerung an den Kampf Jakobs, an Luthers Ringen mit dem verborgenen Gott wachrufen, die Faszination des Unerträglichen spricht sich darin aus – darin freilich ist es selbst religiös, es kann seine Kritik nur im Abbruch und in seiner Darstellung als spielerischer Lüge zum Ausdruck bringen.

2.3.1 Ausgeburt der Verlassenheit

Nur derjenige Kritiker, der aus eigener Anschauung oder gar aus eigenem Erleben weiß, was das tiefste Anliegen allen Bittens ist, kann dazu kompetent Stellung nehmen: Letztlich geht es dem Bittenden immer mehr um den Geber als um die Gabe; je ernster die Bitte gemeint ist, desto stärker tritt die Gabe hinter dem Geber zurück – sie kann schließlich ganz entfallen, ja gerade der bewußte Verzicht auf die Gabe vermag den Geber erst in seiner ganzen Fülle zu erfassen. Nicht zufällig sind es Feuerbach und Nietzsche, die dieses Bitten in seiner menschlichen Tiefe ansprechen und – anprangern.

Feuerbach[72] verteidigt das christliche Gebet gegen das Mißverständnis, es handle sich hier um ein »Zwangs- oder Zaubermittel«, mit dessen Hilfe der Bittende nur seine Zwecke zu erreichen suche: »Diese Vorstellung ist aber eine unchristliche« – obwohl sie faktisch bei vielen Christen anzutreffen sei[73]. Die Verteidigung dient freilich nur dazu, das Gebet in seiner eigentlichen Tiefe zu greifen und dann zu entlarven: Das Gebet ist »der wesentliche Akt der Religion«[74], hier muß sie gepackt werden. Gebet und Wunder gehören zusammen, das Gebet selbst wird als Wunder, als »ein Akt der wundertätigen Kraft« aufgefaßt[75]. Der Mensch, der sich nicht anders von sich selbst zu distanzieren weiß, »setzt« in der Religion »sein Wesen *außer sich,* sein Wesen als ein *andres Wesen* . . . Gott ist sein anderes Ich, seine andere verlorne Hälfte; in Gott *ergänzt er sich;* in Gott ist er erst *vollkommener* Mensch. Gott ist ihm ein *Bedürfnis;* es fehlt ihm etwas, ohne zu wissen, was ihm fehlt – Gott ist dieses *fehlende Etwas,* Gott ihm unentbehrlich; Gott *gehört* zu seinem *Wesen.*«[76] Der Projektionsversuch wird hier also nicht nur auf eine oberflächliche Weise durch ein vordergründiges Wunschdenken des Menschen erklärt[77]. Der Mensch braucht nicht nur *etwas* von Gott, er braucht Gott selbst. Die Sprache des Gebets verrät das, indem sie Gott als »Vater« bezeichnet. Das Wort »Vater« ist der Ausdruck, »der innigsten Einheit«, »*der* Ausdruck, in dem unmittelbar die *Gewähr* meiner Wünsche, die *Bürgschaft* meines Heils liegt«[78]. Man kann Feuerbach nicht vorwerfen, daß er das Selbstverständnis des christlichen Bittens damit völlig verzeichne[79], wenngleich der Wunsch des Betenden dort in einem höheren, das Bedürfnis nicht mehr unbedingt befriedigenden Sinne aufgehoben ist und der Vater als der »Vater Jesu Christi« eine andere Weise der »Gewähr« und »Bürgschaft« zu erkennen gibt, als sie Feuerbach andeutet.

Was Feuerbach hier positiv als das Bedürfnis des Menschen darstellt, ist negativ vorgezeichnet in der »Rede des toten Christus vom Weltgebäude herab, daß kein Gott sei«, die Jean Paul als einen schrecklichen Traum beschreibt. Christus, hier Inbegriff des verlassenen Menschen, »hob . . . die Augen empor gegen das Nichts und gegen die leere Unermeßlichkeit und sagte: ›Starres, stummes Nichts! Kalte, ewige Notwendigkeit! Wahnsinniger Zufall! . . . Wie ist jeder so allein in der weiten Leichengruft des All. Ich bin nur neben mir . . . O Vater! O Vater! Wo ist deine unendliche Brust, daß ich an ihr ruhe?‹ Ach, wenn jedes Ich sein eigener Vater und Schöpfer ist, warum kann es nicht auch sein eigener Würgengel sein?«[80]

Feuerbach ist nicht in Gefahr, in eine solche Wüsten-Stimmung zu geraten. Er kennt ja die Menschheit und würde den Verlust des Vaters durch den Gewinn der Brüder, der »Gattung Menschheit«, vielfältig wettgemacht sehen. Die Freudsche Religionskritik mit ihrer Erziehung zur »Realität« und der marxistische Ansatz, die Arbeiterklasse als den bergenden und Impuls gebenden Bezugsrahmen für den Einzelnen anzusehen, könnten dies wirkungsvoll unterstützen. Für Nietzsche schließlich bedeutet der Tod Gottes – *wir* haben ihn getötet! – den stolzen Akt der Inthronisation eines Menschen mit neuem, ungeahntem Selbstbewußtsein.

2.3.2 Gott – der schwer ersetzbare Vater

Welchen Gottesbegriff setzt diese Art von Religions- und Gebetskritik voraus, auch ohne sich eigens Rechenschaft darüber zu geben? Natürlich fließen hier, wie in dem entsprechend aufgefaßten Gebet »um Gott«, mancherlei Gesichtspunkte ineinander, die in anderen Gebetstypen ebenfalls eine Rolle spielen: die Ambivalenz der väterlichen Autorität, die Gefahr der Alibi-Konstruktion, das Problem einer Funktionalisierung des Gottesbegriffs. Eine neue Ebene der Kritik wird jedoch durch den Vorwurf erreicht, daß es nicht nur sinnlos sei, die Erfüllung einzelner Wünsche von einer Gottheit zu erwarten, sondern daß der Gottesglaube als solcher das Selbstbewußtsein des Menschen insgesamt bedrohe. Wenn der Mensch in Gott »sich ergänzt«, erst in Gott zur Ganzheit wird, und nicht etwa mit Hilfe des Gebets nur diesen oder jenen Mangel beheben möchte – wofür gilt ihm dann Gott? Doch offenbar als eine Macht, die seinem Wesen so sehr entspricht, daß er völlig von ihr abhängig ist, die ihm nicht nur im Blick auf einzelne Mißlichkeiten und Bedürfnisse weiter helfen soll, sondern all seine Sehnsucht zu befriedigen vermag. Der Mensch redet sich dann ein, er könne nicht leben ohne diesen Gott, der ihm eine über alle Einzelprobleme erhabene letzte Geborgenheit verspricht. Wenn Jean Paul den toten Christus klagen läßt, warum der einzelne Mensch, wenn er schon sein eigener Vater sein müsse, nicht wenigstens auch sein Würgeengel sein könne, dann meldet sich darin die Überzeugung: Gott, wenn es ihn gäbe, müßte Sinn gewähren, müßte für die Herkunft und das Ziel des menschlichen und allen Lebens einstehen, müßte Garant des Lebens gegen die Verzweiflung sein. Letztlich könnte Gott alle diese für den Menschen wesentlichen Funktionen gerade dann erfüllen, wenn er sich als »Du« und »Vater« ansprechen ließe. Da dieser Gott aber ja nun nicht existiert, und davon geht die Kritik aus, verhindert seine Projektion die echte Hilfe, vereitelt sie Selbstbesinnung und angemessenes menschliches Selbstbewußtsein. Die Hypothese Gott stellt eine Krücke dar – das Bein, mit dem die Menschheit sich selbst im Wege steht.

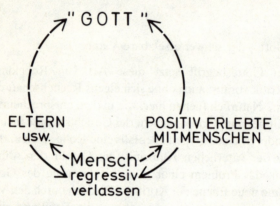

Abb. 8: Regression als Gebetsmotivation

Der Mensch erinnert sich regressiv seiner Geborgenheit im Mutterschoß, im Schoß der Familie, im Kreis positiv erlebter Mitmenschen. Er erhofft sich eine unbegrenzt bergende Macht, die er bei Menschen nur ansatzweise kennengelernt hat; er ersehnt die Möglichkeit einer totalen Regression.

2.3.3 Antikritik: Um Trost war mir sehr bange!

Die hier vorgetragene Kritik des Bittgebets läßt sich rational nicht voll entkräften – das käme einem Gottesbeweis gleich. Der Gottesbegriff, mit dem sie arbeitet, umfaßt gewiß nicht alles, was der christliche Glaube von Gott sagen zu müssen meint, aber er enthält doch wesentliche Elemente dessen, was in der Tat Anliegen christlichen Bittens ist[81]. Es läßt sich nicht in Abrede stellen, daß unzählige Menschen in dem hier kritisierten Gebet Trost gefunden haben. Die Frage, ob dies auf Illusion oder Faszination beruhte, wird mindestens in den Fällen relevant, in denen dadurch Verantwortung abgeschoben wurde.

Mag die Frage, ob es für den Menschen letztlich Trost und begründete Zuversicht gibt, philosophisch unentschieden bleiben: Daß der Mensch umfassenden Trost und nicht nur kurzfristige Vertröstung sucht, scheint außer Diskussion zu stehen. Die Frage nach dem Sinn kann für eine gewisse Zeit verdrängt werden, grundsätzlich abweisen läßt sie sich nicht. Das bestätigen auf ihre Weise auch die Kritiker der Zuversicht, daß Gott dem menschlichen und allem Leben Sinn stifte. Mag Nietzsche sich an seiner Vision des Übermenschen begeistern, mag der Marxismus den gesellschaftlichen Fortschritt, mag ein vulgärer Vitalismus »das Leben« oder die Psychoanalyse »die Realität« als Perspektive für die Einordnung eines individuellen Lebensvollzugs benennen – immer äußert sich darin ein Bedürfnis nach Zuweisung in ein übergreifendes Sinngefüge. Und die hier aufgeführten Zusammenhänge werden nicht abgeschirmt werden können gegen die Zweifel angesichts fragwürdiger Ereignisse der individuellen Lebens- und der großen Weltgeschichte, gegen die Enttäuschung über eigenes und fremdes Versagen und Verschulden, gegen den alles Leben in Frage stellenden Tod. Ich kann es nicht abwegig finden, daß wir Menschen nach gültigem, uns umfassendem Trost suchen.

Die Philosophen des Existentialismus haben versucht, der Herausforderung des »Geworfenseins« standzuhalten und das Schicksal des »Sisyphus« tapfer zu bejahen. Aber wird die Einsamkeit dessen, der das tut, nicht riesengroß erst durch die Ungewißheit, durch die verdeckte Hoffnung oder latente Erinnerung, es könnte doch Trost und Sinn geben für die Menschen, deren nicht wenige davon berichten? Vielleicht ist das geheime Wissen um eine mögliche Sättigung erst die Voraussetzung für die Erkenntnis dessen, was Hunger ist, der verzweifelte Schrei nach Herzens-Kohlenbecken eine abgründige Selbsterfahrung des Menschen, die ohne die Überlieferung der Idee eines liebenden Vaters gar nicht zustande käme?

Daß der letzte und umfassende Trost, den Menschen suchen, personalisiert wird, nimmt nicht Wunder: Wir erfahren, was Liebe, Zuwendung und Geborgenheit ist, am »Du« deutlicher als am

»Es«. Diese Tatsache muß doch nicht als solche schon die Konstruktion eines theistischen Super-Gottes nach sich ziehen. Es könnte ja dem Menschen sehr wohl entsprechen, daß er nicht bloß stöhnt, nicht nur schreit wie ein Tier, sondern daß er Stöhnen und Schreien faßt, bündelt und in eine Richtung sendet, die ihn ahnungsweise Hilfe hat erkennen lassen: Du!

2.4 Entlassung Gottes aus dem Gebet?

O Gott, ich weiß nicht, ob du bist, aber ich will denken, als blicktest du in meine Seele, ich will handeln, als stünde ich vor dir. Wenn ich bisweilen gegen meine Vernunft oder dein Gesetz gefehlt habe, so will ich nicht weniger zufrieden sein mit meinem vergangenen Leben; aber ich will auch nicht weniger ruhig über mein künftiges Schicksal sein, weil du meinen Fehler vergessen hast; denn der Lauf der Dinge ist in sich selber notwendig, wenn du nicht bist, oder durch deine Ordnung, wenn du bist. Ich hoffe auf deine Vergeltung in der anderen Welt, wenn es eine solche gibt, obgleich ich alles, was ich in dieser tue, für mich tue. Wenn ich das Gute befolge, so geschieht es ohne Streben; wenn ich das Böse lasse, so tue ich es, ohne an dich zu denken. Ich könnte mich nicht davon abhalten, Wahrheit und Tugend zu lieben und Lüge und Laster zu hassen, selbst wenn ich wüßte, daß du nicht bist, oder wenn ich glaubte, daß du bist, aber dich nicht darüber ereiferst. Sieh mich an, wie ich bin, ein notwendig organisierter Teil einer ewigen und notwendigen Materie oder vielmehr deine Kreatur. Aber wenn ich wohltätig und gut bin, was liegt meinen Nebenmenschen daran, ob ich das bin durch eine glückliche Organisation oder durch die freien Akte meines Willens oder durch die Hilfe deiner Gnade?

Denis Diderot[82]

Ein langer und wortreicher Text, der nur formal als Gebet gestaltet ist. In Wirklichkeit ist es eher ein abwägendes, mit »Wenn« und »Aber« argumentierendes Selbstgespräch, eine Selbstrechtfertigung des Verfassers vor dem etwa noch unaufgeklärten religiösen Leser, vor der Zensur oder vor der Tradition oder vor den noch unbewältigten Rudimenten eigener Vergangenheit. Das Gebet soll Gott sozusagen darum bitten, er möge doch einsehen, daß er wirklich überflüssig ist; denn es macht keinen Unterschied, ob man vom eigenen Verstand oder von Gottes Gesetz, vom Lauf der Dinge oder von göttlicher Ordnung, von glücklichen Umständen oder von Gottes Gnade spricht. Nur der Gedanke der Vergeltung steht noch irgendwie störend im Raum, aber falls es sie überhaupt gibt, darf der Aufgeklärte ja auf die Einsicht Gottes »hoffen«. Die Bitte im strengen Sinn des Wortes entfällt natürlich. Das pathetische »Sieh mich an, wie ich bin ...« hat keine Funktion, wenn nicht die, dem Leser zu vermitteln, daß Gott, wenn er existierte, selbst zugeben müßte, wie irrelevant er ist. Nicht alle Aufklärer waren dieser Meinung über das Gebet.

2.4.1 Das Bittgebet als psychischer und moralischer Umweg

Am Bittgebet aus rein anthropologischen Gründen festzuhalten, war möglicherweise eine »Übergangslösung« mancher Aufklärer, Wegbereitung für künftige radikalere Kritik. Aber bis zu einem gewissen Grade war diese Deutung des Gebets wohl auch ernst gemeint, konnte man doch ähnliche Gedanken bereits in der Antike finden[83]. Es ist schließlich interessant, die Verbindung zu verwandten, nun theologisch verstandenen Auffassungen des Gebets zu studieren[84].

a) Als *Mittel des Menschen, auf sich selbst einzuwirken,* hat das Gebet Sinn, auch wenn von keinem Gott eine konkrete Reaktion, ein direktes Eingreifen in eine bestimmte Situation, zu erwarten ist. Dann muß sich, soll das ganze nicht rasch zu einer sich selbst nicht mehr tragenden Finte abgleiten, natürlich auch der Inhalt ändern, um den die Bitte kreist. Bereits Epiktet hatte gefordert: »Nichts, was du begehrst, erbitte von den Göttern, sondern daß du frei werdest von allem Begehren, das erflehe von ihnen.«[85] Werte und Tugenden werden nun zum eigentlichen Anliegen des Gebets, das darum – inwieweit, mag dann von den verschiedenen Deutern auch unterschiedlich beurteilt werden – sich selbst erhören kann: »Nicht *Gott* ist es, der sich ändert, sondern *wir* ändern uns, indem wir uns zu ihm erheben. Alles, um *was man ihn bittet, wie man soll, gibt man sich selbst* ...«, fand Rousseau[86]. Nicht alle Aufklärer haben das so hart formuliert. Doch weist es in eine ähnliche Richtung, wenn Kant das Gebet in den Bezugsrahmen von Vernunft und Moral einstellt – alles andere wäre für ihn ja »Fetischdienst«[87]. Wenn die Funktion des Gebets darin besteht, die religiöse bzw. ethische Gesinnung eines Menschen zu beleben, so folgt daraus, daß nicht alle Menschen in gleicher Weise auf dieses »Instrument« angewiesen sind. Denn der Mensch sucht ja

»dabei nur durch die Idee von Gott auf sich selbst zu wirken, nicht aber auf Gott«[88].

b) Die *psychologische Wirkung des Gebets* wird von einzelnen Autoren positiv gewürdigt: Was man aufgrund einer Bitte erhalte, stimme einen freudiger und dankbarer[89]; man »steigert seine Kraft, indem man seine Schwäche erkennt«, was man in der Bitte ja artikuliert[90]. Nach Meinung des um die Wende vom 18. zum 19. Jahrhundert schriftstellernden Johannes Jakobus Mnioch ist das Gebet »nicht auf die Vernunft« und »nicht auf das Dogmatische irgendeiner Religion, sondern auf das Gefühl, Herz und Phantasie« zu gründen[91]. Natürlich sei das Gebet »Täuschung«[92]; seine Auswirkungen dürften aber als positiv gelten: »Indem Gott im Gebet als sinnlich gegenwärtig behandelt wird, erhält der Glaube an ihn Leben und Gewißheit für Phantasie und Herz, die Phantasie wird von unedlen Bildern, das Herz von niederen Neigungen gereinigt, eine kräftige Vorstellung von Gottes Allgegenwart bleibt zurück.«[93] Mühelos findet die »Rührung« sich ein, die »Scene wird einen ästhetischen Character gewinnen«, weswegen denn der »öffentliche Vorbeter« ein »Künstler« sein soll[94]! Daß derjenige, der »sich mit einer Bitte an den Allmächtigen wendet, nur ein psychologisches Experiment mit sich selbst machen« würde, wie schon Stäudlin kritisch formulierte, beschäftigt den Urheber dieser »Ideen zu einer Theorie der Gebetsformeln« offenbar nicht.

c) Die *moralische Wirkung* des Gebets wird eifriger diskutiert, da sich die psychologische Deutung, wenn sie isoliert bleibt, ja von selbst aufhebt. Das Gebet hat »eine natürliche Kraft, den Beter selbst zu bessern«[95]; der Menschen »moralisches Organ wird in Tätigkeit gesetzt«[96]. Kant kann »kein Gebet, was einen nicht moralischen Gegenstand hat, mit Gewißheit für erhörlich halten ...«[97]. Das Gebet soll »die moralische Triebfeder« im Einzelnen in Bewegung setzen[98]; denn es kann letztlich um nichts anderes als die Belebung der moralischen Gesinnung gehen, somit um den »Geist« und nicht um den »Buchstaben« des Gebets[99]. Im Zusammenhang solcher Überlegungen mußte es sich natürlich nahelegen, das Gebet überhaupt zu ersetzen durch die moralische Tat: »Tun wir unsere Pflicht gegen Gott, beten wir ihn an, seien wir gerecht – das ist unser wahrer Lobpreis, unser wahres Gebet.«*[100]*

Inzwischen kann die Pflicht längst ohne jede Erinnerung an einen religiösen Kontext beschworen werden.

Abb. 9: Psychische und moralische Instabilität als Gebetsmotivation
Der psychisch destabilisierte und moralisch desorientierte Mensch überhöht psychische Hilfe und moralische Orientierung, die er erlebt hat, ins Unbegrenzte.

2.4.2 Ende des Bittens – Anfang des Handelns?

Vom herkömmlichen Gottesbegriff ist innerhalb dieser Perspektive kaum mehr als ein Schatten erkennbar. Er wird aufgesogen von der natürlichen Ordnung der Dinge, die nach eigenen Gesetzen ihren »Lauf« nehmen, oder er entschwindet in die Vernunft hinein, die derartige Ordnungen zu durchschauen und als sinnvoll oder doch unumgänglich zu akzeptieren vermag. Gott löst sich auf in den psychischen Haushalt des Menschen hinein, dort könnte er durchaus Sinnvolles ausrichten, höbe sich, so verstanden, seine Existenz und Funktion nicht von selbst auf. Auch zur Belebung der moralischen Gesinnung kann er auf die Dauer nicht beitragen, wenn ihm bei der Erstellung und Wahrung der moralischen Ordnung keine echte Aufgabe zukommt. Als ferne Garantiemacht moralischer Systeme, die sich aus der Vernunft ableiten und die in ihren Konsequenzen auf den Bereich der Immanenz begrenzt sind, hat er keine echte Überlebens-Chance. So erklärt es sich ohne weiteres, daß ein Bittgebet, für das ein wie auch immer gefaßter Gottesbegriff nicht konstitutiv ist, heute innerhalb religionskritischer Stellungnahmen von vorneherein indiskutabel erscheint: Nur für die Übergangsphase der Aufklärung mochten solche Überlegungen am Platze gewesen sein. Es gibt zu denken, daß die hier aufgeführten Impulse nunmehr in das theologische Bemühen um ein neues Verständnis des Gebets Eingang gefunden haben. Es wird zu prüfen sein, aufgrund welcher Gesichtspunkte sie dort mehr Zukunft haben sollen. Der heutige Mensch kann den Umweg über eine fiktive Instanz »Gott« nicht einsehen, welche die Reflexion auf Verantwortung und entsprechendes Handeln anregen und befruchten soll; er vermutet hier eher die Gefahr von Verzerrungen und Trübungen für den nüchtern kalkulierenden Blick der Vernunft. Das Phänomen des Bittens wird aus der Theologie herausgelöst und in den Bereich menschlichen Selbstverständnisses hineingeholt: Dort scheint es seinen einzig legitimen Platz zu haben – und kein Unheil anrichten zu können. Denn dort mündet es, wenn die Bitte nicht erhört wird, in die Tat eigener und gemeinsamer Verwirklichung des Ersehnten, in Protest, Rebellion und Revolution: »Uns wird kein Gott erlösen...«

2.4.3 Antikritik: Selbstverwirklichung oder Selbstreduktion des Menschen?

Stellt der Verzicht auf das Bittgebet einen Fortschritt im Prozeß der Selbstwerdung des Menschen dar oder das Gegenteil? Die anthropologischen Argumente, die das Bitten jedenfalls in bestimmter Hinsicht sinnvoll erscheinen lassen, sind durch diese letzte Perspektive der Kritik nicht aus dem Weg geräumt: Zum einen scheint sich der Gestus des Bittens bis in Bereiche der Entwicklungsgeschichte zurückverfolgen zu lassen, die vor dem Auftauchen des Menschen liegen. Zum andern ist die Konkretisierung utopischen Denkens und die Universalität transzendierenden Hoffens über die vorgegebene Wirklichkeit hinaus offenbar eine spezifisch menschliche Möglichkeit. Der Mensch reduziert sich, wenn er darauf verzichtet, mehr zu sein als ein Wesen, dem es hier und da gelingt, sein Geschick in eigene Verantwortung zu übernehmen. Die Kritik des Bittgebets hatte gewiß die wichtige Funktion, das eigenverantwortliche Denken und Handeln des

Menschen gegen allerlei Entstellung und Überfremdung herauszuarbeiten, zu wahren und zu verteidigen.

Kann es aber dabei bleiben? Läßt sich nicht, nachdem diese kritische Arbeit geleistet ist, nun neu über eine mögliche Sinnhaftigkeit des Bittgebets diskutieren? Zumal die Begrenztheit menschlichen Denkens und Handelns nach wie vor Fragen aufwirft, denen gegenüber der Mensch mindestens seine Resignation ausformulieren möchte: Mir fällt das Selbstgespräch jenes Gastes in einem »sauberen, gutbeleuchteten Café« ein, das Hemingway beschrieben hat:

»Wovor hatte er Angst? Es war nicht Angst oder Furcht. Es war ein Nichts, das er nur zu gut kannte. Es war alles ein Nichts, und der Mensch war auch ein Nichts. Es war nur das, und Licht war alles, was man brauchte, und eine gewisse Sauberkeit und Ordnung. Manche lebten darin und fühlten es gar nicht, aber er wußte, es war alles nada pues nada y pues nada. Nada unser, der du bist im nada, nada sei dein Name, dein Reich nada, dein Wille nada, wie im nada also auch auf nada. Unser täglich nada gib uns nada, und nada uns unsere nada, wie wir nadan unsern nadan. Nada uns nicht in nada, sondern erlöse uns von dem nada: pues nada. Heil dem Nichts voll von Nichts. Nichts ist mit dir. Er lächelte und stand vor einer Theke mit einer glänzenden Kaffee-Expressomaschine.«[101]

Aber nimmt nicht dieser trübselige Gast zu später Stunde sein Menschsein mehr und anspruchsvoller wahr als jemand, der solche Worte nicht mehr fände oder sich verböte? Allein die Tatsache, daß der Mensch das »Nichts« anreden kann, ja daß er Begriffe bilden kann wie »Nichts« und »Alles«, daß er sagen kann: »Es war alles nichts«, daß er formulieren kann: »Erlöse uns vom Nichts« – all dies und eben bereits dies muß ihm nahelegen, die Frage nach einer sinnvollen Funktion von Bitten und Beten nicht auf Dauer zu verdrängen, wenn er sich nicht von vornherein reduzieren möchte!

Es geht dabei also keinesfalls nur um die ja auch im Interesse des Bittgebets sinnvolle Reduktion, die Alexander Mitscherlich anspricht, wenn er ausführt: »Auch der Atheismus (wie schon die verneinende Vorsilbe -a- sagt) trägt Verzichte in sich. Aber Verzicht ist nicht notwendig Verarmung – das Kind, das zum Jugendlichen und reifen Menschen heranwächst, lernt schmerzlich auf Sicherheiten zu verzichten, aber es lernt auch, Beengungen abzustreifen und selbständig zu werden. Der Verzicht ist die Voraussetzung neuer Freiheit – und Freiheit will durch erlittene Verzichte errungen werden.«*¹⁰²* Gerade das Gebet kann zum Medium der Einübung auf Verzichte werden, nicht etwa im Blick auf unerreichbare Wünsche, das wäre höchst vordergründig gedacht. Im Gebet lernt der Glaubende vielmehr, Selbst- und Gottesbilder, die ihm vertraut und lieb geworden sind, zu lassen und damit auch die Welt neu zu erfassen. Verzicht auf das Gebet selbst könnte daher – und der selbstkritische Religionskritiker wird sich diesem Gedanken nicht verschließen – mehr sein als eine bloße Korrektur in den Lebensgewohnheiten des Menschen – nämlich Reduktion seines Selbst, oder, wie D. Sölle das oft bildhaft nennt: Verstümmelung.

2.5 Exkurs B: Sprachanalytische Beobachtungen

Eine der wichtigsten Formen zeitgenössischer philosophischer Kritik ist die Sprachanalyse. Sprachanalytiker, die das Gebet als ein die Sprache verunreinigendes, verfälschendes oder mißbrauchendes Phänomen betrachten, werden es einer eigenen Analyse gar nicht erst unterziehen, sondern als Teilaspekt der religiösen Sprachwelt insgesamt betrachten. Philosophen dagegen, die von der faktisch gesprochenen Sprache ausgehen, vermögen dem Gebet als einem besonderen Sprachverhalten des Menschen eine gewisse Aufmerksamkeit zu widmen. D. Z. Phillips hat einen entsprechenden Versuch vorgelegt[103].

Phillips möchte sich von dem Gedanken frei machen, man müsse erst das Problem der Realität Gottes geklärt haben, bevor man sich philosophisch zum Problem des Gebets äußern könne. Ihn interessiert – im Sinne der »Tiefengrammatik« des späten Wittgenstein – »nicht, was Philosophen und Theologen *über* Gott gesagt haben«, sondern »was Menschen tun, wenn sie zu Gott sprechen«. Der Philosoph will die »Grammatik«, die spezifische sprachliche Gestalt des Gottesdienstes erfassen[104]. Seine Aufgabe besteht nicht darin, zu klären, »ob der Mensch zu Gott spricht oder nicht, sondern zu fragen, was es bedeutet, zu behaupten oder abzulehnen, daß ein Mensch zu Gott spricht«[105]. Er versucht, die »Grammatik religiöser Glaubenshaltungen in Relation zu den menschlichen Phänomenen zu enthüllen, aus denen sie erwachsen«[106]. Im Blick auf das Bittgebet heißt eine der zu untersuchenden Fragen, »was es bedeutet zu sagen, daß Gott ein Gebet erhört hat«[107]. Die philosophische Aufgabe liegt, so gesehen, nicht in Verifikation oder Falsifikation, sondern in der Erhebung von »meaning«[108]. Phillips versucht, das Phänomen des Gebets nicht anhand eines von außen anzulegenden Maßstabs zu erfassen, sondern, so weit irgend möglich, im Sinne des Verständnisses (bzw. Selbstverständnisses) des bzw. der Betenden, wobei er sich aufgrund seines eigenen kulturellen Hintergrundes an der jüdisch-christlichen Tradition orientieren möchte.

2.5.1 Die Determiniertheit menschlichen Redens durch den jeweiligen Adressaten

Es sei der Status des jeweils angesprochenen Objekts, der die »Grammatik« jeweiliger Rede determiniere – das könne man besonders beobachten, wenn Rede mit einem Lebenden übergehe zur Anrede eines Verstorbenen: Der Tote antwortet nicht, er reagiert nicht auf Argumente; die Meinung, die er als Lebender noch hätte ändern können, liegt nunmehr fest. Wie steht es nun mit der Anrede Gottes? Gott wird als Person gedacht, das Konzept der Personalität wird aber auch wieder gesprengt durch Vorstellungen wie Allmacht, Allwissenheit usw. Für unser Verständnis von Person ist konstitutiv der Gebrauch der Sprache – ist Gott ein »language-user«, ein »Sprach-Benutzer«, nimmt er teil am zwischenmenschlichen Sprachgeschehen[109]? Dies ist ja offensichtlich nicht der Fall; seine Fähigkeit, mit Menschen in Beziehung zu treten, kann nicht durch eine gemeinsame Sprache (»a shared language«) begründet werden, denn eine solche Sprachfähigkeit Gottes wäre ja nicht ohne einen Lernvorgang zu denken, der sie ihm vermittelte[110]. Gott kann nicht als ein Dialogpartner des Menschen vorgestellt werden, weil es zwischen Gott und dem Menschen keine gemeinsame Sprachebene gibt. Nicht indem er Gott zu sich sprechen hört, kennt ihn der Beter, sondern indem er sich in der religiösen Sprache, die er erlernt hat, zu bewegen weiß[111]. Gott »nimmt nicht an irgendeiner Sprache teil, sondern er ist zu finden in der Sprache, die die Leute lernen, wenn sie etwas von Religion zu lernen anfangen«[112]. Gott selbst bleibt dem

Zugriff der Sprache entzogen. Man kann mit ihm nicht umgehen wie mit einem Menschen, den man anspricht und der einem ggf. antwortet. Gottes Wille mag »betrachtet, angenommen oder verworfen« werden; keinesfalls aber ist es möglich, ihn zur Erreichung eigener Zwecke sich dienstbar zu machen[113]. Was »Er« sagt, läßt sich, da wir mit ihm keine gemeinsame Sprache haben, niemals einfach zitieren! Es hat eine schlechthin einzigartige Beziehung zu ihm, der da redet, und zu den Menschen, die sich da als angeredet erfahren. Was für das Wort in der Richtung von Gott zum Menschen gilt, das trifft auch für das Wort in umgekehrter Richtung, also vom Menschen zu Gott, zu: Das Gebet versteht sich als ein Wort, das an schlechthin niemanden anders gerichtet werden könnte als eben an Gott: »Im Gebet kann, was gesagt wird, nur direkt zu Gott gesagt werden.«[114] Was Menschen einander sagen, kann, jedenfalls prinzipiell, jeweils auch zu anderen Menschen gesagt werden. Die Beziehung Gottes zum Inhalt eines Satzes und zu Sprache überhaupt ist eine grundsätzlich andere als die eines Menschen. Deswegen jener merkwürdige Positionswechsel zwischen Sprecher und Hörer im Gebet: Einerseits spricht der Beter selbst: Herr, höre unser Gebet – andererseits versichert er seine Bereitschaft zu hören: Rede, Herr, denn dein Knecht hört[115]!

Daraus folgt natürlich, daß der Mensch auch Gottes Antwort nicht als eine direkte Anrede, sondern als einen indirekten Beitrag zu seinem Selbstverständnis gegenüber Gott verstehen wird. Gott »ärgert sich« beispielsweise nicht über mich, denn es gibt kein gemeinsames Wörterbuch, aus dem, für Gott und den Menschen in gleicher Weise eindeutig zu ersehen wäre, was für sie »Ärger« ist; es gibt kein gemeinsames Wort »Ärger«, das für Gott und den Menschen den gleichen Sachverhalt aussagte*[116]*. Das Bittgebet hat also, obwohl es sich als konkrete Bitte in einem konkreten Anliegen artikuliert, »tiefengrammatisch« gesehen, nicht die Aufgabe, Gott zu beeinflussen, sondern es ist Ausdruck der Ergebung gegenüber Gott – und Bitte um sie! –, wie auch immer die Dinge sich entwickeln mögen[117]. Alle christlichen Gebete enden: Aber dein Wille geschehe ... Die konkrete Bitte erübrigt sich nicht, denn es sind eben sehr konkrete Umstände, die einen Menschen bedrohen. Das Gebet als der praktizierte Glaube (an

Gott), daß alle Dinge möglich sind[118], transformiert Notwendigkeiten in Möglichkeiten: Der Beter hält nicht mehr fest an der unbedingten Erfüllung seines Gebetswunsches; unabhängig von seinen konkreten Anliegen liebt er Gott in allem, was sich zutragen wird[119].

2.5.2 Das Gebet als spezifisches und einzigartiges Sprachphänomen

Trotzdem wird der Gottesgedanke keineswegs zu einem überflüssigen Element menschlicher Kontemplation; dies wäre nur der Fall, wenn man Gott anthropomorph als jemanden auffaßte, den man anreden kann wie den Mann im Mond. Der Vergleich mit anderen sprachlichen Phänomenen führt hier weiter:

Die Tatsache, daß der Angeredete nicht anwesend ist, kann nicht gegen das Gebet sprechen. Wie wäre der Ruf »Jemand da?« einzuordnen? Jedenfalls nicht als Selbstgespräch[120]. Daß Gott den Inhalt allen Betens immer schon kennt, läßt sich ebenfalls schon durch Beispiele zwischenmenschlichen Redens entkräften: Auch der Lehrer kennt die Antwort auf die Frage, die er gestellt hat. Aber Vertiefung von Gotteserkenntnis kann ohnehin niemals Anhäufung von Informationen sein, sondern zunehmende Intensität der Beziehung zu Gott[121]. Im übrigen ist nicht all unser Reden an »Sprach-Benutzer« gerichtet – wir sprechen zu Tieren, ein Dichter wendet sich an die Natur insgesamt: Bäume etwa können uns zwar nicht zuhören, aber vielleicht etwas sagen[122]. Das Gebet sucht freilich mehr als einzelne Objekte in der Welt zu erfassen, nämlich die Tatsache, daß da überhaupt Welt ist[123]. Hier hat der Dank seinen Ort: Danken ist die Antwort des religiösen Menschen auf den Lauf der Welt, dargebracht in dem Wissen, daß alle Dinge von Gott abhängen[124].

Auch wenn sich manches unerfreulich entwickelt, erreicht der Beter ein Verstehen, das ihm ohne das Gebet verschlossen bliebe, allein dadurch, daß er – auch ohne eine Antwort zu kennen, die Frage »Warum?« erträgt und aufrecht erhält[125]. Das beichtende, die Schuld bekennende Gebet will zu mehr als zu Selbsterkenntnis und intensiverer moralischer Anstrengung führen[126]. Der Beter sehnt sich nach Gnade, nach der Möglichkeit, wieder leben zu können. Auch hier wird die Analogie zwischenmenschlicher Kommunikation gesprengt: Möglicherweise vergibt mir ein Freund, aber ich kann mir selbst nicht vergeben; zu behaupten, Gott vergebe mir, ich selbst könne es aber nicht, ist dagegen sinnlos[127]. So ergibt sich: Gott etwas zu sagen, ist eine solche Art des Sagens, daß die Frage zu Mißverständnissen führt, ob die Person, zu der man »sagt«, anwesend ist oder nicht[128].

2.5.3 Die Rolle der Sprachgemeinschaft für das Gebet

Will man verstehen, was Beten ist, so muß man sich auf die religiöse Gemeinschaft beziehen, innerhalb derer gebetet wird. Auch ein Schriftsteller ist nur von seiner Sprachgemeinschaft her zu begreifen, selbst wenn er sich gegen diese wendet. Die Vorstellung des Gebets als einer unmittelbaren Zweierbeziehung (»one-to-one relationship«) ist völlig ungenügend[129], weil das Gebet des Einzelnen letztlich vom öffentlichen Gebet der Gemeinschaft und ihrer Gebetstradition lebt. Das Reden zu Gott in der Gemeinschaft ist immer auch gleichzeitig Sprechen zu anderen; so wird das Beten ja auch erlernt – Jesus »lehrte das Gebet durch Beten«[130]. Dementsprechend kann auch die Antwort, die ein Gebet erfährt, nur innerhalb der Gemeinschaft als solche erkannt und gedeutet werden. Dies trifft selbst für die scheinbar intensivste Form der Erhörung zu, für das »Wunder«: Erst an der lebendigen Sprache und der Erwartungsperspektive einer bestimmten Gemeinschaft entscheidet sich, was für diese als – religiös relevantes – Wunder gelten kann. Somit ist sowohl das Reden des Menschen zu Gott wie auch das Reden Gottes zu den Menschen abhängig vom Kontext einer jeweiligen religiösen Gemeinschaft[131].

2.5.4. Die Schwierigkeit, sprachanalytisches Vorgehen auf sich selbst zu begrenzen

Der hier vorgetragene sprachanalytische Versuch ist mit viel Intuition und Einfühlungsvermögen unternommen. Er führt auch zu allerlei phänomenologisch interessanten Aspekten des Betens: Daß das (Bitt-)Gebet nur von der religiösen Gemeinschaft her zu verstehen ist, in deren Mitte es geübt wird, oder daß das Beten gegenüber anderen sprachlichen Artikulationsweisen des Menschen sein eigenes Profil hat und behält, das sind gewiß wichtige Einsichten. Aber abgesehen davon, daß das Ganze eher assoziativ angelegt ist und von manchen Trivialitäten durchsetzt scheint: Das Hauptproblem der Untersuchung liegt darin, ob und inwiefern auch sie einen ganz bestimmten Gottesbegriff voraussetzt. Die Festlegung auf die Alternative »Gott existiert oder er existiert nicht« wird vermieden, Gott wird nicht als Seiendes anderem Seienden zugeordnet, nicht als ein Faktor unter anderen Faktoren mißverstanden. Aber der Gottesbegriff, von dem aus immer wieder argumentiert wird, trägt doch massive Züge philosophischer Konstruktion. Was Gott positiv innerhalb eines bestimmten Glaubens bedeutet, könne man nur durch Bezugnahme eben auf die Glaubenden herauskriegen. Der Philosoph aber habe die Möglichkeit zu sagen, »was Gott *nicht* sein *kann,* wenn überhaupt irgend ein Sinn von Religion auszumachen sein soll«[132]. Genau diese Vorentscheidung aber ist höchst problematisch. Es ergibt sich nämlich im Endeffekt für Phillips doch ein bestimmter Gottesbegriff, wenn sich dieser auch nur negativ beschreiben läßt: Man kann mit Gott nicht verhandeln[133], seine Liebe wandelt sich nicht[134], er ist im Grunde durch menschliches Sprechen nicht erreichbar, er hat sprachlogisch den Status eines Toten – oder besser: eines Verstorbenen, den man gekannt hat[135]. Er darf auf keinen Fall anthropomorph gedacht werden als einer, der – analog zu menschlichem Verhalten – hört, redet und handelt. Gerade in seinen negativen Bestimmungen zeigt dieser Gottesbegriff deutlich seine Herkunft vom menschlichen Willen zu Konstruktion und Eingrenzung. Eine derartige philosophische Betrachtung des religiösen Phänomens »Gebet« erweist sich nicht als theoretische Analyse eines bestimmten Sachverhalts, sondern erwächst, ohne es zu intendieren, zum Gegenmodell. Das Gebet wird als »phénomène humain« letztlich doch nicht ernst genommen, sondern auf bestimmte philosophische Möglichkeiten reduziert. Die Untersuchung wäre wohl auch sprachanalytisch befriedigender ausgefallen, hätte sich ihr Autor auf den Gottesbegriff der zu untersuchenden Gebetspraxen eingelassen und nicht seinen eigenen, wenngleich nur negativ umschriebenen, Gottesbegriff eingetragen. Die Frage wäre dann freilich auch nicht mehr allgemein zu

Abb. 10 Übersicht über die religionskritischen Einwände gegen das Bittgebet

Gebetsverständnis der Religionskritik	Gebet als Gehorsamsakt	Naive Bitte »um etwas«	Bitte »um Gott«	Bittgebet als Veränderung des Bittenden und seiner Situation
Einwand	Derivat staatlicher oder familiärer Autorität	Widersprüche: – Gottes »Allmacht«, »Allwissenheit« – Bitten – Ausdruck des Mißtrauens – Entwürdigung des Menschen – Täuschungsmanöver – Projektionsverdacht	Regression	Psychischer und moralischer Umweg
Vorausgesetzter Gottesbegriff	Analogie Gott – König – Vater	Stoischer Gottesbegriff – Unveränderlichkeit	Psychisch stabilisierender Vater	Psychische bzw. moralische Instanz
Antikritik	Bitten – Einsicht in die Notwendigkeit, Ausdruck menschlicher Existenzbedingung?	Festhalten an konkreter Utopie? Kultur des Wünschens?	Faktische Trostbedürftigkeit Faktischer Trost	Selbstverwirklichung oder Selbstreduktion des Menschen?
Sprachanalytische Beobachtungen (nicht auf Bittgebet zu begrenzen)	Adresse toter Ahn	Spezifische Möglichkeit menschlicher Sprache		Funktion der religiösen Sprachgemeinschaft

stellen gewesen (»was Menschen tun, wenn sie beten«)[136]; sie hätte lauten müssen: Was tun Christen – oder Glieder einer anderen Religionsgemeinschaft –, wenn sie beten?

3 Das trinitarisch umgriffene Bittgebet

Geht man die verschiedenen Denkvorschläge durch, die in der gegenwärtigen theologischen Literatur zum Gebet angeboten werden, so zeichnen sich Begründungs- und Verstehensmodelle ab, die sich gegenseitig kritisieren. Das auf Gottes Autorität und Gebot hin gesprochene Gebet kann der konkreten Bitte »um etwas« nicht genügen, während diese wiederum dem »um Gott« Bittenden allzu vordergründig erscheint. Wer das Bittgebet ausschließlich als Beitrag zur Veränderung des Beters und damit der Welt begreift, wird die drei zuvor genannten Begründungsversuche insgesamt für irrelevant halten. Neben dieser Spannung gibt es jedoch auch Gemeinsamkeiten der hier aufgeführten Typen von Bittgebet. Das auf Gottes Gebot sich berufende Gebet kann sehr wohl naiv »um etwas« bitten, in dem Bewußtsein, daß die letzte Erfüllung allen Bittens Gott selbst sein will und daß alles Bitten konkrete Veränderungen im Bittenden und in dessen Umfeld nach sich ziehen muß und auch faktisch nach sich zieht. Die theologische Lösung muß also nicht darin bestehen, daß fortan nur eines der vier Begründungs- und Verstehensmodelle des Bittgebets Geltung beanspruchen darf. Wird einseitig auf ein einziges Begründungs- und Verstehensmodell des Gebets abgehoben, so ergibt sich dabei auch die Verengung auf einen höchst einseitigen Gottesbegriff: Die Begründung des Bittgebets in Gottes Gebot arbeitet mit der schöpferischen, aber auch bedrohenden Autorität Gottes, die naive Bitte »um etwas« mit der Vorstellung eines übermächtigen, meist hilfsbereiten Vaters, der grundsätzlich in der Lage und willens ist, irgendwelche Schwierigkeiten in der Welt seiner Kinder zu beheben. Die Bitte »um Gott« hat die innere Tendenz zu einem eher mystischen Gottesbegriff, denn es kommt ihr auf die Nähe und Zuneigung Gottes an, wie immer Gott theologisch oder philosophisch zu bestimmen sein mag. Die Bitte, die sich ausschließlich als Veränderung des Bittenden begreift, vermag »Gott« aufgrund eines besonderen sozialen Kontextes oder noch wirksamer Traditionszusammenhänge als moralische Instanz oder fernen Bezugsrahmen alles Geschehens scheinbar festzuhalten, schließt auf die Dauer jedoch die Rede von Gott aus.

Der Kampf zwischen den verschiedenen Typen des Gebetsverständnisses geht also letztlich um den jeweils implizierten Gottesbegriff: Muß Gott im herkömmlichen theistischen Sinne verstanden werden als eine personale, zum Eingreifen ins Weltgeschehen jederzeit in der Lage befindliche Macht? Muß er in einem nichttheistischen Sinne als transpersonale Größe gedacht werden, die sich dann dem Einzelnen in seinen privaten Anliegen eben nicht zuwenden könnte? Darf der Gottesbegriff als eine geistesgeschichtlich bedingte Hilfsvorstellung aufgefaßt werden, die positive psychische und moralische Auswirkungen durchaus haben kann – oder ist ehrlicherweise auf den Gottesbegriff überhaupt zu verzichten? Vielleicht aber schließen sich die hier angesprochenen Gottesbegriffe gar nicht gegenseitig aus! Worin läge dann ihr theologischer Konvergenzpunkt? Dies würde ja ein Gebetsverständnis nahelegen, das sich in allen vier genannten Perspektiven zuhause sieht. Von welchem Gottesbegriff aus könnte solches Verstehen des Gebets die verschiedenen, einander so sehr widerstreitenden Aspekte vereinen und sinnvoll einander zuordnen? Lassen sich Theismus und Atheismus auf einen gemeinsamen Nenner bringen?

Begibt man sich auf die Gegenseite und prüft die verschiedenen Einwände der Religionskritiker durch, so kann man natürlich mit ihnen darüber rechten, was sie sich unter dem von ihnen angegriffenen Gott eigentlich denken und wie sie zu diesen Vorstellungen, in denen sich der Betende doch oft nicht wiedererkennt, gelangt sein mögen. Aber nicht Gottesbegriff und Gotteslehre stehen hier in Frage. Das Problem, das Gott für das Denken darstellen könnte, wird dadurch gelöst, daß man ihn negiert. Doch da zeigt sich ein eigenartiges Phänomen: Während für ein theologisches Verstehen des Gebets die Gottesfrage strittig ist, wird für die kritische Ablehnung des Gebets das Menschenbild zur Herausforderung. Es gibt gute anthropologische Argumente, die es geraten erscheinen lassen, die Frage nach dem Gebet nicht vorschnell zu verbieten. Sie stützen sich sogar gegenseitig: Wenn die Geste des Bittens schon der außermenschlichen Kreatur eingestiftet ist, wenn Hilferuf und Schrei nach einem Du zum Menschsein des Menschen gehören, warum sollte sich die darin artikulierte Bitte nicht verdichten zur konkreten Utopie und zur Sehnsucht nach umfassendem Trost und unüberbietbarer Erfüllung? Wie sollte dann ein Planen und Handeln zu verstehen sein, das letztlich mehr als vordergründige und vorläufige Orientierung für den nächsten Schritt sucht? Was ist das für ein Mensch, der da übrig bleibt, wenn er von vornherein seine Bitte limitieren und seine Utopie an der zur Zeit gegebenen Wirklichkeit messen soll, wenn er umfassenden Trost sich versagen muß und nach einer letzten Orientierung nicht mehr fragen darf? Mag sein, daß es, psychologisch oder soziologisch gesehen, gar nicht wenige Menschen sind, die sich mindestens tendenziell zurücknehmen auf Funktionen und Reaktionen des Animalischen: Es ist nicht ausgemacht, ob dieser Versuch auf Dauer, ob er für ein ganzes Menschenleben lang gelingen kann. Und es bleibt vor allem die Frage offen, ob der Mensch sich damit nicht sozusagen selbst amputieren, ob er nicht in eine Verkrüppelung einwilligen würde, ob er sich nicht um spezifische Möglichkeiten seines Menschseins brächte.

Wer immer die Frage bejahte, müßte freilich nicht sogleich zu einem Anwalt der Legitimität herkömmlichen Betens und insbesondere des Bittgebets werden. Der Mensch kann vorgegebene Wirklichkeit auch transzendieren durch Denken und Handeln, durch die Anstrengung seiner Gedanken und seiner Hände Arbeit, durch solidarischen Aufbruch und durch liebende Zuwendung. Der Vorwurf ist noch nicht entkräftet, das Gebet – insbesondere das Bittgebet – verderbe das Denken und Handeln, vereitle die echte Initiative und die wirklich selbstlose Liebe. Dabei wird natürlich, wie wir gesehen haben, ein bestimmtes Vorverständnis von Gebet vorausgesetzt. Gerade wenn man nicht beim herkömmlichen theologischen Gebetsverständnis, sondern auf anthropologischer Ebene einsetzt, wird zu klären sein, ob nicht Denken und Handeln, solidarischer Aufbruch und hingebende Liebe einer Sinnperspektive bedürfen, die sie dann doch in die Nähe dessen brächte, was in den Religionen als »Gebet« bezeichnet wird. Die kauzige Bemerkung des Matthias Claudius bleibt eine Herausforderung: »Ob die Menschen beten dürfen – eine Frage wie die, ob die Menschen eine Nase haben dürfen.«[1]

Für die christliche Begründung des Gebets bzw. des Bittgebets liegt die Schwierigkeit im Gottesbegriff, in der »Theologie« im eigentlichen Sinn des Wortes. Für die außerchristliche Bestreitung des Gebets ergibt sich die Problematik des Menschenbildes, der Anthropologie. Ich behaupte: Beide Seiten lassen sich bislang zu wenig ein auf den spezifischen Ansatz des christlichen Glaubens. Die Religionskritik fragt nicht nach dem spezifisch christlichen Gebetsverständnis, sondern subsumiert dieses unter eine allgemeine religionsphänomenologische Vorstellung von Gebet. Was sie gegen das christliche Bittgebet einwendet, ist teilweise eher an der Religiosität der Antike orientiert als an christlich-jüdischer Tradition. Aber auch die christlichen Autoren fragen nur am Rande nach einer etwa besonderen Begründung des Bittens aus der Besonderheit der Offenbarung, auf die sie sich beziehen[2]. Dabei ließe sich ja ganz formal einsetzen, z. B. mit der Untersuchung, welche Auswirkungen das alttestamentliche Verbot, sich von Gott ein »Bild« zu machen, auf das Verständnis des Gebets haben könnte oder müßte. Es wäre die Frage zu diskutieren, ob und in welchem Sinne Jesus Christus für christliches Beten und Bitten konstruktiv sein könnte. Bislang wird sein Name eher ersatzweise genannt, wenn es mit einer voll ausgebauten Gotteslehre nicht mehr so recht klappen will[3]. Aber dies entspricht ja nicht der Funktion, die ihm das Neue Testament zuweist: Theologie und Anthropologie kommen in ihm zum Schnitt, werden aus christlicher Sicht erst von ihm her formulierbar. Schließlich wäre zu prüfen, was denn für ein christliches Verständnis des Bittgebets die Tatsache austrägt, daß die Christenheit Gott als den dreieinigen begriffen hat. Sollte, wenn man dies alles ernst nimmt, das (Bitt-)Gebet wirklich einfach in das Beten aller Religionen problemlos eingeordnet und mit diesem zugleich kritisch abgewiesen werden können?

Die Alte Kirche hat ihr Beten bis in dessen Sprachgestalt hinein trinitarisch geprägt. Sie hat damit in eine Richtung gewiesen, in der, wie ich zu zeigen versuchen werde, sowohl die verschiedenen Typen heutigen Gebetsverständnisses zueinander finden wie auch die anthropologischen Defizit-Phänomene heutiger Religionskritik aufgenommen werden können. Die gegen das Bittgebet geltend zu machenden Gründe werden dabei nicht etwa logisch entkräftet. Niemand kann durch logische Argumentation »zum Beten gebracht« werden. Wer das Bittgebet nicht selbst praktiziert, sondern es von außen betrachtet, wird in der Regel die Trinitätslehre für noch problematischer halten als das Bittgebet selbst; er könnte das Gefühl haben, mit dem Hinweis auf das Dogma von Gottes Dreieinigkeit sozusagen vom Regen in die Traufe geschickt zu werden. Einen drei-einen Gott als Adressaten des Gebets verstehen zu sollen, ist ja eine noch stärkere Zumutung als die herkömmliche theistische Vorstellung. Der Glaube an den dreieinigen Gott entzieht sich letztlich jeglichem gedanklichen Zugriff. An wen wende ich mich, wenn ich zu ihm bete, an den »Vater«, den »Sohn«, den »Geist«, oder »alle zusammen«? Oder ist der Vater der eigentliche Adressat, die letzte Instanz, während der »Geist« demgegenüber zurückzutreten hätte und nur, wie es die liturgische Tradition nahelegt, in Ausnahmefällen direkt, anzurufen wäre? Gerät das Gebet, an den drei-einen Gott gerichtet, nicht in seine äußerste Ratlosigkeit?

Mir scheint gerade darin eine der Chancen des trinitarischen Gebetsverständnisses zu liegen: Es bricht das theistische Schema auf, das die Religionsgeschichte jedenfalls unseres Kulturkreises und die private Glaubensgeschichte auch vieler Christen beherrscht. Der Glaube, der an Jesus Christus orientiert ist, läßt sich nicht innerhalb der Alternative »Theismus« – »Atheismus« verrechnen. Die Diskussion um die Gottesfrage, die mit der Eruption der Tod-Gottes-Problematik in der nordamerikanischen Theologie sich ungestüm in Gang gesetzt hatte, hat dieses eine jedenfalls deutlich gemacht: Ein unbefangenes, unreflektiertes Reden von Gott, als ob er »jemand« oder gar »etwas« wäre, wird dem Anliegen des christlichen Glaubens nicht gerecht. Gott läßt sich nicht auf die einfachen Nenner von »Sein« oder »Nichtsein«, von »Personalität« oder »Apersonalität« bringen. Im Sinne eines Stop-Signals verfehlten Redens von Gott habe ich damals den Vorschlag gemacht, ein Reden von Gott zu versuchen, das weder »theistisch« noch »atheistisch« wäre, das jenseits von beidem stünde, das »meta-theistisch« und »met-atheistisch« wäre[4]. Die christliche Tradition hat solches metatheistisches Reden von Gott versucht in ihrem trinitarischen Denken, das freilich insofern das Problem komplizierte, als es, statt den Theismus zu bannen oder gar aufzulösen, zu einer Art »Supertheismus« geführt hat. Die Trinitätslehre wurde zu einer metaphysischen Konstruktion; statt die Grenze allen theologischen Denkens und Begreifens zu markieren, führte sie zu immer subtileren Spekulationen[5]. Inwieweit auch dies historisch sein Recht gehabt haben mag oder von systematisch-theologischer Bedeutung bleiben könnte, soll hier nicht diskutiert werden[6]. Man hat im Lauf der Theologiegeschichte immer wieder gefragt, inwiefern das heilsgeschichtliche, gnädige Aus-Sich-Heraustreten Gottes (als Schöpfer, Erlöser und Vollender) in Gott selbst seinen sozusagen gegliederten gemeinsamen inneren Grund haben muß[7]. Aber bereits diese Fragestellung entspricht einem bestimmten philosophischen Denken, das in unerlaubter Weise Gesetze, die auf dieser unserer Welt gelten mögen[8], über deren Grenzen hinaus zur Anwendung bringen möchte.

Soll die Trinitätslehre ein neues Verständnis des Bittgebets erschließen helfen, so muß sie in der Tat »vom Kopf auf die Füße gestellt« werden. Nicht als metaphysische Konstruktion kann sie weiterführen, sondern als Denkhilfe, besser zu verstehen, wovon wir reden, wenn wir von Gott reden. Die Trinitätslehre gehört der Erde an und nicht dem Himmel. Sie ist ein höchst irdischer Versuch, von Gottes Gottheit zu reden, aber gerade darin ernstzunehmen. Zweifellos wollte sie einst sagen, wie Gott »ist«, aber faktisch sagt sie nicht, wie Gott »ist«, sondern »wie wir ihn sehen«[9]. Sie stellt den Versuch dar zu umschreiben, wie sich Gott nach dem Zeugnis der Schrift und der Erfahrung christlicher Frömmigkeit »sehen läßt«: Gott erschließt sich uns in Jesus als dem Christus durch die Kraft des Geistes als Grund und Ziel unseres und allen Seins. Das Beten und Bitten des Menschen muß, wenn christliche Trinitätslehre darin recht hat, dem Vorgang solcher Selbsterschließung Gottes zugeordnet, ja eingeordnet sein. Der Bittende wird sich in die Macht eines Geheimnisses hineingenommen finden, das er nicht durch eigene Initiative in Gang bringen, begrenzen, erweitern oder auch beseitigen kann. Ebenso wird – im herkömmlichen Verständnis des Wortes – der Nicht-Betende sich eingeladen sehen zu bedenken, was der Glaubende als dieses schon anwesende Geheimnis bezeichnet. Vielleicht wird er, auch ohne dies als ein Bitten im religiösen Sinne verstehen zu wollen, das Geheimnis wahrnehmen, das sein Leben immer schon anrührt und begleitet. Daß die Sprache, in der die christliche Tradition von diesem Geheimnis redet, heute so fremd klingt, könnte sich am Ende als hilfreich erweisen.

Ein Beispiel: Von dem altkirchlichen Theologen Serapion von Thmuis (gest. 362) ist ein Gebet überliefert, das ganz aus dem Wissen um das Geheimnis des dreieinigen Gottes lebt[10].

... Wir bitten Dich:
Mach uns zu lebendigen Menschen.
Gib uns den Geist des Lichtes,
damit wir Dich erkennen, den wahren Gott,
und den Du gesandt hast, Jesus Christus.
Gib uns den Heiligen Geist,
damit wir von Deinen unaussprechlichen Mysterien
künden und erzählen können.
Es spreche in uns der Herr Jesus,
und der Heilige Geist verherrliche Dich
in Hymnen durch uns ...

Dieser oder ein anderer ähnlich lautender Text aus der Alten Kirche soll natürlich nicht als Modell für gegenwärtige oder künftige Gebete präsentiert werden; er ist zudem aus dem liturgischen Zusammenhang herausgelöst. Aber er vermag etwas zu zeigen von dem Selbst- und dem Gottesverständnis eines Betens, das sich als trinitarisch umgriffen erfaßt.

Wollte man ihn einem der besprochenen Typen zuordnen, so paßt er wohl am ehesten in den Kontext der Bitte »um Gott«. Aber diese Bitte wird entscheidend abgewandelt: Es geht ihr um Erkenntnis und Durchblick (»Licht«), um Vermittlungsfähigkeit (»künden und erzählen«) und um geistlichen Realitätssinn (»Dich erkennen, den wahren Gott und den Du gesandt hast, Jesus Christus«). In alledem wird erwartet, daß sowohl das menschliche Leben wie auch Gottes Gottheit zur Erfüllung gelangen (»lebendige Menschen«; »Verherrlichung« Gottes). Am erstaunlichsten aber ist, daß hier nicht einfach Gott und bittende Menschen einander gegenüberstehen: Offenbar vollzieht sich das Gebet darin, daß der Angeredete in dem Anredenden selber spricht, daß das Gebet als Medium eines göttlichen Selbstgesprächs erscheint, in das die betende Gemeinde hineingezogen wird. Gott ist einerseits bei den bittenden Menschen, ja *in* ihnen selbst bereits gegenwärtig. Jesus Christus ist der »Sprecher« des Gebets, der heilige Geist der Initiator des göttlichen Lobpreises, wenn Gebet und Lobpreis wirklich gelingen. Andererseits aber wird Gott angerufen (»mache, gib«). Und der Inhalt der Bitte ist wiederum Gott selbst, sein heiliger Geist, das Leben und die Lebendigkeit, die er den Menschen schenkt. Ein Zirkel, der nicht sogleich zu einem besseren Verstehen des Bittgebets führt, aber doch Mißverständnisse ausschließen kann. Das Gebet des Serapion läßt sich mit Hilfe der Formeln Autorität und Gehorsam, Bitte und Erhörung, Zuwendung Gottes oder Impuls zu Veränderung nicht zureichend beschreiben. Indem es durch dies alles zusammen konstituiert wird, transzendiert es jeden der einzelnen spezifischen Gottesbegriffe, die wir im Blick auf die verschiedenen Typen des Bittgebets kennengelernt haben, und versucht eine höhere Einheit anzudeuten. Es vollzieht und versteht sich als »trinitarisch umgriffen«. Zugleich nimmt es das anthropologische Anliegen auf, das sich in der Geste der Bitte, in der Sehnsucht nach Erfüllung und in der Hoffnung auf den Impuls zu Veränderung anmeldet. Die für den Menschen unverzichtbare Konkretion der Utopie muß nicht aus dem Rahmen solcher anthropologisch begründeter Überlegungen fallen, wenn sie auch im Gebet der Gemeinde des Serapion nicht eigens angesprochen wird.

Hier liegt ein Gottesbegriff und ein Gebetsverständnis vor, das sich nicht ohne weiteres durch einen notwendig verallgemeinernden religionsphänomenologischen Zugriff erfassen läßt. Von Interesse ist auch in diesem Zusammenhang wieder der biblische Hintergrund, aber ebenso die Geschichte des so verstandenen Betens. Erst wenn das hier zu bedenkende Material diskutiert ist, möchte ich in Auseinandersetzung mit gegenwärtigen systematisch-theologischen Entwürfen entfalten, wie sich das trinitarisch umgriffene Bittgebet unter den gegenwärtigen Bedingungen verstehen und vollziehen könnte.

3.1 Biblische Elemente eines trinitarischen Gebetsverständnisses

Es kann in unserem Zusammenhang nicht darum gehen, die Skizze einer biblischen Theologie des Gebets zu entwerfen[11]. Die Aussagen der Bibel zu diesem Thema sind vielschichtig und vielfältig. Das zeigt sich schon daran, daß allein das Alte Testament etwa zwanzig verschiedene Begriffswurzeln mit dem Phänomen des Betens in Zusammenhang bringt[12]. Bei der Untersuchung der einzelnen theologischen Begründungsmodelle des Gebets hat sich ergeben, daß sie sich alle auf biblische Tradition beziehen können. Lediglich das Verständnis des Gebets als Veränderung des Beters ist vergleichsweise schwach zu belegen.

Ich möchte nun natürlich nicht versuchen, die biblischen Aussagen in ein trinitarisches Schema zu pressen; im Blick auf das Alte Testament wäre dies ohnehin unsinnig[13], und auch im Blick auf das Neue Testament führte es leicht zu einer Vergewaltigung der Texte[14]. Ich möchte es dabei bewenden lassen zu prüfen, inwiefern das spätere trinitarische Gebetsverständnis der Christenheit sich auf biblische Aussagen und Einsichten gründen kann, obwohl der Trinitätsgedanke ja auch im Neuen Testament nur angedeutet wird[15]. Es wird sich dabei aber zeigen, daß selbst das alttestamentliche Gebetsverständnis hier wichtige Hinweise vermittelt, indem es wesentliche Voraussetzungen und Rahmenbedingungen für die weitere Entwicklung legt.

3.1.1 Höre, Israel!

Das Alte Testament und insbesondere der Psalter ist voll von Hilferufen: »Herr, höre meine Stimme, wenn ich rufe; sei mir gnädig und erhöre mich!« (Ps 27,7).

Und doch nimmt es wunder, daß das Gebet, das der fromme Israelit – wahrscheinlich seit der Zeit des Zweiten Tempels – dreimal täglich betet, mit dem Aufruf beginnt: »Höre, Jisrael: ER unser Gott, ER Einer!«[16] Das liturgische Gebet des Israeliten und des Juden heute ruft, bevor es noch Jahwe um sein »Hören« bittet, den Beter und die betende Gemeinde zum Hören auf: Das Bitten beginnt mit dem Hören. Besonders eindrucksvoll schildert diesen Vorgang der Bericht von Samuels Berufung: Dreimal erfaßt Samuel nicht, daß Gott ihn angerufen hat; er läuft zu Eli, der ebenfalls lange braucht, bis er merkt, »daß der Herr den Knaben rief«. Als Samuel noch einmal mit seinem Namen angerufen wird, antwortet er: »Rede, denn dein Knecht hört« (1Sam 3ff). Die Bitte, Jahwe möge doch hören, steht im Schatten der Tatsache, daß zuallererst Jahwe redet, daß Israel und der einzelne Israelit zu hören haben. Es kommt darauf an, Jahwes Gebote zu hören und zu halten (Dtn 4,1; 6,3; 7,12). Ihn gilt es zu hören, zu fürchten und ernst zu nehmen (Dtn 31,12); denn »die Heiden müssen verzagen und die Königreiche fallen, das Erdreich muß vergehen, wenn er sich hören läßt« (Ps 46,7). Sein Wort hat kosmische Dimensionen. »Himmel und Erde« sollen aufhorchen, wenn Jahwe redet (Vgl. Jes 1,2). Notwendig steht daher das Hören auf Jahwe am Anfang auch des Gebets. Das Hören ist der »Grundakt des Beters«[17], zugleich ein Unterfangen, das er nicht aus eigener Entschlußkraft beginnen kann: Gott »weckt« dem Gottesknecht das Ohr, daß er hört, wie Jünger hören (Jes 50,4), und er ist es, der dem Betenden ein neues Lied »in den Mund legt« (Ps 40,4). Das Öffnen der Ohren und Augen hat mit Jahwes Initiative zu tun: »Ein hörendes Ohr und ein sehendes Auge, die macht beide der Herr« (Spr 20,12). Auf solches »Hören«, das während des ganzen Gebets nicht abläßt, ist der »Stimmungsumschwung« zurückzuführen, den man in einer Reihe von Psalmen beobachtet hat: Unerwartet faßt der eben noch untröstlich Klagende wieder Mut, gibt seiner Hoffnung und Zuversicht Ausdruck. Er hat »gehört« – ob ihm das lösende Wort nun als »Heilsorakel« durch einen Priester vermittelt oder im Akt der Besinnung auf Jahwes Zusage zuteil wurde[18]. Einen sehr schönen Beitrag zu diesem Grundempfinden israelitischen Betens stellt der in das Jona-Buch aufgenommene Psalm dar (Jona 2,3ff) – ein Danklied »*vor* erfolgter Rettung«[19]. Klage und Bitte sind für den Israeliten nicht durch ein zwischen ihnen liegendes »Wunder« getrennt, sondern knüpfen aneinander an. Bereits darin, daß in der Tiefe des Schattenreiches, im Leib des Fisches, dem Menschen »Sprache zuteil wird«, ihm, »der den Mächten des Schweigens ausgeliefert war« – liegt das »Wunder aller Wunder«[20]. Gott ist es, der dem Menschen Hören und Reden ermöglicht und ihm schon darin ein Stück Erhörung gewährt, daß er ihm Freiheit zum Reden schafft[21]. Das Reden-Können aber beginnt mit dem Hören-Können: Der Mensch muß erst »Gott erhören«, bevor er bitten kann.

Im Hören auf Gott sind die Anliegen allen Bittens schon vorweggenommen und erfüllt. Im Hören auf Jahwe liegt das Leben (Jes 55,3; vgl. Ps 107,20!). Deswegen bittet der Glaubende: »Sprich nur ein Wort, so wird meine Seele gesund.«[22] Das Neue Testament kennt diese Grundstruktur des Betens ebenfalls. Maria Magdalena erfaßt am Ostermorgen ihr Gegenüber erst, als sie fähig wird, die Anrede des Auferstandenen als auf sich bezogen zu erfassen. Für Paulus beginnt ein Leben des Gebets und des Engagements, nachdem der Erhöhte ihn angerufen hat. Was er über das »Hören« der Verkündigung zu sagen hat (Röm 10,17), ist als konstitutive Voraussetzung auch allen Betens von Belang. Er weiß um die Funktion des Gottesgeistes in allem Beten[23]. Psychologisiert und doch auch theologisch bedeutungsvoll schlug sich dies in der Empfehlung nieder, der Mensch solle eine Stunde lang in gesammelter Stille verharren, ehe er sein eigentliches Gebet beginnt.

3.1.2 Der bildlose Name

a) Der Israelit betete zu Jahwe in dem Wissen, daß er sich ihn nicht vorstellen, sich *kein »Bildnis noch irgendein Gleichnis«*[24] machen durfte. Er erwartete Hilfe, ja er konnte der Hilfe Jahwes gewiß sein, ohne über ein »Gottesbild« oder gar einen »Gottesbegriff« zu verfügen. Er besaß kein Kultbild, wie es in seiner religionsgeschichtlichen Umgebung selbstverständlich war, er hatte nur »Jahwes Namen«[25]. Aber auch mit diesem Namen konnte er nicht umgehen, wie er wollte, im Gegenteil: Es galt, Jahwes Namen zu »heiligen«, ihn vor Mißbrauch zu schützen. Der Name Jahwe trat nicht nur formal an die Stelle des heidnischen Götterbilds, er änderte auch qualitativ die Beziehung Gottes zu den Menschen. Gebet konnte, als Anrufung von Jahwes Namen verstanden, jedenfalls niemals so etwas wie Zauber sein: Eine beschwörende Wiederholung oder auch eine Geheimhaltung des Namens Jahwe, die irgendwelchen magischen Praktiken hätte dienen können, kennt das Alte Testament nicht[26]. Eine eindeutige Entwicklung läßt sich hier nachweisen: »Aus dem magischen Fluch- oder Segensspruch wird im Alten Testament immer klarer die Fluch- und Segensbitte.«[27]

Man kann den Namen Jahwes nicht für sich selbst, auch nicht für bzw. gegen einen anderen nutzbringend einsetzen. Jahwe ist der schlechthin Freie, Unverfügbare, der bedingungslos zu Heiligende, der »Heilige«; es wäre ein Sakrileg, ihn für eigene Belange ausnutzen zu wollen. Das einzig Angemessene ihm gegenüber ist es, »niederzufallen«[28].

b) Aus dieser äußersten Konzentration auf die Souveränität und Freiheit Jahwes ergibt sich für alttestamentliches Denken keineswegs, daß Gott in unnahbare Ferne rückte: Gerade das Wissen um die Unmöglichkeit, sich von Gott eine adäquate Vorstellung zu machen, befreit offenbar den Israeliten zu einem *unbefangenen Umgang mit anthropomorphen Anschauungen*: Gott hat »Ohren«, die aufmerken und zuhören können[29], und er hat einen starken »Arm«, mit dem er einzugreifen vermag. Er läßt sich ansprechen als »König«, »Vater« und »Freund«. Er ist es ja, der sich Mose im Dornbusch offenbart hat als der, der für die Seinen da sein wird (Ex 3,14), der sich seinem Volk am Sinai zugesagt hat als »der Herr, dein Gott« (Ex 20,2). Man kann sich Jahwe nicht vorstellen und doch ist er seinem Volk kein Unbekannter: Er ist der Gott der Väter, er ist es, der sein Volk aus dem Sklavenhaus in Ägypten befreit hat.

Der einzelne Israelit findet sich hineingestellt in das Verhältnis, das Gott zu seinem Volk eröffnet hat und trotz aller Widerstände nicht auflösen wird, in den »Bund«. Er darf sich der durch nichts zu erschütternden »Gemeinschaftstreue« Gottes überlassen. Der Gott, zu dem er ruft, ja schreit, ist freilich weniger der bergende Vater als der seine Herrschaft durchsetzende »König« des Bundesvolkes. Geborgenheit findet der glaubende Israelit sozusagen nebenher an der Seite des sein Volk befreienden durch die Zeiten begleitenden und endlich in seine Herrschaft hineinziehenden Gottes. Jahwe führt sein Volk Israel und mithin auch den einzelnen Glaubenden als der gute Hirte auf rechter Straße – »um seines Namens willen«: Nicht weil er darum gebeten oder sonst durch menschliche Initiative dazu veranlaßt worden wäre, sondern weil er selber dafür einsteht als der, der er ist[30].

c) Sicher war der Gedanke des bildlosen Namens Gottes für Israel nicht der Anstoß zu einer Frömmigkeit, die man, heutigen religionsphänomenologischen Kategorien entsprechend, als eher mystisch bezeichnen würde[31]. Trotzdem läßt sich nicht leugnen, daß in der Weise, in der das Alte Testament bei seinem Reden von Jahwe allen Anthropomorphismus immer wieder zu transzendieren sucht, ein Element liegt, das die Engführung des modern gedachten »Ich-Du-Gespräches«[32] sprengt. Auch *das »Du« Jahwes* darf *nicht im Sinne eines »Bildes«* verfestigt werden. Das machen auf ihre Weise die Begleiterscheinungen in der Epiphanie Jahwes deutlich: Wolke und Feuer, der brennende Dornbusch und das Säuseln des Windes. Das schlägt sich auch in einzelnen Wendungen des Lobpreises nieder: Aller Himmel Himmel können Gott nicht fassen (1 Kön 8,27!); der Beter weiß: »Führe ich gen Himmel, so bist du da; bettete ich mich bei den Toten, siehe, so bist du auch da! Nähme ich Flügel der Morgenröte und bliebe am äußersten Meer, so würde auch dort deine Hand mich führen und deine Rechte mich halten . . .« (Ps 139,8ff). Mögen die entsprechenden Aussagen auch in ein spätes Stadium des Glaubens Israels gehören, ihr theologisches Recht wird man ihnen deswegen nicht absprechen. Der Glaubende entdeckt, daß er inmitten seiner Bedrängnis, die damit keineswegs aus der Welt geschafft ist, sich »bergen« kann bei Jahwe. Es wird ihm deutlich, daß Jahwes Gnade »besser« ist als »Leben« (Ps 63,4) und daß derjenige nicht nach Himmel und Erde fragen muß, dessen »Teil« Jahwe ist[33]. Daß Gott sich selbst dem Menschen zuwendet, wird zunehmend wichtiger, als daß er einem »etwas« zuwendet. Mit diesem Aspekt des Gottesbegriffs verändert sich notwendig Schritt um Schritt auch das Selbstverständnis des Bittens[34].

3.1.3 Das Gebet Jesu

Wirkungsgeschichtlich betrachtet, ist das Gebet Jesu zum großen Paradigma allen christlichen Betens geworden. Das Vaterunser scheint ein Gebetsverständnis nahezulegen, das ganz auf einen personal gedachten, väterlichen Gott, eben auf den »Vater Jesu Christi« bezogen ist. Durch die allzu eilige Identifikation des betenden Christen mit Jesus, dem doch auf ganz besondere Weise

Bittenden, wurde einer sehr allgemeinen Religiosität Vorschub geleistet, die des spezifisch christlichen Ansatzes je länger je mehr entbehren konnte und noch dazu das spätere theistische Mißverständnis zu begünstigen vermochte[35]. Im übrigen ist in Erinnerung zu halten, daß sich das Neue Testament äußerst spärlich zum Beten Jesu äußert: Ein merkwürdiges Phänomen in der von religiöser Praxis und kultischem Begehen durchherrschten Welt des Judentums. Man sollte die hier zu beobachtenden Berichtslücken wohl gerade nicht im Sinne der religiösen Umwelt durch sinngemäße Ergänzungen schließen[36]. Am eindrücklichsten und auch historisch am sichersten greifbar ist die Gebetsanrede, die Jesus – im deutlichen Gegensatz zu alttestamentlicher Tradition und zu seiner jüdischen Umwelt – gebraucht hat: »abba«[37]. Ohne daß man sie im Sinne der späteren Christologie überinterpretieren darf, kann man sagen, daß sie »das Herzstück des Gottesverhältnisses Jesu« ausdrückt[38]. Jesus »hat mit Gott geredet wie ein Kind mit seinem Vater: vertrauensvoll und geborgen und zugleich ehrerbietig und bereit zum Gehorsam«[39]. Es ist gefährlich, eigene Idealvorstellungen über das Vater-Sohn-Verhältnis in die Interpretation des jesuanischen »abba« einzutragen. Aber bei aller Zurückhaltung darf doch gefolgert werden, wie Jesus, wenn er betete, Gott nicht verstand: Gott – als abba angerufen – kann kein herrischer Despot und kein geheimnisvoller Magier sein, er wird auch nicht in mystisches Dunkel oder in moralische Distanz entschwinden. Jesu Gegenüber im Gebet ist der Vater, der ihn versteht, mit dem er sich auf einer Linie weiß (vgl. Mt 11, 25-27) und der zugleich alles irdische Vatersein in den Schatten stellt (vgl. Mt 23,9). Die Evangelien machen deutlich, daß Gott für Jesus in anderer Weise Vater ist als für die Glaubenden; das Vaterunser ist offenbar nicht als das Jesus und den Jüngern gemeinsame Gebet aufgefaßt worden[40]. Das Beten Jesu kann schon deswegen nicht unreflektiert zum Paradigma christlichen Betens erhoben werden[41].

Was die Synoptiker über das Beten des leidenden Jesus berichten, über seinen »Kampf in Gethsemane« und über sein Bitten am Kreuz, ist in hohem Maße Ausdruck dessen, wie die erste Gemeinde Jesu Beten verstand. Man dachte sich in dieser für ihn schwierigen Situation offenbar folgende Elemente des Gebets Jesu: Zunächst die Vergewisserung der Nähe Gottes, wie sie sich in der für ihn charakteristischen Gebetsanrede nun auch unter extremen Bedingungen bewährte: Abba, mein Vater. Sodann das Bekenntnis zu Gottes Überlegenheit: Alles ist dir möglich! In Jesus lebte offenbar der »Glaube wie ein Senfkorn«, der Berge zu versetzen vermochte. Jesus überging nicht fromm sein eigentliches Anliegen, um etwa in mystischer Versenkung Kraft für die bevorstehenden Stunden zu holen: »Laß diesen Kelch an mir vorübergehen«! – Jesus wagt die »egoistische Bitte«, ausgespart zu werden aus der Reihe derer, die den Kelch zu trinken haben, den respektlosen Gedanken, einen Kelch »zurückgehen zu lassen«, den Gott einem zumutete. Das Neue Testament verbietet Jesus derartige menschliche, naive und ichbezogene Gebetswünsche nicht. Aber dann eben doch: Nicht was ich will, sondern was du willst! (Mk 14,36). Es geht mit keinem Gedanken darum, daß Gott nicht helfen könnte oder wollte, sondern einzig darum, daß Gottes Wille zum Zuge komme. Und Gott selbst unterstützt dies, indem – so stellt es sich das Lukas-Evangelium vor – ein Engel vom Himmel erscheint, um Jesus zu stärken (Lk 22,43). Jesus kannte die Unfähigkeit zum Beten und zum Durchhalten des Gebets: Sein Schrei am Kreuz, mag er sich auch auf die liturgische Tradition Israels beziehen, ist etwa dem Verfasser des Lukas-Evangeliums schwer erträglich: »Vater, vergib ihnen, Vater, in deine Hände befehle ich meinen Geist« – das ist doch leichter hinzunehmen als das gräßliche: »Mein Gott, warum hast du mich verlassen!« Im Blick auf das Beten Jesu hat beides sein Recht. Noch einen Schritt weiter als Lukas geht das Johannes-Evangelium: Dort entschwindet der Aspekt des leidenden und ringenden Betens Jesu völlig. Der »Sohn« lebt in der selbstverständlichen und gehorsamen Nähe zum »Vater«. Wenn Jesus überhaupt »betet« (im Sinne eines expliziten, gegenüber seiner ohnehin gesammelten Haltung abzuhebenden einzelnen Aktes), dann tut er dies »um des Volkes willen, das umhersteht«: Es soll Jesu wunderbares Tun am Grab des Lazarus nicht als einen magischen Kraftakt verstehen, sondern als ein von Gott gewährtes Geschenk an den Sohn, durch den der Vater sich offenbaren will. Jesus bedarf »nie der Bitte« und steht doch »ständig als der Bittende und damit als der Empfangende vor Gott«[42]. Ehe er eine Bitte ausspricht, ist er der Erhörung gewiß. Seine Bitte artikuliert sich daher als Dank: »Vater, ich danke dir, daß du mich erhört hast« (Joh 11,41). Jesus weiß, daß der Vater ihn »allezeit hört«; er lebt mit dem Vater in einem durch nichts eingeschränkten ununterbrochenen Verhältnis des Hörens und Redens. Das »hohepriesterliche Gebet« (Joh 17) will diese Einheit von Erhört-Sein und dem der Erhörung gewissen Bitten nicht nur durch seinen Inhalt umschreiben. In dem meditativen Stil dieses Gebets zeigt Johannes, wie er sich solch hörendes und der Erhörung gewisses Beten denkt.

3.1.4 Das Gebet des Geistes

Jesu Beten wurde bestimmend für das Beten seiner Gemeinde, jedoch charakteristischerweise nicht einfach auf dem Wege der Imitation. Die Glaubenden erkannten, daß es nicht darum ging, zu beten »wie Jesus« oder auch so, »wie« er es die Seinen »gelehrt« hatte. Die spätere wirkungsgeschichtlich zu konstatierende Isolation des Vaterunsers gegenüber dem Kontext neutestamentlichen Gebetsverständnisses hat sich zweifellos negativ ausgewirkt. Zunächst hatte die Gemeinde nicht etwa das Beispiel eines »vorbildlichen« Betens übernommen, sondern sie gründete ihr Beten auf das Beten Jesu: Sie betete »in seinem Namen«. In der Perspektive einer religionsgeschichtlichen Tradition, welcher der »Name« selbst schon Gegenwärtigkeit und Macht des »Genannten« verbürgte, bedeutete dies mehr als die bloße »Berufung« auf Jesus. In Jesu Namen zu bitten, das hieß: Bitten in der Vollmacht seines Bittens, beten nicht nur wie der Sohn zum Vater, sondern beten in der Gemeinschaft dieses Sohnes, seines Bittens und Empfangens, seines Hörens und Redens. Die Wendung »im Namen Jesu« wurde austauschbar mit Formulierungen wie »durch Christus« oder »in Christus«[43]. So erklärt es sich auch, daß die Übergänge zu fließen begannen zwischen dem »Gebet im Namen« Jesu und dem »Anrufen des Namens« Jesu[44]. Es spricht viel dafür, daß die Anrufung des Namens Jesu[45] erst ihrerseits das Bitten »im Namen« Jesu, in der Macht seiner Gegenwart und seines Geistes aus sich entließ. Freilich wird andererseits auch das Anrufen »des Namens Jesu« als eine Äußerung der Geistesgabe verstanden worden sein. Ganz sicher gilt dies für das Gebet »im Namen Jesu«. Es ist der »Geist der Sohnschaft«, der die Glaubenden lehrt, Jesu Abba-Ruf zu wiederholen und in ihn einzustimmen (Gal 4,6; Röm 8,15). Der Mensch von sich aus vermag nicht zu beten, »wie sich's gebührt«[46]; er ist dazu »nicht fähig – auch der Christ nicht«[47]. »Das Schicksal des menschlichen Betens ist es, zu mißlingen«, formuliert Kurt Niederwimmer[48], und dabei handle es sich nicht um eine partielle, sondern eine totale Aporie. Nach Paulus hat Gott selbst hier eingegriffen; er sandte uns, den Söhnen und Töchtern, den »Geist der Sohnschaft in unsere Herzen«, der in uns schreit: »Abba, lieber Vater!«[49]. Das Gebet läßt sich somit nicht unterbringen in dem engen Schema eines Gesprächs zwischen einem »Ich« und einem »Du«[50]. Statt ferner Adressat menschlichen Bittens zu sein, ist Gott auf vielfache Weise am Gebet des Bittenden selbst beteiligt: Im »Sohn«, der die »Sohnschaft« herstellt, im Geist des Sohnes, den er sendet (Gal 4,6), im unaussprechlichen Seufzen des Geistes, in dem Gott selber die Bittenden sich selbst gegenüber vertritt, schließlich im Seufzen der schon in Geburtswehen liegenden Schöpfung und unserer unerlösten Leiblichkeit (Röm 8,22f). Es ist freilich nicht eine phantasierende Mystik, die hier auszusprechen versucht, bis in welche unauslotbare Tiefe hinein alles Seiende vom Göttlichen durchdrungen werde[51], sondern die auf Jesu Verkündigung und Geschick gegründete Hoffnung auf die kommende und bereits anhebende Erlösung alles Unerlösten[52].

3.1.5 Das Gebet der eschatologischen Gemeinde

Alles Bitten steht nach den Aussagen des Neuen Testaments in der Perspektive jener endgültigen Erfüllung, die mit der Wiederkunft Christi erwartet wird. Dann wird Gott abwischen alle Tränen (Offb 21,4), dann werden die Seinen Jesus nichts mehr fragen (Joh 16,23). Die Zielperspektive allen christlichen Bittens ist Gottes Reich. Eine rasche Verbürgerlichung des Vaterunsers hat die Bitte um die Heiligung des Gottesnamens in einen Akt der Frömmigkeit umgebogen, die Bitte um das Kommen des Gottesreiches auf ein fernes Weltende oder auf ein innerpsychisches oder auch kultisches Geschehen bezogen und die Bitte um die Verwirklichung des Gotteswillens als einen Stillhalte-Appell mißverstanden, die ersten drei Bitten insgesamt unterbewertet und sich mehr auf die zweite Vaterunser-Hälfte konzentriert[53]. Darüber wurde vergessen, daß das Vaterunser zuallererst ein eschatologisches Gebet ist: Das tägliche Brot muß keineswegs, will man das Vaterunser eschatologisch verstehen, »geistlich« oder gar als der eucharistische Leib Christi interpretiert werden. Daß alle Menschen täglich satt werden, daß es keinen Tag mehr gebe, an dem irgend ein Mensch hungern muß, das liegt doch fraglos im Bereich dessen, was das Neue Testament mit dem »Reich Gottes« ansagt. Gerade im Blick auf das Vaterunser zeigt sich jedoch, daß die erste Gemeinde Jesus nicht nur als den begreifen konnte, der ihr ein neues Gebet oder auch ein neues Beten beigebracht hatte. Jesus, der im totalen Gehorsam und eben deswegen auch in Vollmacht (vgl. Mt 7,29!) betete, mußte schließlich in das Beten der Gemeinde hineingeraten. Sie erkannte, daß sie den Auftrag hatte, in seinem Namen Dämonen auszutreiben[54]. Die direkte Anrufung des Namens Christi könnte mit einer eschatologisch verstandenen exorzistischen Praxis zusammenhängen[55], während »private« an Christus gerichtete Bitten offenbar sekundär sind[56]; auch sie sind freilich nicht außerhalb des eschatologischen Gesamtrahmens zu denken. Die Sehnsucht der Gemeinde richtet sich auf den wiederkommenden Herrn: »Amen, ja komm, Herr Jesus« (Offb 22,20). Der urchristliche Ruf »marana tha« belegt dies auf eindrucksvolle Weise[57]. Dementsprechend deutet Ernst Käsemann das unaussprechliche Seufzen (Röm 8,26) als den »Schrei nach eschatologischer Freiheit, in welchem die Christen zu Repräsentanten aller gequälten Kreatur werden«[58]. Es versteht sich von selbst, daß der Glaubende in dieser eschatologischen Perspektive sich nicht als Einzelnen isoliert sehen kann – ganz abgesehen davon, daß eine Vereinzelung des Individuums im modernen Sinne für den antiken Menschen ohnehin kaum denkbar war. Schon der alttestamentliche Glaubende begreift sich inmitten der Gemeinde; als Mitglied des Bundesvolkes, mit dessen Gesamtheit Jahwe seine Geschichte hat, geht auch der Einzelne zuversichtlich seinen Weg. Jesus selbst hat ja offenbar nicht, wie sich das vielleicht der moderne Protestant vorstellen mag, »frei« gebetet, sondern die liturgische Gebetstradition des jüdischen Volkes genutzt. Die neutestamentliche Gemeinde versteht sich als eschatologische Größe, im Vorab dieser Zeit zugeordnet der endgültigen Vollendung aller Dinge im Namen dessen, der »der Erste und der Letzte und der Lebendige« ist (Offb 1,17b). Hier kann das nicht anders sein: Jesus wird erwartet als »unser« Herr (marana), Gott wird angerufen als »unser« Vater. Das Kommen des Herrn wird erfleht beim eucharistischen Mahl: Hier vergegenwärtigt er sich, das Eschaton vorwegnehmend, seiner Gemeinde.

3.1.6 Die Grundstellung für die weitere Entwicklung

Aus den aufgeführten biblischen Aspekten läßt sich nun keineswegs ein schlüssiges Modell eines trinitarischen Gebetsverständnisses ableiten. Gleichwohl war zu beobachten, daß das Alte Testament wichtige Vorentscheidungen trifft, indem es das Bitten des Menschen mit seinem »Hören« beginnen sieht und durch das Gebot der Bildlosigkeit einem engen, theistischen Gottesbegriff wehrt. In den Rahmen dieser Bildlosigkeit konnte sich später der Glaube an den dreieinigen Gott eintragen, der ohne dieses Gebot zur puren Paradoxalität gerinnen müßte. Im Neuen Testament versucht besonders das Johannes-Evangelium zu umschreiben, wie sich »Vater«, »Sohn« und »Gebet« einander zuordnen: »Was ihr bitten werdet in meinem Namen, das will ich tun, auf daß der Vater verherrlicht werde in dem Sohne« (Joh 14,13) – weswegen vom »Vater« gesagt werden kann, er erhöre das im Namen Jesu an ihn gerichtete Gebet (Joh 15,16). Rudolf Bultmann schließt daraus, dieses Gebet sei »nur demjenigen möglich, für den das Verhältnis zu Gott durch Jesus erschlossen ist und immer erschlossen bleibt«[59]. Der Vorgang der Selbsterschließung Gottes in und durch Jesus wird von Johannes mit dem Wirken des Geistes in Zusammenhang gebracht, der »vom Vater ausgeht« und vom Sohn »zeugen« wird (Joh 15,26). Die aus dem Geist Geborenen (Joh 3,3-8)[60] beten Gott an »im Geist und in der Wahrheit« (Joh 4,23f). In anderer Weise drückt Paulus aus, wie »Vater«, »Sohn« und »Geist« im Akt des Gebets zusammengehören, fast möchte man sagen: zusammenspielen. Der Vater sendet den Geist des Sohnes in unsere Herzen, so daß der Geist selbst in uns die Stimme erhebt und uns hineinreißt in den Schrei der leidenden Kreatur (Gal 4,6; Röm 8,26f). Wie auch immer die dabei verbleibende Rolle des Menschen zu denken ist – für den Gottesbegriff hat solches Gebetsverständnis Konsequenzen: Der Glaubende wird zum »Ort, an dem Gott sich selbst begegnet«[61]. Für das Verständnis christlichen Betens ergibt sich damit: Es kann nie in einem vordergründigen, banalen Sinne einfach als »Anruf eines Partners« oder als fingierter Dialog verstanden werden. Die schematische Gegenüberstellung von Mensch und Gott im Gebet reicht nicht aus, wenn man christliches Beten beschreiben will. Herkömmliche klassische Bestimmungen des Gebets (Augustin: Rede zu Gott, Evagrius Ponticus: Erhebung des menschlichen Geistes zu Gott) erweisen sich als revisionsbedürftig[62]. Christliches Beten ist Gebet »*zum* Vater« – in der Sprache der späteren liturgischen Tradition – »*durch* unseren Herrn Jesus Christus *im* heiligen Geist«. Und weil es der eine Gott selbst ist, der es dem Menschen ermöglicht zu beten, ja im Gebet ihn in seine eigene Wirklichkeit und Macht hineinzieht, kann sich christliches Bitten dann auch an Jesus Christus oder an den Heiligen Geist selbst wenden, ohne mißverstanden zu werden.

3.2 Aus der Geschichte des trinitarischen Gebetsverständnisses

Die Geschichte des christlichen Gebets ist vielfältig verschlungen und – wie die Geschichte des Christentums überhaupt – von Mißverständnissen, Verwirrungen und Verirrungen durchsetzt. In ihr spiegeln sich theologische Auseinandersetzungen und konfessionelle Besonderheiten, in ihr kommt aber auch ein unbeirrbarer Wille, sich am Beten der Väter zu orientieren, und die fundamentale Gemeinsamkeit allen christlichen Glaubens und Hoffens zum Ausdruck. Daß das explizit trinitarische Gebetsverständnis dabei, aufs Ganze gesehen, doch eher eine Randerscheinung darstellt, hängt mit mancherlei Faktoren zusammen. Zum einen mußte sich das Verschwinden ekstatischer Formen des Gottesdienstes auch auf das Gebetsverständnis auswirken. Das im Schrei, im Stöhnen oder in der Glossolalie sich äußernde Bitten, das als unmittelbare Wirkung des Geistes galt, verstummte. Für das Selbstverständnis des Beters war nun nicht mehr die Überfülle des Geistes, sondern die Besinnung auf den Adressaten entscheidend. Es richtete sich an Gott, den Vater Jesu Christi, war Gebet im Namen Jesu Christi, ja es konnte sich an Jesus Christus selbst wenden, verdichtet im beschwörenden eucharistischen Ruf: Du bist doch da – komm, Herr Jesus[63]! Ferner ist nicht von der Hand zu weisen, daß mit dem Zurücktreten des unmittelbar geistgewirkten Betens wie von selbst überkommene Gebetsformeln an Bedeutung gewonnen haben[64], daß also, formal gesehen, das dialogische Element gegen die trinitarischen Ansätze sich durchgesetzt hat[65]. Unterstützt wurde diese Entwicklung sicher zum einen durch das Herrengebet, zum anderen dadurch, daß der Psalter im Lauf der Zeit zum bevorzugten Gebetbuch der Christenheit wurde. Ein Übriges tat schließlich die dogmatische Fixierung der Trinitätslehre selbst, die dazu angetan war, im dreieinigen Gott eher den Adressaten als den Urheber des Gebets zu sehen. Pädagogische Gesichtspunkte, die das Beten als einen Akt der Pflicht oder des Gehorsams in die Verantwortung des Gläubigen überstellten, mögen hinzugekommen sein.

Trotzdem gibt es nicht wenige Zeugnisse auch eines explizit trinitarischen Gebetsverständnisses, wie es oben am Beispiel eines Gebetspassus des Serapion von Thmuis[66] vorweg verdeutlicht werden sollte. Im Rahmen unserer Untersuchung ist weniger das dogmatische bzw. dogmengeschichtliche Problem der Trinitätslehre[67] als das Selbstverständnis des Beters bzw. der betenden Gemeinde interessant, das sich in solchem trinitarisch umgriffenen Beten ausspricht[68].

3.2.1 Die vordogmatische Phase

Unter dem Eindruck der Botschaft und des Geschicks Jesu Christi verbot es sich, daß das christliche Beten in die unreflektierte Anrede einer Gottheit zurückfiel. Christliches Beten richtete sich zwar an den »Vater« (ein »monarchianisches Denken« herrschte vor[69]), aber es blieb vermittelt »durch« Jesus Christus, durch den der Zugang zum Vater eröffnet worden war (vgl. Röm 5,1f; 2Kor 5,18; Eph 1,5.7; 2,16); daher galt es, Gott zu danken »durch ihn« (vgl. Kol 3,17; Röm 1,8). Jesus konnte als der Fürsprecher der

Seinen beim Vater angesehen werden: Er spricht unsere Bitte aus – und der Vater erkennt die Worte *seines Sohnes*, wenn *wir* beten[70]. Wir beten »in« Christus. Solches »in Christus sein« ist aber insbesondere für paulinisches und deuteropaulinisches Denken nichts anderes als ein Sein in der Machtsphäre des Geistes Christi. Der Glaubende betet »im Geist« (vgl. Eph 6,18; Röm 8,15). Der Geist, Gott selbst, muß es dahin bringen, daß es zum Gebet kommt. So erfleht das »Allgemeine Gebet« am Ende des I. Clemensbriefes vom »Schöpfer des Alls« die Zuwendung zu den Seinen, »damit wir auf Deinen Namen hoffen, in dem aller Schöpfung Urgrund ist, der Du unseres Herzens Augen geöffnet hast, Dich zu erkennen«[71]. Ein gutes Jahrhundert später lobpreist Clemens von Alexandrien »den einen Vater und Sohn, den Sohn und Vater, den Sohn, der Erzieher und Lehrer ist, zugleich mit dem Heiligen Geist. Er ist der Eine, für den alles ist, in dem alles ist, durch den alles eins ist, durch den die Ewigkeit ist, dessen Glieder wir alle sind«[72]. Ignatius von Antiochien, das Martyrium vor Augen, deutet die Sehnsucht zu Gott, die in ihm ist, als das lebendige Wasser, »das in mir raunt, mir inwendig sagt: Komm zum Vater«[73].

Am deutlichsten hat sich zu solchem Beten, das sich als Teil des Selbstvollzugs des dreieinigen Gottes begreift, ein altkirchlicher Theologe geäußert, der in der Perspektive der späteren altkirchlichen Orthodoxie zum Ketzer werden sollte: Origenes. In seiner Schrift über das Gebet wirbt er für eine Form der Doxologie, die sich in dem Jahrhundert nach ihm im gesamten Orient durchsetzt und das hervorragendste Beispiel eines expliziten trinitarischen Gebetsverständnisses darstellt. Man beende ein Gebet, so rät er, »indem man den Vater des Alls preist durch Jesus Christus im Heiligen Geist«[74]. Der Mensch könne nämlich nicht von sich aus beten, auch nicht von sich aus über das Gebet reden; dazu sei er nur durch die Hilfe des Geistes in der Lage: »Denn unsere Seele kann nicht beten, wenn ihr nicht der Geist vorbetet und sie gewissermaßen zuhört.«[75] Analog dazu kann Origenes behaupten, der Beter werde »ein Mitbeter mit dem Worte Gottes. Der Logos steht sogar inmitten derer, die ihn nicht kennen, und fehlt bei niemandem während des Betens«[76]. Der Logos und der Geist sind freilich für Origenes nicht im Sinne der späteren offiziellen Trinitätslehre »eines Wesens mit dem Vater«. Der Logos wie auch der Geist bete zum Vater – der Mensch aber, so folgert Origenes, dürfe streng genommen, »nicht zu dem beten, der selber betet«[77]. Damit nimmt Origenes seinem Ansatz die eigentliche Spitze – und die Zukunft.

3.2.2 Die Sprache der Liturgie

»Wir preisen Dich durch unseren Herrn Jesus Christus im Heiligen Geist« – mit Hilfe dieser doxologischen Wendung bestimmen viele liturgische Texte des 4. Jahrhunderts ihr Verständnis christlichen Betens, das Selbstverständnis der betenden Gemeinde und des einzelnen Beters. In dieser Formel äußert sich zugleich das Bekenntnis der Glaubenden; ein eigenes Glaubensbekenntnis war im Rahmen der Eucharistiefeier damals ja noch nicht vorgesehen gewesen[78]. Lobpreis und Glaube vollziehen sich auf der Basis ihrer Vermittlung durch Christus und innerhalb des Machtbereichs des Geistes: Der dreieinige Gott, an welchen Bekenntnis und Lobpreis sich richten, steht den Betenden einerseits als das schlechthinnige Geheimnis gegenüber – und hat doch andererseits die Betenden bereits an sich heran gezogen, ja in seine gnädige Gegenwart hereingeholt. Bekennend und lobpreisend wird die Schar der Glaubenden dieses Wunders inne und gewiß.

Doch mit den arianischen Streitigkeiten geriet die Wendung ». . . *dem* Vater *durch* den Sohn *im* Heiligen Geist« in eine verhängnisvolle Perspektive. Sie eignete sich nämlich hervorragend, das von den Arianern postulierte Verhältnis von Unterordnung des Sohnes und des Geistes unter den Vater auszudrücken und noch dazu kirchlich zu rechtfertigen. Allein der Vater durfte angebetet werden, während der Sohn und der Geist ja nicht als eines Wesens mit dem Vater, sondern nur als Mittlergrößen zu stehen kamen. In dieser Frontstellung gingen verschiedene, aus späterer Warte als orthodox zu bezeichnende Gruppen[79] daran, die noch in der heutigen Liturgie übliche Formulierung durchzusetzen: Ehre sei dem Vater *und* – in gleicher Weise – dem Sohn *und* – in gleicher Weise – dem Heiligen Geist. Basilius der Große sah sich veranlaßt, dies in einer eigenen Schrift »Über den Heiligen Geist« zu begründen und zu verteidigen. Er verwirft die alte Formel keineswegs. Sie beschreibe das Wirken des dreieinigen Gottes. Seines Wirkens, des Zugangs, den wir zu Gott haben, und des »Heimatrechts«, das uns bei ihm eingeräumt ist, dürften wir uns im Gebet erfreuen und vergewissern[80]: »Wie die Teile im Ganzen sind, so ist jeder von uns im Hl. Geiste; sind wir ja alle in einem Leib in einen Geist hineingetauft.«[81] Die in der griechisch-orthodoxen Kirche heute noch gebräuchliche Basilius-Liturgie bekennt vom Heiligen Geist: »Er ist die lebenschenkende Kraft, die Quelle unserer Seligkeit. In Seiner Kraft singt Dir jedes vernünftige und geistige Geschöpf und sendet Dir ewige Lobpreisung empor ...«[82]. Trotzdem war der besondere Ansatz eines explizit trinitarischen Gebetsverständnisses damit gebrochen[83]. Die Trinität, vordem als Grund und Ursprung allen Betens erfaßt, wurde nun mehr und mehr zum Adressaten von Gebeten[84]. Die Anrufung der einzelnen Personen der Dreieinigkeit konnte magisch beschwörende Züge gewinnen[85] – die Möglichkeiten eines explizit trinitarischen Gebetsverständnisses waren verspielt[86].

3.2.3 Ersatzmodelle für das trinitarische Gebetsverständnis

Schon in der Alten Kirche hatten sich anderweitige Möglichkeiten angebahnt, die allem menschlichen Beten vorausliegende Initiative Gottes zum Ausdruck zu bringen. Gelegentlich nennen die Doxologien statt des Hl. Geistes die Kirche[87]. Der Raum, in dem sich Gott das Gebet erweckt und schafft, ist seine Gemeinde. Wenn spätere liturgische Wendungen den Lobpreis zu Gott dem Vater und dem (durch den) Sohn »in der Einheit des Heiligen Geistes« sprachen, so ließ sich das auf die innertrinitarische Einheit, aber auch auf die Gemeinschaft der betenden Kirche beziehen[88]. Damit rückte nun freilich die Kirche als Vermittlungsinstitution eines rechten Betens in den Vordergrund, statt ihrerseits als Resultat und notwendig sich ergebende Gestalt geistgewirkten Betens erfaßt zu werden. Ihre letzte Konsequenz findet diese Entwicklung in dem Gedanken, daß das liturgische Gebet der Kirche sich vor dem privaten Gebet des einzelnen Gläubigen durch größere Kraft und Wirksamkeit auszeichne[89].

Eine andere Weise, die Beteiligung Gottes am Zustandekommen eines Gebets auszudrücken, bestand in dem Verweis auf die

Notwendigkeit der Gnade. Die Gnade selbst sorge sozusagen dafür, daß wir nach ihr Verlagen haben und Gott anrufen[90]. Der Satz des Paulus: »Was hast du, das du nicht empfangen hättest?« (1Kor 4,7) gelte selbstverständlich auch für das Gebet[91]. Die Gnade »teilt sich mit, indem sie die Bitte um sich selbst bewirkt«[92]. Beten zu können, ist Gnade.

Der dritte Weg, das Gebet des Menschen letztlich auf Gottes Zuwendung zurückzuführen, geht ebenfalls auf Einsichten der Alten Kirche (und des Neuen Testaments) zurück; er wird dann insbesondere von den Reformatoren aufgenommen. Er schließt sich an die Anrede des Vaterunsers an. So schreibt Cyprian in seiner Vaterunser-Auslegung: Wer zu Gott »Vater« sage, erfasse sich als sein »Kind«; es sei der »neue Mensch, der wiedergeboren und durch die Gnade seinem Gott zurückgegeben ist«, der so beten könne[93]. Dieser Gedanke läßt sich durch die gesamte Auslegungsgeschichte des Herrengebets hindurch verfolgen. Die Motive vermischen sich: Die »Gnade« des »Heiligen Geistes« schafft die Gesinnung des Kindes, das sich an den Vater wendet[94].

3.2.4 Die Profilierung einzelner trinitarischer Aspekte

Zu einer Profilierung einzelner trinitarischer Aspekte des Gebetsverständnisses kam es dann in der Theologie der Reformatoren. Vaterunser-Auslegungen sowie Erläuterungen der einschlägigen Schriftstellen gaben ihnen den natürlichen Ansatzpunkt zu grundsätzlichen Ausführungen über Begründung und Wesen des Gebets.

a) *Luther* wird nicht müde, darauf hinzuweisen, wie sehr Gott unserem Beten »zuvorkommt« durch sein Gebot, seine Verheißung, schließlich sogar durch den Wortlaut des Vaterunsers, das er uns sozusagen »in den Mund legt«[95]. Das Gebet steht und fällt mit dem ersten Wort des Vaterunsers: Kein Name unter allen Namen kann uns besser vorbereiten und für das Gebet geschickt machen als »Vater«[96], denn »der Name ›Vater‹ ist von Natur angeboren und natürlich süß«[97]. Gott »will uns damit locken, daß wir glauben sollen, er sei unser rechter Vater und wir seine rechten Kinder, auf daß wir getrost und mit aller Zuversicht ihn bitten sollen wie die lieben Kinder ihren lieben Vater«[98]. Gott erwartet von uns, daß wir ihn im Gebet als den erfassen und gelten lassen, der er für uns sein will. Er ermuntert den Menschen: »Was dir mangelt an Gutem, das erhoffe von mir und suche bei mir, und wenn du Unglück und Not zu leiden hast, so kriech und halt dich zu mir, ICH, ich will dir genug geben ...«[99]. Darin besteht die Erfüllung des Ersten Gebots. Freilich weiß Luther auch, daß gerade dies dem Menschen unendlich schwerfällt: »Das menschliche Herz ist ja von Natur so verzweifelt, daß es immer vor Gott flieht« und denkt, Gott wolle von unserem Gebet nichts wissen[100]. Wer die Regung zum Gebet verspürt, wird vielleicht alsbald wieder abgehalten durch den Gedanken: Ich bin nicht fromm, »nicht heilig und würdig genug«[101]; streng genommen spricht ja auch das gesamte Vaterunser selbst gegen uns – es zählt auf, woran es uns fehlt[102]. Rufen wir dennoch Gott als den Vater an, so können wir es nur tun unter Berufung auf »den Sohn« und in dessen »Geist«[103]. »In dessen Haut und auf seinem Rücken« müssen wir hinaufsteigen zum Vater[104]. Die altkirchliche liturgische Formel »per Jesum Christum dominum nostrum« profiliert sich zu dem »propter Christum per fidem« der reformatorischen Rechtfertigungstheologie, die damit auch für das Gebetsverständnis relevant wird[105]. Glaube und Gebet rücken aufs engste zusammen, der wahre Glaube ist nichts anderes als »eitel Gebet«, er macht »kühn und durstig« zum rechten Gebet[106]. Im Gebet verzichtet der Mensch auf alle eigene Bemühung, vor Gott bestehen zu können, und verläßt sich einzig auf Gottes Güte. Eben dazu aber wird er nicht von sich aus fähig, das kann er nicht trainieren. Sondern er kann es nur sich sagen lassen, daß Gott ihn dazu einlädt und locken will. Aus diesem Grund korrespondieren einander in Luthers Denken die Predigt, in der Gott zum Menschen, und das Gebet, in dem der Mensch zu Gott spricht: »Nächst dem Predigtamt ist das Gebet das höchste Amt in der Christenheit.«[107] Das ist ganz grundsätzlich gemeint: Zum Beten muß der Mensch »wissen, daß ihn Gott freundlich anlache propter Jesum Christum«[108]. Das wird seine Konsequenzen auch im liturgischen Bereich haben: »Auf eine gute Predigt soll ein gut Vater-Unser folgen.«[109] Der Mensch, der nicht in der Gewißheit seiner Versöhnung durch Jesus Christus beten würde, hätte keinen wirklichen Grund zur Zuversicht. Gott bliebe ihm rätselhaft und verborgen. Im glaubenden Gebet aber wandelt sich der verborgene Gott zum offenbaren[110]. Luther hat das am Beispiel der bittenden Syrophönizierin (Mt 15,21ff) vor Augen, die Jesus zunächst mit dem Hinweis abweist, es sei nicht fein, daß man das Brot den Kindern nehme und vor die Hunde werfe (V. 26). Da gelte es, »das tiefe heimliche Ja unter und über dem Nein mit festem Glauben auf Gottes Wort« zu fassen und Gott rechtzugeben, wie es »dies Weiblein tut«, so »fangen wir ihn in seinen eigenen Worten«[111]! Da müsse man nur sagen: »Ich bin ein Christ nach meiner Taufe und soll glauben. Deswegen stell dich, wie du willst, heiß mich Hund, Katzen, Ratzen, Maus, ich kümmere mich nicht darum.«[112] Die trinitarischen Linien dieses Gebetsverständnisses bleiben erkennbar, obgleich die Rolle des Heiligen Geistes oft nicht eigens angesprochen wird. Es ist der Heilige Geist, der mit Hilfe der Predigt des Wortes Gottes den Menschen dahin bringt, daß er sich getraut, in Jesus Gott als seinen Vater anzusprechen. Die Harmonie der altkirchlichen trinitarischen Doxologie gerät hier in die Spannung zwischen dem verborgenen und dem offenbaren Gott. Das Gebet wird nicht so sehr als ein friedliches Sich-Erfüllen-Lassen vom göttlichen Geist begriffen, sondern als Kampf, als ein Ringen – scheinbar des Menschen, in Wahrheit aber Gottes um den betenden Menschen: Gott will ihn vom Dunkel ins Licht hindurchreißen, mitten im Dunkel will er ihm nahebleiben, mitten in der Hölle wird er ihm begegnen[113].

b) *Calvin* findet in seinem Hauptwerk, der »Institutio Christianae Religionis«, Gelegenheit, sein Gebetsverständnis systematisch zu entfalten[114]. Auch für ihn ist die zentrale Begründung des Gebets mit dem ersten Wort des Vaterunsers gegeben. Seine Theologie des Gebets ist »eigentlich eine einzige Auslegung des Wortes: Vater«[115]. Von diesem »Vater« kann er nur reden im Blick auf den »Sohn«[116]. »Wie sollte sonst auch jemand zu der Zuversicht kommen, Gott seinen Vater zu nennen? Wer sollte sich zu dem frechen Vorwitz hinreißen lassen, sich die Ehre anzumaßen, ein Kind Gottes zu sein, wenn wir nicht in *Christus* zu Kindern der Gnade angenommen wären?«[117] Breit führt Calvin die Rolle Christi als des Mittlers und Fürsprechers beim Vater aus, wobei er der Stellung des Menschgewordenen und Erhöhten ein besonderes Gewicht einräumt: »Nun ist in Jesus Christus wirklich die Sache des Menschen bei Gott.«[118] Da Christologie und Pneumatologie für Calvin eng zusammengehören, hat er auch mancherlei über die Funktion des Geistes beim Beten des Menschen zu bemerken[119]: Der Geist wird uns von Gott »zum Lehrmeister« gegeben; »er sagt uns vor, was recht ist, und er bringt unsere Regungen ins richtige Maß«[120]; nicht er selbst betet im Menschen, aber er »erweckt in uns Zuversicht, Wünsche und Seufzer, die unsere natürlichen Kräfte hervorzubringen nie und nimmer imstande wären«[121]. Der Geist ist »Zeuge unserer Kindschaft«; wenn wir verzagt sind, rufen wir Gott an, er wolle »uns diesen Geist der Hochgemuthheit zum Führer schenken, damit wir kühnlich beten können!«[122] Deutliches trinitarisches Bewußtsein also auch in der Gebetstheologie Calvins, für ihn freilich nicht wie in der Alten Kirche eine Möglichkeit, den Betenden in die Wirklichkeit Gottes hineinzuholen, sondern Ausdruck strengster Geschiedenheit von Gott und Mensch gerade im Gebet. Allein das Niederfallen vor Gott[123] kann ihr entsprechen, weil Gott »die Darniedergeworfenen aufrichtet«[124]. Wohl hat das Gebet »seinen Sinn, sein Geheimnis nicht in sich, sondern in einem geheimnisvollen Außerhalb«[125]. Aber wie sich dieses Außerhalb dem Betenden vermittelt, das wird nach einem eher theistischen als nach einem trinitarischen Modell gedacht; der »Sohn« und der »Geist« drohen zu Instrumenten eines allmächtigen Vaters zu werden, der nicht ganz leicht gegen die oben genannten kritischen Einwände[126] zu verteidigen ist.

c) In der *späteren evangelischen Theologie des Gebets* rückte der trinitarische Ansatz zusehends mehr an den Rand: Er wurde vertreten von Autoren, die sich gegen den Vorwurf der mangelnden Rechtgläubigkeit zu verteidigen hatten, freilich aus der Geschichte evangelischer Frömmigkeit gleichwohl nicht wegzudenken sind. So beschreibt Johann Arndt in seinem II. Buch »Vom wahren Christentum«, wie das Herz zum Gebet »zu erwecken, und in einen stillen Sabbat zu bringen sei, daß Gott das Gebet in uns wirke«[127]. Das Gebet beruht nicht auf menschlicher Initiative, der Mensch kann lediglich dem Geist Gottes still halten, der gleichsam über den Wassern unseres Gemüts schwebt: Nur stille Wasser lassen sich von der Sonne erwärmen. Aber der eigentliche Akzent von Arndts (bzw. Weigels) Ausführungen liegt doch nicht bei der Vorbereitung des Herzens für das Gebet, sondern auf Gottes Aktivität, der den Menschen reizt, lockt, ermahnt und treibt[128] und der »tausendmal bereiter« ist, »zu hören und zu geben, als der Mensch zu nehmen«[129]. Gottes gütiges und freundliches Vaterherz will uns zum Gebet verführen[130]. Er erweckt durch seine Offenbarung unser Gebet, dadurch, daß er in Christus »sichtbarlich« alle seine Güte hat an uns vorüberziehen lassen[131]. Dieser Jesus Christus ist daher beim Beten der »erste Gehilfe«, »unser einiger Mittler und Fürsprecher«[132]. Der »andere Gehilfe ist Gott, der heilige Geist«[133]. Wie Gott, der Vater, der Sohn und der Geist im Gebet zusammenwirken, ergibt sich leicht: Die Christen sind die mit dem Geist »Gesalbten des Herrn«[134], der Geist seufzt in ihnen ohne Unterlaß, darin besteht sein »Amt«, und die »Gerechtigkeit Christi« schützt sie vor Gottes Gericht[135]. »Ein rechtes Gebet, das der heilige Geist wirket, fließet aus der Tiefe des Herzens, gleichwie die wasserreichen und frischen Brunnen tiefe Quellen haben ... Christus ist der wasserreiche Brunn des Heils.«[136] Gott und Christus wollen in uns wohnen: »Du darfst nicht denken, Gott sei viele tausend Meilen Wegs von dir, und höre dein Gebet nicht. Er ist in dir und du in ihm.«[137] Der heilige Geist selbst wirkt das Gebet, wie sollte Gott es dann nicht kennen und erhören? Ein jeder Seufzer »kommt von Gott und geht zu Gott«[138]. Welch ein »Trost, daß unser Glaube, unser Gebet einen ewigen Grund, ja einen ewigen Ursprung hat«[139].

Nun mag gegen diesen Versuch, das Gebet zu verstehen, aus der Perspektive reformatorischer Theologie in der Tat allerlei einzuwenden sein: Die Beteiligung des Menschen an solchem Beten bleibt unklar, die Gefahr, Gott seine schlechthinnige Souveränität zu nehmen und ihn mit Gewalt in die mystische Erfahrung hineinzuziehen, ist keineswegs gebannt, eine gewisse Spiritualisierung und Individualisierung des Gebets zeichnet sich ab[140]. Das theistische oder gar magische Mißverständnis des Gebets jedoch liegt diesem Ansatz fern. Gott wird nicht isoliert als gebietende väterliche Autorität begriffen, nicht als Erfüller einer naiven Bitte »um etwas«, schon gar nicht als ferne moralische Instanz. Die Bitte »um Gott«, die dem hier beschriebenen Gebetsverständnis noch am nächsten kommt, sucht nicht blindes Versinken in einem undefinierbaren Gefühl von Seligkeit, sondern weiß sich vermittelt durch das Kreuz Christi. Die orthodoxe lutherische Theologie hat denn diesen Ansatz auch nicht rundweg verworfen[141].

3.2.5 Die Isolierung einzelner trinitarischer Aspekte und der Verlust des trinitarischen Ansatzes

Mit dem Heraufkommen der Aufklärung und des Atheismus ließ sich die Theologie zu einem entscheidenden Fehler verleiten: Sie glaubte, vor dem Forum der Vernunft den theistischen Gott leichter verteidigen zu können als den dreieinigen[142]. Statt sich auf die spezifischen Aussagen des christlichen Gottesglaubens zu besinnen, auf die Botschaft und die Gestalt Jesu Christi, auf das Wirken des göttlichen Geistes inmitten der Gemeinde, stellte sie all dies gerade zurück und konstruierte einen scheinbar philosophisch haltbaren Gott, dessen Existenz sich, wie viele Theologen damals meinten, durch die Vernunft aufweisen ließ. Der »Theismus« in seiner eigentlichen Form war geboren, sehr zum Schaden der christlichen Gotteslehre in ihrer ganzen Fülle, aber als eine aus der polemischen Situation der Zeit verständliche Reaktion auf den zu seinem Siegeszug ansetzenden Atheismus[143]. Daß die Theologen damit ihren Gegnern in die Hände gearbeitet hatten, bemerkten sie nicht.

Diese Entwicklung mußte sich natürlich auch auf das Gebetsverständnis auswirken. Die drei Grundaspekte trinitarischen Denkens isolierten sich voneinander. Die Berufung auf das Wirken des *Gottesgeistes* drohte abzuwandern in das pantheistisch-mystisch gefärbte Gebet, obwohl sich gerade in ihm die trinitarische Grundstruktur noch relativ lange durchhielt, wie es etwa das »Gebet zu der großen feuerbrennenden Liebe Gottes« von Jakob Böhme ausweist[144]. Freilich ist hier im einzelnen zu prüfen, inwiefern die Erinnerung an Jesus Christus nicht vom Geisterlebnis einfach aufgesogen und damit funktionslos wird. Madame Guyon, von der schöne Jesus-Gebete überliefert sind[145], versteigt sich zu der Behauptung, die ihrerseits inmitten eines breiten Stroms christlicher und außerchristlicher Mystik steht: »Die Seele wird in Gott zu Gott.«[146]

Das Gebet zum *Vater* verblaßt unter dem Einfluß deistischen Gedankenguts zu einer vom Menschen ins All hinausgesandten

Anrufung, getragen vom Überschwang des Erlebens oder ausgelöst von der Widerspenstigkeit des Schicksals: »Aufwärts an deinen Busen, alliebender Vater!« (Goethe[147]) – »O Vorsehung – laß einmal einen reinen Tag der Freude mir erscheinen – so lange schon ist der wahren Freude inniger Widerhall mir fremd – o wann – o wann, o Gottheit, kann ich im Tempel der Natur und der Menschen ihn wieder fühlen – nie? nein – o es wäre zu hart« (Beethoven[148]). Gott der Vater, falls er überhaupt noch als solcher angerufen wird, ist nicht mehr als der Vater Jesu Christi zu erkennen.

Aber auch das Gebet im Namen *Jesu Christi* droht sich zu isolieren, indem es zur pietistisch intimen Zwiesprache mit Jesus selbst wird, ohne daß die trinitarische Stellung Jesu Christi, an die man sich natürlich erinnert, eine nennenswerte Funktion erhielte. Man denke an Zinzendorfs Lieder, wie sie heute in der Fassung Christian Gregors im Evangelischen Kirchengesangbuch vorliegen: »Jesu, geh voran auf der Lebensbahn ... Ordne unsern Gang, Jesu, lebenslang ...«[149]; »Jesu, deiner zu gedenken, kann dem Herzen Frieden schenken«[150], oder an andere »Jesus-Lieder« aus dieser Zeit: »Ach mein Herr Jesu, dein Nahesein bringt großen Frieden ins Herz hinein ...«[151] Dieses direkte und innige »per Du«, das der Pietismus nicht nur für die Predigt gefordert, sondern – in umgekehrter Richtung – auch in seinem Beten praktiziert hat, konnte einem trinitarischen Gebetsverständnis nicht förderlich sein. Verbunden mit der Forderung nach einem freien, spontanen Gebet des Glaubenden, wie sie von Spener, Bunyan und anderen erhoben worden ist, führte es schließlich zu einer Verengung des Gebetsverständnisses. Das Beten bestand nun im Reden, in der fiktiven Anrufung eines Partners, die als »Zwiegespräch« interpretiert wurde, d. h. menschliches und göttliches Reden als einander vergleichbar auffaßte. Ein eindeutiges »Bild« dieses Partners legte sich nahe: »Seelenfreund« und »Herzensbräutigam«[152]. Natürlich gab es gerade im Pietismus mancherlei Überschneidungen mit der Vorstellungswelt der Mystik. In den Erweckungs- und Gemeinschaftsbewegungen der Folgezeit aber hat sich besonders das Verständnis des Gebets als eines Dialogs, das ja nun auch durch die gesamte vorausliegende Kirchengeschichte bestens begründet war, durchgesetzt. Die Frage nach dem Wirken des Geistes oder nach schöpfungsmäßig gegebenen Voraussetzungen des Betens wurde zurückgedrängt, wenn nicht ausgeschieden. Unterstützt wurde diese Entwicklung dadurch, daß das Gebet im Lauf der Zeit seine Heimat im dogmatischen Nachdenken der Kirche verlor und fast ganz in den Bereich der Ethik bzw. der Praxis der Kirche hinübergezogen wurde[153].

Eine eigenartige Wiederaufnahme und gleichzeitige Umformung erfuhr das trinitarische Gebetsverständnis bei Schleiermacher, der sich mit dem pietistischen per Du-Gebet ebensowenig zufriedengeben konnte wie mit einem primär mystisch oder auch deistisch geprägten Beten. Sein Ansatz wird schon daran sichtbar, an welcher Stelle seiner Glaubenslehre er das Gebet behandelt, nämlich im Rahmen der »wesentlichen und unveränderlichen Grundzüge der Kirche«[154]. Das christliche Gebet ist alles andere als eine private Initiative des Einzelnen. Es erwächst vielmehr aus der Spannung zwischen dem derzeitigen Zustand der Kirche und dem ersehnten und verheißenen, aber noch ausstehenden Reich Gottes. Unser Gottesbewußtsein hält uns »die absolute Kräftigkeit der göttlichen Weltregierung« vor Augen; wenn irgend uns das »Interesse an dem Reiche Gottes« bewegt, muß es angesichts der Unvollkommenheit der Kirche, die zu erkennen bereits eine Wirkung des göttlichen Geistes ist, zu einem Gebet kommen[155]. Der Einzelne ist in seinem Urteil darüber von der Gesamtheit der Glaubenden abhängig. So ergibt sich »das eine schlechthin richtige zum Gebet werdende Vorgefühl der Kirche, in welchem daher auch alle Einzelnen mit dem Ganzen« zusammenstimmen[156]. Die Erhörung ist nur dem Gebet verheißen, das »im Namen Jesu« erfolgt – d. h. also, sofern es sich auf das Reich Gottes bezieht und »in bezug auf den göttlichen Ratschluß in Christo Gottes Wille« ist[157]. Gebet und Erfüllung stehen nicht in der Kausalitätskette von Ursache und Wirkung, aber gleichwohl in einer bestimmten Ordnung, nämlich der »des göttlichen Wohlgefallens«[158]. In der Beziehung auf das Reich Gottes »sind beide nur eines, das Gebet als das aus der Gesamttätigkeit des göttlichen Geistes entwickelte christliche Vorgefühl und die Erfüllung als die auf denselben Gegenstand bezügliche Äußerung der regierenden Tätigkeit Christi«[159]. Das »bedingte Gebet«, das andere, private Inhalte hat, darf nur, soweit es sich auf Gottes Reich bezieht, mit Erhörung rechnen – dies aber wird dem Betenden im Akt des Gebets selber klar, so daß sich dabei seine Bitte in »Ergebung« verwandelt[160]. Das magische Mißverständnis der Bitte kann damit in der Tat ausgeschlossen werden, ebenso die Begründung des Gebets durch ein autoritär erlassenes Gebot oder die Reduktion des Gebets auf den Bereich der Moral. Gleichwohl bleibt das, was Schleiermacher hier mit »Reich Gottes« meint, merkwürdig unklar und die Funktion des Gebets eigenartig blaß. Es wird zwar erklärt, wieso es zum Gebet kommt, nicht aber, wozu es dient. Ohnehin wäre zu überprüfen, inwieweit die von ihm genannten trinitarischen Aspekte in seinen Ausführungen zur Trinitätslehre[161] begründet sind. Sein Interpretationsvorschlag für das christliche Gebet blieb jedenfalls vorerst ohne Wirkung, ja, er wurde sogar als Verunsicherung aufgefaßt*[162]*.

3.3 Ansätze zu einem trinitarischen Gebetsverständnis in der Theologie der Gegenwart

Zunächst ist zu notieren, daß das Gebet in der Theologie des 20. Jahrhunderts wieder zu einem theologischen Thema im eigentlichen Sinne des Wortes geworden ist. Es wird nicht nur im Rahmen der »Praktischen Theologie« verhandelt als ein Phänomen, das im alltäglichen praktischen Vollzug von Kirche nicht zu umgehen ist. Es wird auch nicht eingegrenzt auf den Bereich des Ethischen, als Ausdrucksmöglichkeit eines engagierten christlichen Lebensstils, obgleich es in diesen beiden Bereichen ebenfalls an Relevanz gewonnen hat. Wichtiger scheint mir, daß es auch als Gegenstand der christlichen Lehre wiederentdeckt wurde[163]. Das Gebet wird erneut bedacht als ein Teil des Angebots, das der christliche Glaube für die Menschheit darstellt. Zwei Überlegungen erzwangen diese Rückbesinnung: die Konzentration der Theologie auf die Gottesfrage einerseits und die Bemühung um ein adäquates Verständnis des Menschen andererseits, wobei sich gerade die Theologie zum Anwalt der Behauptung machte, daß diese beiden Aspekte sich nicht voneinander trennen ließen. Rolf Schäfer hat, wie bereits erwähnt, auf die Gemeinsamkeit der Krise von Gottesglauben und Gebet hingewiesen[164]. Von Heinrich Ott wurden die anthropologischen Implikationen des Redens vom Gebet thematisiert[165].

Es zeigt sich freilich, daß das Gebet zwar allenthalben in der Dogmatik wieder »vorkommt«, daß sich seine Thematik aber selten zu einem geschlossenen Kapitel verdichtet und daß es weit davon entfernt ist, einen eindeutigen Ort im Aufbau der Dogmatik zu finden. Es fällt auf, daß in der Perspektive aller drei Artikel des Glaubens vom Gebet gesprochen wird; selbst im Kontext der Prolegomena kann es auftauchen[166], aber kaum je finden die genannten Gesichtspunkte zueinander.

3.3.1 Gebetsverständnis im Horizont des ersten Glaubensartikels

Dezidiert bemüht sich Gerhard Ebeling darum, die Lehre von Gott »in Korrelation zur Lehre vom Gebet zu entwerfen«[167]. Das Gebet ist ihm »Schlüssel zur Gotteslehre«[168], denn im Gebet wird Gott »Sein«, werden ihm Attribute »zugesprochen«, die in eigenartiger Korrespondenz zum Phänomen des Gebets liegen. Der Heiligkeit Gottes entspricht die Anrede, die Gott zukommt und mit der über den Betenden, sein Selbstverständnis und seine Erhörungsgewißheit schon alles gesagt ist: »Die Anrede ist nicht nur bereits das ganze Gebet in nuce, sondern auch schon die Vorwegnahme seiner Erhörung, sozusagen das bereits an den Anfang gesetzte Amen.«[169] Das Gebet strahlt und spiegelt im Lobpreis die Doxa Gottes wider, und es gründet als Bittgebet im Vertrauen, das Gott gebührt, weil er gnädig und wahrhaftig ist. Im Gebet wird Gott als der erfaßt, der mit dem Menschen zusammensein und für ihn tätig sein will. Damit wird die »Tatsache des Gebets« als solche zur »Behauptung des Seins Gottes«[170]. »Man kann nicht anders beweisen, daß man mit der Wirklichkeit Gottes rechnet, als indem man zu ihm betet.«[171] Im Gebet erschließt sich dem Menschen die »Grundsituation«, nämlich »diejenige Situation, die für das Menschsein konstitutiv ist und die allen nur denkbaren Situationen des Menschen als letztlich bestimmend zugrundeliegt und in ihnen präsent ist«[172]. Ebeling interpretiert diese Grundsituation als »Sprachsituation«, womit er ein anthropologisches und ein theologisches Urteil in einem fällt: Im »Widersprechen, Versprechen und Entsprechen« äußert sich die anthropologisch gegebene »Dreidimensionalität« der Sprachsituation, die der Mensch immer schon vorfindet[173]. Im Gebet aber kommt der »Grund« zur »Sprache«. Es erweist sich damit als dasjenige Geschehen, in dem sich die »Grundsituation« des Menschen erschließt. Die konkrete Situation wird im Gebet auf die Grundsituation hin durchschaut und durchstoßen: »Denn eben dies intendiert das Gebet: In der jeweiligen Lebenssituation will es die Grundsituation des Menschen aufsuchen und zur Sprache bringen.«[174] Worin besteht nun aber, theologisch geurteilt, die »Grundsituation« des Menschen? »Im Gebet kommt zum Ausdruck, daß eine Manifestation des Geheimnisses der Wirklichkeit, eine bestimmte Weise letztgültigen Angegangenseins in die menschliche Grundsituation eingreift, sie als Sprachsituation in Bewegung setzt und den Menschen auf Gott hin ausrichtet.«[175] Liegt hier Unschärfe in der Ausdrucksweise oder sachliche Unklarheit vor, wenn von der menschlichen Grundsituation einmal gesagt wird, sie sei erst auf Gott hin auszurichten, und andererseits, sie bestehe im Angegangensein des Menschen von Gott selbst, sofern nämlich »die Wirklichkeit, wo immer sie nachdenklich und lauschend wahrgenommen wird, dies kundtut, daß sie ein Geheimnis in sich birgt, das für ihr Sein konstitutiv ist«[176]? Wenn die Grundsituation des Menschen letztlich im Sein vor Gott und somit in der Gebetssituation selbst besteht[177], so muß sie, christlich verstanden, noch näher bestimmt werden. Für sie ist über den Geheimnischarakter des Lebens hinaus das Sein vor dem *Gott Jesu Christi* konstitutiv, mithin auch das Sein »in Jesus Christus« und in der *Macht seines Geistes* – bzw. im Widerspruch dazu. Führt nicht ein Absehen von dieser trinitarischen Perspektive mindestens zur Verflachung der isoliert unter der Perspektive des ersten Glaubensartikels gewonnenen Erkenntnis menschlicher »Grundsituation«? Zwar sieht auch Ebeling das spezifisch Christliche des Gebets mit dem Beten »im Namen Jesu« gegeben[178]. Er erkennt zudem eine eigenartige »Korrespondenz von Christusgeschehen und Gebet«[179]: Was »in der Erscheinung Jesu geschehen ist, darf als die Verwirklichung dessen verstanden werden, was das Phänomen des Gebets letztlich intendiert, jedoch nur als Problem erkennen läßt: das Vereintwerden von Gott und Mensch«[180]. Aber dieser Gedanke wird für das Verständnis des Gebets nicht fruchtbar gemacht und auch nicht in die Pneumatologie hinein ausgezogen. Das Gebet wendet sich in erster Linie an den »Vater«, so gewiß der Sohn nicht nur als »Vorbeter«, sondern als »Fürbitter« verstanden wird[181] und so gewiß es lebt aus der »Gabe des Gebetsgeistes«[182]. Die hier angedeuteten trinitarischen Möglichkeiten werden jedoch zum Schaden des Gebetsverständnisses und auch der Gotteslehre nicht ausgeschöpft.

3.3.2 Christologische Begründung des Gebets?

Während eine trinitätsvergessene Konzentration des Gebetsverständnisses auf Gott den Vater in der christlichen Tradition immer wieder auftauchte, ist eine isolierte christologische Begründung und Ausrichtung des Gebets seltener anzutreffen. Allzurasch wurde Jesus Christus, wenn es um das Gebet ging, sogleich auf der Seite des betenden Menschen gesehen. Das Gebet, das er die Seinen gelehrt hatte, und das Bild des in Gethsemane und am Kreuz mit seinem Vater Ringenden legte das nahe. Die Zurückstufung Christi gegenüber Gott dem Vater, die in der liturgischen Wendung »*durch* Jesus Christus« zum Ausdruck zu kommen schien und von den Arianern alsbald im Sinne ihrer Theologie aufgegriffen worden war, wurde zwar in der Doxologie ausgeglichen[183] – in der Bitte zu Gott und im Dank gegen ihn blieb sie faktisch bestehen. Jesus ist der Betende und der Fürbittende, der Beter beruft sich zu Recht auf ihn und bittet »im Namen Jesu«. Das Gebet zu Jesus blieb trotz seiner Anfänge im urchristlichen »Marana tha« und einer exzessiven Praxis im Pietismus theologisch ein Problem.

Das zeigt sich nun auch in gelegentlichen Äußerungen der gegenwärtigen Theologie. Hans Graß beobachtet, das Neue Testament übe, »was das direkte Gebet zu Christus anbetrifft, eine bemerkenswerte Zurückhaltung«[184]. Auch habe sich die Christenheit »offenbar nicht ermächtigt gefühlt«, dem Vaterunser »eine Anrufung Christi einzufügen, oder auch nur ein ›durch unseren Herrn Jesus Christus‹ anzufügen«[185]. Ähnlich findet Rolf Schäfer, um der »gedanklichen Klarheit« willen gelte es, daran festzuhalten, daß die Beziehung des Glaubenden zu Jesus nicht identisch sei mit der zu Gott: »Vielmehr glauben wir an Gott durch Jesus.«[186] Dementsprechend müsse es auch beim Gebet heißen: »zu Gott durch Jesus«[187]. Die theologiegeschichtlichen Hintergründe solcher Aussagen mögen hier unerörtert bleiben. Jedoch ist es auffallend, daß Christus nicht nur als Adressat des Gebets im eigentlichen Sinne ausfällt oder doch umstritten bleibt, sondern daß auch die Begründung des Gebets üblicherweise kaum mit besonderem Engagement auf dem Wege über die Christologie erfolgt. Immerhin hat Karl Barth einige in dieser Hinsicht wichtige Gesichtspunkte beigesteuert. Er leitet das Gebet ab aus dem »Staunen des Christen angesichts der Situation, in die er sich durch das Wort Gottes versetzt findet«; denn solches Staunen führt direkt zur »Anbetung dessen, der diese Situation geschaffen hat und der sie als Herr bestimmt und regiert«[188]. So läßt sich, nun christologisch zugespitzt, sagen: »Wenn der Christ betet, dann tut er das, was als Antwort auf das Werk und Wort des Sohnes Gottes getan werden muß. Er macht dann den nächstliegenden Gebrauch von der Freiheit, die ihm durch dieses erstaunliche in Jesus Christus geschaffene Faktum gegeben ist.« Der Bittende läßt Gott als den gelten, der sich geben will und der »sich auch *nehmen* läßt«[189]. Die Bitte wird damit zur unmittelbaren »Lebensäußerung dessen, der staunend vor dem steht, was Gott für ihn ist und tut«[190]. So umschreibt Karl Barth zunächst, was es heißt, »um Christi willen« zu bitten. Aber er geht noch einen Schritt weiter und erläutert, inwiefern alles Beten »durch Jesus Christus« sich vollzieht, inwiefern Christus der Mittler zwischen Gott und Mensch auch im Gebet ist: »Wie er als Gottessohn selber der gebende, der erhörende *Gott* war, so als Menschensohn auch selber der bittende *Mensch*. Wie *Gott* in ihm für sein *Geschöpf* eintrat . . ., so trat in ihm auch das Geschöpf von seiner Seite in das rechte, fruchtbare Verhältnis zu *Gott*, so war er auch der erste und eigentliche Nehmer und Empfänger von Gottes Gabe.« Jesus »stellt sich Gott als der, der gar nichts hat und auf gar nichts Anspruch hat, der Alles nur zu empfangen, und zwar von Gott zu empfangen hat«[191]. Gerade in seinem Bitten – Karl Barth erläutert das später an der Taufe Jesu[192] – triumphiert Gott. »Der Gottessohn wurde dazu Menschensohn und ist als Menschensohn dazu durch die enge Pforte des reinen Bittens gegangen, um eben damit der große menschliche Nehmer und Empfänger der göttlichen Gabe und Erhörung an Stelle aller anderen und zu ihren Gunsten zu werden.«[193] Er ist das Haupt seiner Gemeinde, der Erstgeborene derer, die mit ihm zusammen bitten. Der Christ bleibt folglich dabei nicht im Außerhalb eines Geschehens, das er staunend verfolgt: Er ist ja »*Kenner* des prophetischen, priesterlichen und königlichen Amtes Jesu Christi, ja in seiner Zugehörigkeit zu seiner Gemeinde« auch »*Teilnehmer*« an diesem Amt[194].

Damit leitet Karl Barth über zu einer pneumatischen Begründung des Gebets, die er freilich nicht ausgeführt hat[195]. So ist es auch bei ihm zu einer expliziten trinitarischen Begründung des Gebets nicht gekommen.

3.3.3 Gottes Geist als Schöpfer des Gebets

Während bei Karl Barth wenigstens eine theologische Nahtstelle für eine pneumatologische Begründung des Gebets sichtbar wird, setzen Paul Tillichs Überlegungen – freilich von ganz anderen Voraussetzungen her – beim Gebet des Geistes ein[196]. Das Gebet ist etwas dem Menschen an sich Unmögliches. Paulus habe ja wohl das Vaterunser gekannt, als er behauptete, wir wüßten nicht, wie es sich zu beten gebühre (Röm 8,26). Tillich interpretiert die damit angesprochene Schwierigkeit so: »Wir sprechen mit jemandem, der nicht irgendein anderer ist, sondern der uns näher ist, als wir uns selber sind. Wir wenden uns an jemanden, der niemals Objekt unserer Hinwendung werden kann, weil er immer Subjekt ist, immer der Handelnde, immer der Schaffende.« Darin sieht Tillich freilich zugleich die Lösung: »Es ist Gott selbst, der durch uns betet, wenn wir zu ihm beten ... Etwas in uns, das nicht wir selbst sind, vertritt uns vor Gott ... wer außer Gott selbst kann unser ganzes Sein vor Gott bringen, der allein weiß, was in den Tiefen unserer Seele vorgeht? ... Das Wesen des Gebets ist das Handeln Gottes, mit dem er in uns wirkt und unser ganzes Sein zu sich erhebt.«[197] Tillich hat diesen Gedanken des öfteren ausgesprochen und paraphrasiert, ohne ihn aber weiter zu entfalten: »Es ist der Geist Gottes, der Gott anruft, wie es umgekehrt Gott ist, der den Geist Gottes im Menschen erkennt und versteht.«[198] Für Tillich ist diese Einsicht wichtig, weil er in ihr eine Möglichkeit erkennt, das Subjekt-Objekt-Schema, das sich in das Verständnis des Gebets wie in die Religion überhaupt eingeschlichen hat, zu überwinden. Ein Gebet, das »auf die Ebene einer Zwiesprache zwischen zwei Wesen herabgezogen wird,« erscheint ihm »blasphemisch und lächerlich«[199]. Der Hinweis auf Gottes Geist erlaubt es ihm, jede personale Engführung des Gebetsverständnisses aufzubrechen: Gottes Geist »transzendiert auch das Personhafte, sofern das Personhafte mit Bewußtsein und moralischer Selbst-Integration gleichgesetzt wird«[200]. Die Beziehung zwischen Gott und Mensch kann ohnehin nicht auf den Nenner von »Du« und »Ich« gebracht werden. Auch die Rede von »Gemeinschaft« zwischen Gott und Mensch ist uneigentlich und muß transzendiert werden[201]. Im Gebet stehen Gott und Mensch niemals im Sinne einer Subjekt-Objekt-Beziehung einander gegenüber, sondern es »umfaßt das Du das Ich und folglich die ganze Beziehung«[202]. Jedes Gebet tendiert zur Kontemplation, denn in ihr »ist das Paradox des Gebets offenbar: die Identität und Nicht-Identität dessen, der betet, mit dem, zu dem gebetet wird – Gott als Geist«[203]. Zielpunkt von Tillichs Überlegungen in diesem Zusammenhang ist denn auch nicht das herkömmliche, wenngleich vielleicht von magischen Mißverständnissen und theistischen Vorstellungen gereinigte – »Gebet«, sondern »Partizipation am Heiligen«, das seinerseits »sich selbst und das Profane umfaßt«, »Selbst-Transzendierung«, die sich unter Umständen kritisch gegen ein konkretes »Gebetsleben« und gegen den Nachvollzug einer bestimmten »Religion« wenden kann[204].

Sieht man genauer zu, so stellt man fest, daß diese Überlegungen zwar formal von Röm 8,26f abgeleitet sind, sich aber aus Tillichs Gottesbegriff ohnehin ergeben. Das läßt sich auch daran ablesen, daß das Gebet kaum je im Zusammenhang mit Jesus als dem Christus explizit bedacht wird. Es wird gerade nicht der »Geist Christi« erkannt als die Macht, die uns schreien läßt: Abba, lieber Vater! (Gal 4,6). Dem entspricht die Skepsis Tillichs gegenüber der herkömmlichen Trinitätslehre. Es lasse sich zwar erkennen, wieso es zu ihrer Ausbildung in der frühen Kirche kommen mußte, aber inzwischen habe sich die Situation gewandelt: »Das Dogma verkümmerte sozusagen, ähnlich wie im Leben ein Organ verkümmert und zum Lebenshindernis wird, wenn seine Funktion erloschen ist.«[205] Im Blick auf das Gebet hält Tillich den Gedanken der Dreieinigkeit Gottes sogar für ausgesprochen verwirrend und verhängnisvoll[206]: Richtet es sich an einen oder an drei Adressaten? Tillich arbeitet hier freilich im Sinne vulgärprotestantischer Mißverständnisse mit einer Karikatur der klassischen Trinitätslehre[207]. Obwohl er andernorts nicht müde wird zu erläutern, wie die verschiedenen Symbole, welche die christliche Tradition kennt, sich gegenseitig ergänzen und transzendieren, zeigt er sich hier nicht in der Lage, über die Alternative von numerisch eins und numerisch drei hinauszugelangen: Nur in höchst seltenen Ausnahmefällen tauchte in der Geschichte des Christentums der Gedanke auf, man könne ein Gebet *allein* an den Vater (oder *allein* an den Sohn oder den Heiligen Geist) richten. Es ist ja gerade der *eine* Gott, der im Gebet angerufen wird, der als Schöpfer, Versöhner und Vollender um den Menschen und den Kosmos sich gemüht hat und müht. Das ist gewiß anthropomorph formuliert – und doch zugleich so, daß der Ansatz, anthropomorphe Mißverständnisse zu transzendieren, schon in der Formulierung selbst zur Auswirkung kommt. Gott ist eben nicht der, der in anthropomorpher Weise auf *einen* Nenner zu bringen wäre, von dem auf »einfache« Weise gesprochen werden könnte. Die klassische Trinitätstheologie erinnert daran, daß man zu kurz greift, wenn man von Gott als von »ihm« (masc.!) spricht, weil er der ist, der als *die* göttliche Geisteswirklichkeit (hebr. ›ruah‹ fem.!) und *das* göttliche Geistesgeschehen (griech. ›pneuma‹ neutr.!) »lebt und regiert«, sich verwirklicht und verherrlicht, »von Ewigkeit zu Ewigkeit«, von einer Zeit zur anderen, vor aller Zeit und alle Zeit in sich zum Ziel bringend. Es bleibt natürlich offen, ob die Trinitätslehre für das allgemeine Bewußtsein der Christenheit (und ihrer Gegner) noch einmal wirklich funktionalisiert werden kann: Sie böte die Möglichkeit, theistische Mißverständnisse und Engführungen aufzubrechen und damit auch zu einem neuen Verständnis und einer sachgemäßen, für die Menschen hilfreichen Praxis des Betens, insbesondere des Bittens und Hoffens, beizutragen. Tillich trifft die Verfahrenheit der Situation, jedenfalls im Blick auf weite Bereiche des Protestantismus, wenn er ausruft: »Wird es je wieder möglich sein, die großen Worte ›im Namen des

Vaters und des Sohnes und des Heiligen Geistes‹ auszusprechen, ohne theologische Verwirrung zu stiften oder in die Gewohnheit einer bloßen Tradition zu verfallen?«[208] Römisch-katholische Theologie und ostkirchliche Liturgie haben das Dogma von der Dreieinigkeit Gottes fruchtbarer zu nutzen gewußt als die reformatorische Tradition. Beides soll einfließen in den nun folgenden abschließenden Versuch, das menschliche Bitten als trinitarisch umgriffen zu bedenken.

4 Dreifaltiges Beten zum dreieinigen Gott

Als diskutabler Versuch eines explizit trinitarischen Gebetsverständnisses aus dem Bereich der katholischen Theologie mag das »betrachtende Gebet« gelten, wie es Hans Urs von Balthasar dargestellt hat[1]. Für ihn steht völlig außer Frage, daß das Gebet seinen Anfang und seinen Ursprung nicht auf seiten des Menschen haben kann. Es gehört vielmehr hinein in die große Bewegung des dreieinigen Gottes auf seine Schöpfung und insbesondere auf den Menschen zu. »Was wüßten wir Gott zu sagen, wenn er nicht selber zuvor sich uns mitgeteilt und offengelegt hätte, so daß wir Zugang haben zu ihm und Umgang mit ihm? Daß wir in sein Inneres blicken und eintreten dürfen, in das Innere der ewigen Wahrheit, um angesichts dieses Lichtes, das uns von Gott her überströmt, unsererseits licht zu werden und durchsichtig vor ihm?«[2] Wenn das Gebet überhaupt als Gespräch aufzufassen ist, so haben wir darin zunächst nichts anderes zu sein als »Hörende«, wobei wir auch das Hören Ihm, dem schöpferisch Redenden, verdanken: »Wort Gottes an uns setzt ja schon ein Gotteswort in uns voraus, sofern wir im Wort geschaffen sind und von diesem Ort nicht losgelöst werden können.«[3] Das betrachtende Gebet vollzieht sich »vom Vater her«, »vom Sohn her«, »vom Heiligen Geist her«[4]. Der Beter wird gewahr, wie auch der Grund seines Daseins, auf dem sich doch sein alltägliches Leben abspielt, noch einmal umschlossen ist von dem »bodenlosen Ozean der Liebe des Vaters«; unser ganzes geschöpfliches Sein mitsamt unserer Alltagserfahrung gleitet »wie ein Schiff über der Untiefe eines ganz anderen, des einzig absoluten und entscheidenden Elementes, der unergründlichen Liebe des Vaters«[5]. *Vom Sohn her* betend lassen wir uns hineinnehmen in die geheimnisvolle und spannungsreiche »Doppelbewegung – vom Vater her und zum Vater hin«[6]; der Geist vollzieht die »Menschwerdungsbewegung des Wortes«[7]. Somit lauten die »Bedingungen der Möglichkeit christlicher Betrachtung«: »durch den vorbestimmenden, erwählenden und uns zu seinen Kindern aufnehmenden Vater, durch den Sohn, der uns den Vater auslegt und in seiner Hingabe bis zum Tod und zum Geheimnis des Brotes schenkt, durch den Geist, der uns Gottes Leben in die Seele legt und in ihr auslegt.«[8] Gottes Geist »durchwohnt« den betenden Menschen, ohne daß dieser dabei seine Identität verlöre; gerade von hier aus wird deutlich, »daß christliche Betrachtung schon in ihrer Möglichkeit ganz auf dem trinitarischen Dogma aufruht«[9]. Klar ist damit auch, daß selbst das Gebet des einsamen Beters im »Kämmerlein« nie ein isolierter Akt sein kann, sondern »eine in die Mitte der Kirche zurückversetzende Handlung« darstellt[10]; alles Beten ist durch die Kirche vermittelt und mündet wieder in sie zurück[11].

Es dürfte für den heutigen Leser nicht ganz einfach sein, allein der Sprache von Balthasars zu folgen: Er versucht ja vom Boden der klassischen Formulierungen des altkirchlichen Trinitätsdogmas aus, das Gebet zu erschließen, wobei ihm die schlichte Bitte des Leidenden ohnehin nicht so wichtig zu sein scheint. Er unterscheidet nicht zwischen dem heilsökonomischen und dem immanenten Aspekt der Trinitätstheologie, also zwischen Aussagen, die das Verhältnis des dreieinigen Gottes zur Welt, und solchen, die das Verhältnis der trinitarischen Personen zueinander beschreiben sollen. Das führt ihn zu Behauptungen, die schon eine ganz besondere Sozialisation erfordern, um noch einigermaßen verstanden werden zu können: »So haucht uns der Sohn, sein irdisches Werk vollendend, dem Vater entgegen.«[12] Es kommt zu theologischen Grenzüberschreitungen: Durch den Geist der Gnade werden wir einbezogen »bis ins Geheimnis der Gotteskindschaft, das heißt (wie manche Theologen es uns zu sagen erlauben) bis zur Teilnahme durch Gnade an der Zeugung des Sohnes aus dem Vater«[13]. Eine merkwürdige Bilderwelt legt sich damit nahe: Das vom Vater gesandte Wort ist ein im Glauben »wie in einem bereiten Schoß zu entfaltendes Wort«; das »weibliche, marianische Element im Glauben«, nämlich »Bereitschaft für den ankommenden ›Samen Gottes‹ (1Jh 3,9)«, ist das durch den Heiligen Geist »in den Grund jedes Glaubensaktes gelegte kontemplative Element«[14].

Die anthropologisch und theologisch wenig befriedigende Art seiner Durchführung kann aber den trinitarischen Ansatz selbst nicht diskreditieren. Zu viele Einsichten und Erfahrungen aus der

Geschichte des christlichen Glaubens sprechen für ihn. Wahrscheinlich bedarf es heute einer bescheideneren, »vordogmatischen« oder auch »nachorthodoxen« Trinitätstheologie, die es sich verbietet, auf den verführerischen Pfaden der Spekulation in das Geheimnis des dreieinigen Gottes eindringen zu wollen, und die Gott ganz aus seiner Zuwendung zur Welt begreift.

Während der dreieinige Gott der westlichen Tradition in erster Linie als die »*allerheiligste* Dreieinigkeit« gilt, deren göttliche Personen in ihren Unterschiedenheiten und Beziehungen zueinander bedacht und angebetet sein wollen, singt die gottesdienstliche Gemeinde im Osten ihren Hymnus der »*lebenspendenden* Dreieinigkeit«[15]. Für den orthodoxen Gläubigen bedeutet Trinität vor allem »Gott in Beziehung zum Menschen und zu seiner Schöpfung«[16]. Was etwa über innertrinitarische Verhältnisse und Beziehungen zu sagen sein könnte, geht ganz auf in der Beziehung des sich selbst gewährenden Gottes:

»Da Quell und Wurzel du bist, bist du als Vater gleichsam der im Sohne und deinem heiligen Geiste wesensgleichen Gottheit Urgrund.

So laß meinem Herzen denn quellen das dreisonnige Licht und erleuchte es durch Teilnahme am göttlich machenden Licht.

Die heilige Dreiheit und die ungeschiedene Natur, ungeteilt in drei Personen geteilt und ungeschieden bleibend nach dem Wesen der Gottheit, laßt uns, Erdgeborene, verehren in Furcht und rühmen als Bildner und Herrn, als übergütigen Gott ...«[17]

Nicht das systematisch-theologische oder gar philosophische Anliegen der Einheit des dreieinigen Gottes steht hier im Vordergrund, sondern das soteriologische Motiv der dreifaltigen Zuwendung des übergütigen Gottes zu seiner Schöpfung[18]. Das Gebet, das dem Rechnung trägt, daß alles Handeln Gottes »vom Vater entspringt, durch den Sohn hervorgeht und im Heiligen Geist aktualisiert wird«[19], ist von vornherein eingebettet in den Gottesdienst, »in jenen Akt Gottes, in welchem der Vater, in Antwort auf die Bitten des Leibes Seines Christus, Seinen Geist sendet«[20]. Man mag es von daher verstehen, wenn der orthodoxe Theologe polemisiert gegen die Engführung einer »Ich-Du Theologie der Rechtfertigung«, von der es nicht mehr weit sein könnte zu einem Humanismus, der eine theologische Begründung von sich weist[21].

Das Gebet darf dann unmöglich auf das Modell »Dialog« reduziert werden; denn es will, in der Gemeinschaft der Bittenden, das Verlangen nach dem Kommen des dreieinigen Gottes zum Ausdruck bringen, ja der sich gewährenden Gegenwart des übergütigen, menschenfreundlichen Gottes entsprechen. »Der christliche Glaube«, so formuliert der orthodoxe Theologe, »hat die Bitte des betenden Individuums umgeformt zu seinem unaufhörlichen Bekenntnis, in welchem die göttliche Gnade und die menschliche Freude über deren Empfang zu einer ewigen Hymnologie und Doxologie vereint werden.«[22]

Der damit skizzierte trinitarische Ansatz ostkirchlichen Denkens ist bescheiden. Er strebt nicht danach, einzudringen in das »Licht, da niemand zukommen kann« (1Tim 6,16), und ist dennoch des überflutenden »dreisonnigen Lichtes« gewiß. Aber ob er uns als solcher schon dazu ausreicht, das Gebet als ein dreifaltiges Geschehen zu erschließen und in uns anzuregen, bleibt mehr als fraglich, nicht zuletzt angesichts der exotischen sprachlichen Gestalt und der religiösen Routiniertheit, die der orthodoxe Gottesdienst für den westlichen Teilnehmer häufig zu besitzen scheint[23]. Das Leid des Einzelnen, der Hilfeschrei des Elenden droht behende hinweggesungen zu werden. Wo das Leid nicht ernstgenommen wird, da zeigt sich theologisch nicht selten auch eine Unfähigkeit, dem Widerspruch der Sünde standzuhalten. Der »Sohn« mag zum Pantokrator werden, der Mann von Gethsemane und Golgatha wird vergessen, das Eschaton allzu eifertig unter der goldglänzenden Kuppel des Gotteshauses lokalisiert, während draußen der unerlöste Kosmos nach Befreiung stöhnt.

Ein dritter Weg des trinitarischen Gebetsverständnisses legt sich von der »existentialen Interpretation« der Trinitätslehre her nahe, wie sie Heinrich Ott vorgeschlagen hat[24]. Die Rede vom dreieinigen Gott, so meint er, muß »zu einer Rede von der menschlichen Existenz vor dem dreieinigen Gott werden«[25]. Sie hat insofern hermeneutische Bedeutung, als sie vor jeglicher »Objektivierung« Gottes bewahrt: Der dreieinige Gott wird nie einfach zum »Objekt« menschlichen Redens, »weil Er durch Wort und Geist auch *in* unserm Reden von Ihm noch das über uns verfügende ›Subjekt‹ bleibt und sich erst als solches erweist«[26]. Dies gilt natürlich nicht nur für das Reden *von*, sondern auch für das Reden *zu* Gott, für das Gebet, woran Ott in diesem Zusammenhang allerdings nicht liegt. Ausgehend von Augustin und in Auseinandersetzung mit Karl Rahner möchte er zeigen, daß es eine »Trinitäts-Erfahrung des Glaubens« gibt: »*Gott fordert und Gott gibt. Er fordert uns – und Er gibt sich.*«[27] Ja noch mehr: Er schafft auch die Möglichkeit, daß wir seinem Sich-Geben entsprechen können, ihm antworten, seiner Einladung folgen können[28]. Anders ausgedrückt: Die existentiale Interpretation der Trinität »artikuliert im Horizont der erfahrbaren Fraglichkeit des Menschseins die in der Begegnung mit der Person Jesu Christi tatsächlich erfahrene Antwort, nämlich die Existenz des Menschen vor Gott«[29]. Der dreieinige Gott erweist sich darin als überpersonal, daß er den Menschen nicht nur von außen durch seine Forderung und sein Angebot angeht, sondern ihm auch von innen her die Freiheit schafft, die Gabe anzunehmen: »Von allen Seiten umgibst du mich!«[30] Nicht einmal die »innere Emigration« ist möglich, Gott wird unentrinnbar nahe. Christliche Existenz hat ihre Besonderheit darin, daß sie »das Geheimnis der Dreieinigkeit, das Geheimnis des unentrinnbaren Umgreifens, bewußt ›realisiert‹ und es dadurch fruchtbar werden läßt unter den Menschen für die Menschen«[31]. Ganz gewiß hat hier im Sinne Otts auch das Gebet seinen Platz: Es läßt dem Beter eben diese seine trinitarische Situation bewußt werden, läßt die Situation zur Wirklichkeit, zu sich selbst gelangen.

Ott zieht die Linien nicht aus, weil er den dreieinigen Gott als den »überpersönlichen« beschreiben möchte und – eigenartig fasziniert durch den Begriff der »Person« – doch wieder zum herkömmlichen Dialogverständnis des Gebets zurückkehren kann. Er verschenkt in gewisser Weise, was er durch seine existentiale Interpretation der Trinität gewonnen hat, indem er dann doch die »Person« eines »überpersönlichen« dreieinigen – fast möchte man sagen – Übergottes konstruiert und von daher auf das menschliche Personsein rückschließen will[32]. Daß er Gott den Vater nur als den Fordernden erkennt, mag der Trias von Forderung, Gabe und Freiheit zur Annahme entsprechen; das Problem der Sünde[33] bleibt ohne Gewicht und folglich auch ohne Lösung. Man kann also allerlei kritische Einwände gegen die hier vorgetragene Interpretation der Trinitätslehre äußern. Bestreiten läßt sich jedoch nicht: Sie versucht – schließlich auch durch die christologische Untermauerung –, »das Geheimnis des die menschliche Person umgreifenden, ihr unfaßbar nahen Gottes« zu umschreiben[34].

Mir scheint, es gilt im Interesse dieses Ziels noch einen Schritt weiterzugehen. Otts existentiale Interpretation erweckt den Eindruck, man könne das überkommene Trinitätsdogma im Grunde belassen, müsse es aber dann eben noch »existential interpretieren«. Hinsichtlich des Materials, das dabei interpretiert wird, kommt es notwendig zu einer Auswahl besonders geeignet erscheinender Aspekte[35]. Aber auch im Blick auf sie bleibt zu fragen: Bis zu welchem Subtilitätsgrad der Reflexion vermag die existentiale Interpretation zu folgen? Wird sie nicht ihrerseits auch kritische, ihren Gegenstand entmythologisierende Kraft entfalten müssen?

Ich bejahe diese Konsequenzen und möchte daher von einer existentialen zu einer anthropologischen Deutung der Trinitätslehre weitergehen. Eine Trinitätslehre übernimmt sich, wenn sie artikulieren will, wie Gott »ist«. Faktisch beschreibt sie, wie der Mensch in der Perspektive der Tradition, aus der die Trinitätslehre erwachsen ist, sich versteht – sich selbst und damit auch die ihn umgebenden Grenzen seines Lebens und die vorfindliche Welt, inmitten derer er sein Leben fristet und gestaltet. Daraus folgt, daß die Trinitätslehre zunächst auf diejenigen Bestimmungen hin zu befragen ist, in denen sich solches Selbstverständnis des Menschen verstehbar äußert – im Sprachgebrauch der klassischen Trinitätslehre ausgedrückt: Es ist auszugehen von den »heilsökonomischen«, auf den Menschen und seine Welt bezogenen Aussagen über »Schöpfung«, »Erlösung« und »Heiligung«, wie dies etwa Luther bei seiner trinitarischen Gliederung des Apostolikums vorgeschlagen hat. Der glaubende Mensch befindet sich in einer »trinitarischen« Situation, die ihm – all seiner Stumpfheit und Verzagtheit zum Trotz – gerade im Gebet bewußt und für sein Verständnis von Gebet und Glauben hilfreich wird. Er begreift sich als geschaffen, erlöst und zur Vollendung berufen. Er erfaßt sich als hineingeordnet in einen großen, heilvollen Zusammenhang, in dem er Stand gewinnt trotz aller Bedrohungen des

Chaos, in dem er hoffen und aus dem heraus er handeln darf trotz der Grenzen, die in seinem Versagen und in seinem Tod liegen.

Diesen großen, das menschliche Verstehen transzendierenden, aber für den Menschen und den ganzen Kosmos heilvollen Zusammenhang deuten – symbolhaft und mit je spezifischer Intention – Begriffe an wie »Reich Gottes«, »Heilsgeschichte«, »Selbstverherrlichung« und »Selbstverwirklichung Gottes«. Sie sind Ausdruck für das Geborgen- und Getragensein der Menschen, für die letzte Unterlegenheit der Sünde und des Bösen, für das Zum-Ziel-Kommen-Dürfen allen Seins. Die Aussagen der Trinitätslehre finden ihre Einheit daher nicht in einer jenseitigen Super-Gottheit, in der sie dann sozusagen trotz der Widersprüche irdischer Logik zusammenstimmen. Ihre Einheit liegt vielmehr im Menschen, der diese drei Aussagen von sich – und seiner Welt – zu machen wagt: Geschaffen – erlöst – zur Vollendung berufen.

Woher gewinnt der Glaubende den Mut, solche Behauptungen zu riskieren und angesichts von »Sünde, Tod und Teufel« durchzuhalten? Doch wohl gerade nicht in einem spekulativen Rückschlußverfahren von der »ökonomischen« zu einer »immanenten« Trinitätslehre, etwa so: Wenn ich mich als geschaffen begreifen soll, dann muß Gott auch Schöpfer sein und dies mit folgenden Sonderbestimmungen, weil, wäre es in der Immanenz der Trinität anders bestellt, Gott nicht die Welt erschaffen haben könnte ... Jede »Wenn/dann«-Konklusion ist auf die Grenzen dieser unserer erfahrbaren Welt beschränkt. Sie muß außerhalb des Bereichs unserer Logik jedenfalls nicht in der Weise Gültigkeit haben, in der es immanente Logik uns vorzeichnet. Transzendente Voraussetzungen (schon diese Begrifflichkeit ist verfehlt) für immanente Gegebenheiten lassen sich logisch, also mit den Denkmitteln, die dem Bereich der Immanenz entstammen, logischerweise nicht darstellen; dies gilt natürlich sowohl für positive wie für negative Aussagen.

Begreift sich also ein Mensch als geschaffen, gehalten, zum Hoffen und Handeln ermächtigt, so nicht durch Reflexion und Kalkül über die Existenz oder Nicht-Existenz einer Gottheit: Gott – wenn es denn Gott ist! – läßt sich nicht einfangen in das Koordinatennetz von Sein und Nichtsein. Über ein Sein, das jenseits von Sein und Nichtsein stünde, Aussagen zu machen, ist uns

159

verwehrt, wenngleich das mystische Stammeln sich darin immer wieder versucht hat; als Markierung der Grenze, an der unser Denken scheitern muß und sich seines Scheiterns getrösten darf, hat es seinen Sinn. Dem trinitarisch sich und seine Situation begreifenden Menschen ist es genug, wenn die steilen Aussagen des alten Trinitätsdogmas ins »passivum divinum«, in jene Sprachform übersetzt werden, die das Ergebnis festhält, ohne die Ursache zu benennen, die sich jedem sprachlichen Zugriff entzieht: Geschaffen – erlöst – zur Vollendung berufen; wer da geschaffen, erlöst, berufen hat – gepriesen sei Er! Es ist weder möglich noch auch nötig, einen theologischen Steckbrief über ihn zu erstellen. Es ist genug, daß diese Aussagen »stimmen«, Geltung beanspruchen können und ihre Gültigkeit bewähren werden. Ihre Verifikation erfolgt nicht durch die Logik, sondern – nach Überzeugung der Christenheit von ihren allerersten Anfängen an – im Glauben an Jesus als den Christus, im Vertrauen auf ihn als den Garanten von Halt, Hoffnung und Heil, in der Nachfolge der Liebe zum Mitmenschen und zur ganzen Schöpfung, in der Gewißheit der Vergebung. Es ist der Geist Christi, der einen Menschen dazu bewegt, sich in diesen Verifikationsprozeß einzulassen und darin sein Leben als Geschenk und Auftrag zu erkennen und zu gewinnen. Das Mysterium der Trinität wird verstehbar als das Geheimnis des trinitarischen Umgriffenseins eines Menschen, der in der Begegnung mit Jesus als dem Christus der Sinnhaftigkeit seines Woher und des Heils seines Wohin innewird. Er begreift sich »dreifaltig« und er ist ein »dreifaltiger Beter«[36].

Er findet sich unter der Macht des Geistes, an der Seite des Sohnes, im dankbaren und hoffenden Gegenüber zum Vater. In seinem dreifaltigen Gebet erfaßt er sich als hineingenommen in das Handeln, ja in die Selbstverwirklichung des dreieinigen Gottes.

4.1 Dreifaltiges Beten als Antwort auf den Anruf des dreieinigen Gottes

4.1.1 Beten im Geist

Wer im Geist betet, betet nicht, weil er sich aufgrund göttlicher Anweisung moralisch dazu verpflichtet fühlte. Sein Gebet ist auch nicht dadurch ausgelöst, daß er von irgendeiner außerirdischen Instanz etwas erreichen möchte, das ihm andernfalls versagt bliebe. Sein Beten findet nicht darin seine Begründung, daß er seine psychische Balance oder irgendwelche Impulse zur Selbst- und Weltveränderung darin gewänne. Er betet »von selbst«. Er wird dessen gewahr, daß sein Beten und Bitten längst sich vollzieht, ehe er es artikuliert und – vielleicht – in eine jener überkommenen Formen gießt, die mit einer Anrede Gottes beginnen, per Du ihre Anliegen vorbringen und mit Amen enden. Angesichts seiner Nähe zu asiatischer Religiosität mag der Vergleich problematisch erscheinen – und doch ist er aussagekräftig: Mit dem Gebet verhält es sich wie mit dem Atmen – ich atme, auch ohne mir dessen bewußt zu sein, kann mir aber andererseits mein Atmen bewußt machen. Es wird damit deutlich, daß wohl mein Leib, meine eigene gesamte Existenz es ist, was durch den Atem Sauerstoff und Lebensmöglichkeit erhält – und zugleich muß ich zugeben, daß nicht ich es bin, der sich die Möglichkeit zum Leben dadurch beschaffen könnte. Nur weil es etwas ist, das ohne meine Planung, ohne meine Initiative und ohne mein Durchhaltevermögen »von selbst« sich vollzieht, vermag es mich am Leben zu erhalten; anders wäre es gerade nicht möglich. Ich erfahre somit, wenn ich es mir bewußt zu machen vermag, mein eigenes Atmen als etwas Fremdes, als etwas, das mich erfaßt und trägt, das gleichsam Tag und Nacht mein Segel unter Wind hält. In unserem Atmen spiegelt sich unser Bedürfnis, das uns Lebensnotwendige aufzunehmen und das Verbrauchte und Belastende abzugeben – ein Bedürfnis, das wir in unserem Beten wiederkehren sehen. Die Grundsituation des Menschen ist daher, als »Sprachsituation« beschrieben, zu eng gefaßt[37]. Die Grundsituation des Menschen ist seine Bedürftigkeit und sein Verlangen nach Erfüllung. Was der Mensch sprachlich »tut«, ist ebenso wie alles andere, was er unternimmt, schon Ausfluß dieser Grundsituation der nach Erfüllung verlangenden Bedürftigkeit. Luther hat in der bekannten letzten Notiz vor seinem Tod die Urbefindlichkeit des Menschen als ein »Betteln« beschrieben. Unsere ganze Existenz ist »Betteln«, »Bitten«, Suche nach dem, was wir brauchen, Verlangen nach dem, was uns erfüllt, Handeln in der Hoffnung, wir könnten es gewinnen. Unsere »Seele«, die sich nach dem Bericht der Schöpfungsgeschichte dem »Odem Gottes« verdankt, wird in der Sprache des Alten Testaments mit einem Wort charakterisiert, das die Kehle, den Schlund, den Rachen bezeichnet – dasjenige in uns, was um Luft ringt: Die Kamelstute schnappt nach Luft in der Gier ihrer »Seele« (Jer 2,24)[38]. Wir teilen diese Bedürftigkeit mit der außermenschlichen Kreatur, von deren Sehnen und Stöhnen Paulus spricht (Röm 8,22f). Wer im Geist betet, wird seines und allen Seufzens gewahr. Er bekennt sich zu seiner Bedürftigkeit. Er gesteht sich ein, wie sehr er darauf angewiesen ist, daß er »Luft kriegt« – in der Stickigkeit des gewohnten Alltags, aber ebenso in der würgenden Angst der besonderen Not. Als Eingeständnis dieser elementaren Bedürftigkeit kann ihm auch die konkrete Bitte in einer konkreten Situation selbstverständlich werden, ohne daß er danach fragt, was mit ihr »geschieht«. Er »verläßt« sich, läßt es zu, daß er »Bitten« hat, ja daß er ganz und gar »Bitte« ist.

Wer im Geist betet, sieht sich hineingestellt in die große Gemeinschaft der Bedürftigkeit, die so weit ist, wie die Schöpfung reicht. Wer im Geist betet, nimmt teil am Leiden und Stöhnen und Harren der unerlösten Kreatur. Er spricht die Bedürftigkeit alles Seienden aus, in ihm gewinnt Stimme, was keine Stimme hat: die Angst des gehetzten Wilds, das Welken der Blume, das Ermüden technischen Materials. Wer im Geist betet, nimmt teil an aller menschlichen Sehnsucht, die auf Erden ist, war und sein wird. Sein Bitten lebt inmitten der Schreie und des stummen Entsetzens über das, was Menschen einander antun. Es ist umgeben von dem traurigen Blick aller hungernden Kinder auf dieser Erde, von der Trostlosigkeit, die in unseren Anstalten herrscht, ist umweht von den Gedankenfetzen, die in den Häusern der Unglücklichen sich nicht mehr zu einem Gewebe zusammenfinden. Das Gebet im Geist entdeckt sich so inmitten des Betens und Bittens aller Religionen. Es gibt auch in der Christenheit Gebetspraxen, die schon durch die äußere Haltung des Meditationssitzes und des Sich-Niederbeugens zu Beginn und am Ende der Gebetszeit die Gemeinsamkeit mit den Betern anderer Religionen zu Bewußtsein bringen – mit der Versenkung in buddhistischen Klöstern und hinduistischen Ashrams, mit dem Sich-Niederbeugen der gläubigen Mohammedaner in ihren Moscheen, mit dem Niederfallen des Mitglieds einer primitiven Stammesreligion, worin auch die Verbindung zum außer- und vormenschlichen Gestus des Bittens wiederum sichtbar werden kann.

Wer im Geist betet, entdeckt darüberhinaus sein Gebet umgeben von Verhaltensweisen, die äußerlich nichts mit Gebet gemein haben, ja ihm eher zu widersprechen scheinen: Auch Planen und Entwerfen, Bauen und Schaffen, dem Erdboden oder dem Schicksal etwas »abringen«, Arbeiten in jeder Form – all das sind Weisen, eigene Bedürftigkeit zum Ausdruck zu bringen und mit ihr umzugehen. Der Beter im Geist sieht sich von daher verwandt der Gemeinschaft der Arbeitenden, ja er erkennt, wie sehr sein eigenes Bitten und sein Arbeiten, Planen und Hoffen ineinander liegen. Freilich – die planende, den Mangel scheinbar oder wirklich behebende Arbeit kann aus der Haltung des Bittens um Gelingen umschlagen in die hybride Verweigerung allen Bittens und »Bettelns« – nicht anders als umgekehrt das mißverstandene, sich absolut setzende Gebet zum Mißtrauen gegenüber menschlicher Aktivität zu führen vermag. Die menschliche Initiative kann sich vorgaukeln, sie sei in der Lage, Bitten aufgrund eigener Anstrengung zu »erhören« und zu erfüllen. Bislang ist freilich ein, wenn auch noch so leises, Bitten bei allen derartigen Bemühungen unüberhörbar. Wer im Geist betet, wird gewahr, von wieviel süchtigem, ungeduldigem, die Armseligkeit des Bedürfens nicht ertragendem Bitten sein Beten erfüllt ist! Wer im Geist betet, erfaßt, daß er in Wahrheit nicht bitten kann. Es bedarf eben des Geistes selbst, damit nicht andere Geister sich zum Anwalt menschlicher Sehnsucht machen, damit das Gebet, die Arbeit, alles, was der Mensch in seiner Sehnsucht unternimmt, nicht zu einer dämonischen Selbstbefriedigung der Menschheit führt, die den Menschen um die eigentliche Erfüllung seiner Sehnsucht bringt. Alles Beten *im Geist* ist daher auch Beten *wider die Geister*, Beten darum, »daß der böse Feind keine Macht an mir finde«[39]. Wer im Geist betet, erkennt sein Beten immer wieder unter dem Gericht; er bekommt eine Ahnung davon, daß sein Gebet weit davon entfernt ist, etwa die reine Hingabe des Bedürftigen zu sein. Obwohl die Bedürftigkeit unsere Grundsituation ausmacht, die wir letztlich mit der gesamten Schöpfung teilen, vermögen wir nicht zu beten, »wie sich's gebührt« (Röm 8,26).

Damit kommt die allerwichtigste Funktion des Betens im Geist in den Blick: Der Geist »vertritt« uns. Er gewinnt Raum in uns, so daß wir uns nicht bedrücken zu lassen brauchen von unserer Unfähigkeit, auch nur zu bitten, sondern in Freiheit und Zuversicht »Abba« rufen (Röm 8,15; Gal 4,6). Das heißt nun nicht, daß uns der Geist dazu in die Lage versetzte, mit einem theistisch verstandenen »himmlischen Vater« zu rechnen. In einer Zeit, in der das Bild vom »Vater« nicht problematisch schien, konnte sich das Vertrauen, das der Geist im Betenden weckte, problemlos mit diesem Bild verbinden und an ihm artikulieren. Heute, da das weithin nicht so ist, darf das Bild die Sache, die es vertritt, nicht beeinträchtigen. Wer im Geist betet, findet sich dazu ermächtigt, zu hoffen und zu vertrauen, in Freiheit als Erwachsener seinen Weg zu gehen, nicht als »Knecht«, sondern eben in selbstverständlichem Vertrauen und unter Inanspruchnahme des ihm zugedachten »Erbes« (Röm 8,14f). Wer im Geist betet, gewinnt darin den Mut zu bitten, zu handeln und zu leben in der Gewißheit, daß seine Bedürftigkeit nicht in die Bitterkeit endgültigen Zukurzgekommenseins führen wird, sondern in die Fülle und Freiheit, die der ganzen Schöpfung verheißen ist.

4.1.2 Beten zum Vater

Wer im Geist betet, wird sein Beten nicht mehr ohne weiteres im Dialog-Modell unterbringen. Er, zu dem er betet, ist ja im Betenden und im Gebet schon anwesend, schon wirkungsmächtig. Der Vater muß nicht erst »angerufen«, »angesprochen« oder gar aufmerksam gemacht oder herbeizitiert werden – nicht nur, weil er weiß, was wir brauchen, »ehe denn wir bitten« (Mt 6,8): Dies wäre ja noch durchaus nach dem Dialog-Modell gedacht. Vielmehr ist der »Vater« dem Bittenden insofern bereits gegenwärtig, als er selbst in ihm das Vertrauen zum »Vater« erweckt – womit freilich das Bild vom »Vater« auch schon transzendiert ist. Wer im Geist betet, entdeckt sich als in die Beziehung zwischen Gott und Gott hineingenommen – Gott ist nicht einfach als Vater zu identifizieren. Gott erweist sich darin als wirksam, daß der Glaubende und Betende die Projektion des Vaters wagt, sie ausprobiert, in Anspruch nimmt, gelten läßt und mit ihr lebt. Gott »ist« nicht der Vater, sondern Gott »geschieht«, »verwirklicht sich« (all solche Aussagen müssen korrekterweise in Anführungsstriche gesetzt werden) darin, daß Menschen ihn als »Vater« gelten lassen, ihn als »Vater« in Anspruch nehmen. Dies trifft natürlich genauso für andere Gottesprädikationen zu – für den Glauben an Gott als den »Allmächtigen«, den »Herrn«, den »guten Hirten« und »Freund«. Das Beispiel der Gottesprädikation »König«, die im Alten Testament häufig auftaucht, zeigt, in wie starkem Maße derartige Prädikationen von dem jeweiligen soziokulturellen Umfeld des Menschen abhängen. Das Bild vom »Vater« hat sich bislang als vorrangig erwiesen, aber als der für alle Zeiten passende Schlüssel zum Geheimnis der abgrundtiefen Liebe Gottes wäre es zweifellos überfordert[40]. Gott »ist« nicht der Vater des verlorenen Sohnes und aller verlorenen Söhne, aber mit Gottes Zuwendung zu uns allen verhält es sich wie mit dem väterlichen Freigeben, Ausschauen und Bereitsein, von dem das Gleichnis erzählt. Darum ist es, solange das Bild vom »Vater« verständlich und hilfreich bleibt, sinnvoll und legitim, Gott als »Vater« anzurufen, obwohl die Wirklichkeit seines »Vater-Seins« damit nur unzureichend angesprochen wird.

Das Gebet ist damit keineswegs etwa heruntergekommen zum psychisch hilfreichen Medium, zur besonders intensiven Form des Umgangs mit einer Fiktion, die sich mindestens auf Zeit als therapeutisch brauchbar erweist. Das Bild von Gott, dem »Vater« (oder dem »Herrn«), ist, innerhalb der Grenzen eines positivistischen Wirklichkeitsverständnisses betrachtet, natürlich eine Projektion – und doch hebt es gerade als Projektion dieses Wirklichkeitsverständnis selbst aus den Angeln. Es entzündet die Hoffnung, daß die Sinnhaftigkeit des Lebens nicht aufgeht in dem, was positivistische Analyse – aus dieser Wirklichkeit geboren und auf sie begrenzt – als »wirklich« auszumachen vermag. Zumal im Gespräch mit demjenigen, der Wirklichkeit vordergründig und eindimensional bemißt, dürfen wir zugeben: Tatsächlich gehen wir, formal gesehen, im Gebet mit einer Projektion um. Gerade darin aber liegt die Chance, die utopische Kraft und die archimedische Basis allen Betens! Nur so kann Gebet wirklich das sein, was es ist. Es vermag die Wirklichkeit, die uns umschließen, ängsten oder mit sich abspeisen möchte, nur dann zu sprengen, wenn es sich auf etwas anderes denn auf positivistisch greifbare Wirklichkeit bezieht. Zur möglicherweise gefährlichen, weil narkotisierenden Fiktion kann das Gebet, theologisch gesehen, gerade dadurch werden, daß ihm der Charakter der Fiktion, den es – im Sinne positivistischer Logik betrachtet – tatsächlich hat, abgestritten wird. Wer Gott als einen – nur eben nicht sichtbaren – Teil der Wirklichkeit betrachtet, der lästert ihn. Wer Gott im Gebet als einen fiktiven Vater anspricht und diese Projektion nicht zu transzendieren vermag, der mißbraucht den »Namen« Gottes; denn Gott hat nicht einen »Namen wie ein Mensch«[41]. Er läuft Gefahr, etwas Gotteslästerliches zu tun: Nämlich die Wirklichkeit Gottes schrumpfen zu lassen zu einem großen Ohr, in das der Einsame seine Frustration hineinschreien oder hineinflüstern kann[42].

Mögen sich für uns heute mit dem Gedanken an »Gott den Vater« besonders viele Möglichkeiten des Mißverständnisses verbinden – für die Zeitgenossen Jesu bestand eine große Entdeckung und eine unerwartete Entlastung darin, daß der Mensch den unnahbaren Gott anreden durfte mit einem Wort, mit dem man in der Alltagssprache einen der allernächsten Menschen anredete, den man hatte: Abba. Worin liegt der trotz aller soziokulturellen Veränderungen noch erkennbare Sinn dieser Gottesprädikation?

Für urchristliches Empfinden war mit der Freiheit, Gott als Vater ansprechen zu können, sicher eng das Bewußtsein der Innigkeit und Ungestörtheit des Verhältnisses zwischen Gott und den Glaubenden verbunden. Erwirkt und vermittelt war es durch Jesus Christus. Gott galt nicht als der »Vater« schlechthin, sondern als der »Vater Jesu Christi«, der in Jesus Christus, seinem Sohn, allen Menschen Vater sein wollte. Die Nähe des Gottesgeistes, das Sein Christi im Glaubenden und das Sein des Glaubenden in Christus radikalisierte das Selbstverständnis des Glaubenden als eines Kindes im Gegenüber zum Vater. Das altchristliche Credo hat den Vatergedanken alsbald mit dem Bekenntnis zum »Allmächtigen«, zum »Schöpfer Himmels und der Erde« verbunden. Wer Gott als Vater anruft, bekennt, daß er nicht aus eigener Kraft und Entscheidung lebt. Er erfaßt sich als »geschaffen«, als einen, der seine Existenz nicht sich selbst verdankt, und der sich sein Dasein nicht selbst gewähren kann. Zu den Wundern, derer er dabei gewahr wird, gehört jedoch dies, daß er diesen Gedanken überhaupt zu denken vermag, daß er bitten, hoffen und seiner Hoffnung in Projektionen Ausdruck geben kann. Er sieht sich vor der Möglichkeit, seine Bitte und seine Hoffnung zu formulieren und zu adressieren, ohne daß er ihr Woraufhin beschreiben könnte. Er findet sich vor die Wahl gestellt, dies beispielsweise als Selbstgespräch abzutun oder auf dieses sein eigenes Gespräch mit sich selbst, dem das Selbst als letzter Adressat sich alsbald entzieht, zu hören und die Botschaften des Geschaffenseins ernstzunehmen und zu entschlüsseln. Im Gegenüber zu Gott, den er dann vielleicht durchaus »Vater« nennen wird, leuchtet ihm auf, daß »*vor* allem, was wir sagen und was wir ihm zuwenden können, wir selbst sein Wort an uns sind«[43].

In unserer psychosomatischen Identität, wie sie nun einmal geworden ist, können wir uns sozusagen als eine Botschaft an uns selbst vernehmen: Ihr Inhalt transzendiert den Text, den wir vordergründig darstellen mögen. Was hat es mir zu sagen, daß ich bin, wie ich bin – daß ich überhaupt bin? Auch die mannigfachen Beziehungen, in denen wir leben, können zu sprechen beginnen: »Du bist Vater; du weißt, wie du zu deinem Kind stehst; du weißt, was sein Bitten für dich bedeutet . . . Sieh hier den Spiegel deines Gottes. Du bist dir selbst der Zeuge Gottes. Die Liebe, die in dir lebt, ist Zeugnis und Bürgschaft der göttlichen Liebe.«[44]

Etwas davon zu erfassen und gelten zu lassen, wird uns nicht immer leicht fallen. Wie soll der Leidende, der Sterbende sich als Gottes Wort an sich selbst verstehen? Wie soll der Mitleidende im Leiden und Sterben anderer Gottes Wort an diese und an sich selbst erkennen? Wer zum Vater betet, bekommt es mit erheblichen Widerständen zu tun – er bittet trotz alles Bösen, Leidvollen, Quälenden, das ihm bewußt ist. Worin könnte schon das »Wort« von Auschwitz, das »Wort« eines Krebsleidens bestehen, will man es nicht als Zynismus abtun, nach einem solchen »Wort« überhaupt zu fragen? Es wird doch wohl immer ein Wort sein, das von Schuld spricht, von Versagen, menschlicher Niedertracht, von verfehltem Lebenssinn – ein Wort, das Gott und den ihn Bittenden anklagt. Wer zu Gott dem Vater betet, tut dies im Widerstand gegen sein moralisches Bewußtsein, im Widerstand gegen die zahllosen Einwände, die sich aus den Qualen menschlichen Leidens und aus der Lethargie menschlicher Unfähigkeit zum Guten, ja aus den Schrecknissen menschlicher Bereitschaft zu allem denkbaren Bösen gegen das Gebet erheben. Wer zu Gott dem Vater betet, tut dies wider besseres Wissen und Verstehen. Er bittet nicht, weil er eingesehen hat, wie sinnvoll und hilfreich das Gebet ist, sondern angesichts der Erfahrung, daß das »Beten auch nichts hilft«, daß Gott verborgen bleibt, daß es unbegreiflicherweise irgendwie mit Gott zu tun haben muß, wenn Qualvolles geschieht. Wer zu Gott dem Vater betet, betet im Widerstand gegen das Böse, gegen die Sünde, gegen sich selbst. Er ahnt ja einen Zusammenhang zwischen seiner eigenen Lebensweise, seiner Schuld, seiner Destruktivität und der Unansprechbarkeit des »Vaters«. Er findet sich selbst auf der Seite derjenigen Kräfte, die der Erhörung seines Gebets im Wege stehen. Irgendwie bejaht auch er die selbstzerstörerischen Funktionsgesetze dieser Welt. Das nimmt ihm das innere Recht zur Bitte. Sie müßte sich ja – in Luthers Sprache – an den legitimerweise »zornigen Gott« wenden. Luther nahm gerade diesen Gesichtspunkt sehr ernst: »Siehe, ein solch groß Ding ist's, zu Gott zu kommen, daß man durch seinen Zorn, durch Strafe und Ungnade zu ihm breche als durch eitel Dornen, ja durch eitel Spieße und Schwerter.« Das sei das wahre »Rufen des Glaubens« – es flieht »wider Gott zu Gott«[45]. Psychologisch gesehen, bedeutet das: Die irritierende, mit den Ansprüchen des Über-Ich sich verbündende, niederdrückende Projektion eines »zornigen Gottes« wird im Glauben, im Blick auf Jesus Christus, überwunden durch den gnädigen Gott selbst, den wir, hineinverwoben in unser positivistisches Wirklichkeitsverständnis, freilich nicht anders zu denken vermögen als wiederum mit Hilfe unseres Projektionsvermögens. Der Glaube an den Gott, der »hinter« unseren Projektionen und unserem Projektionsvermögen steht, erwächst uns im Zerbrechen verfehlter Vorstellungen von Gott und in der Kraft der Botschaft von Jesus Christus[46].

Der Verzicht auf vertraute Projektionen ist nicht, wie die Theologen oft annehmen, in erster Linie ein intellektuelles Problem. Das wissen die Leidenden. Der Autor des Gedichts, das Sheila Cassidy in der chilenischen Haft getröstet hat, fragt:

... Was heißt, ich überlasse mich Gott?
Sich überlassen hat nichts mit Wärme zu tun,
... die der Schoß gewährt.
Es ist nichts, was ein Kind tun kann,
   es widerfährt ihm.
Dem Erwachsenen kann es nicht widerfahren,
   er muß es selber tun.
Sich überlassen geschieht allein
   mit Jesus Christus
   und in Seiner reifen Kraft.
Es ist nicht bloß ein Lockerlassen,
   es heißt, sich loslassen und übergeben.
Es heißt Zerschneiden aller Bande,
   durch die wir die Kräfte unseres Lebens
   manipulieren,
   kontrollieren
   und verwalten.
Sich überlassen heißt,
   nichts managen,
   nichts abblocken und abschirmen,
   nichts erwarten.
...
Dann bleibt nichts mehr zu tun.
Kein Ort mehr aufzusuchen.
Tod geschah.[47]

Es bedarf einer Macht, die nicht aus uns selbst ist, wenn gegen den Widerstand der äußeren Verhältnisse, des eigenen Selbst, ja gegen Gott, wenigstens ein Stöhnen und bittendes Stammeln aufkommen soll. Zum Vater betet, wer im Geist betet – durch den Sohn.

4.1.3 Beten durch den Sohn

Es ist nicht der Weg logischer Argumentation, auf dem der Geist den Menschen dazubringt, das Gebet dennoch zu wagen, am Gebet dennoch festzuhalten. Und doch entbehrt solches Beten und Bitten wider alle Vernunft nicht eines ausweisbaren Grundes, auf den es sich bezieht. Trotzige Unbelehrbarkeit oder unerschütterlicher Optimismus reichen nicht dazu aus, einen Menschen ins Gebet zu führen, ebensowenig freilich mystisch sich gewährende oder künstlich hergestellte Begegnungen mit dem Unendlichen. Wer im Geist betet – dieser Meinung waren die ersten Christen – der betet im Geist Jesu Christi, in dem »Geist, der mit Jesus in die Welt gekommen ist«[48]. Dieser Geist ist faßbar, qualifiziert und qualifizierend; er läßt sich von anderen Geistern unterscheiden. Was Mystiker oder Psychedeliker erleben, hat zwar zu tun mit der menschlichen Verfaßtheit, die allem Beten zugrundeliegt, mit unserem kreatürlichen Schrei, mit unserer tiefen Bedürftigkeit, die noch in der Artikulation ihrer selbst sich verzerrt. Aber der Geist Jesu ist es, der die psychedelische Sehnsucht nach unendlich freier Kommunikation und das mystische Verlangen nach annehmender Antwort über sich selbst hinausführt – in anderer Richtung freilich, als sie es erwartet – nämlich hinein in die konkrete Situation, die durch das Leben, Leiden und Beten Jesu von Nazareth eröffnet ist.

Der Geist Jesu wird zunächst in den Geschichten anschaulich, die man von ihm erzählte, von seiner Zuwendung zu den körperlich und seelisch »Bedürftigen«, von seinem Widerstand gegen diejenigen, die sich als »besitzend« vorkamen. Sein Geist leuchtete aus den Gleichnissen hervor, mit denen er vom unaufhaltsamen Kommen des Reiches Gottes sprach. Sein Vertrauen, seine Zuversicht und seine Liebe steckten an: Wer in seinem Geist, in seinem Namen betete, ließ sich in seine Hoffnung und in seinen Lebensstil hineinziehen. Die Menschen, die um ihn waren, empfanden: Jesus war der, der wirklich bitten konnte, der ganz aus zuversichtlicher Bedürftigkeit heraus zu leben vermochte – er war »der Sohn« des Vaters, er war »erfüllt« von Heiligem Geist, der Betende schlechthin. Das Neue Testament bringt dies auf eine scheinbar widersprüchliche Weise zum Ausdruck: Der Sohn ist der Erhörung seiner Bitte »allezeit« gewiß (Joh 11,42), und doch muß er im Garten Gethsemane darum ringen, in seinen Weg einzuwilligen: »Es geschah, daß er mit dem Tode rang und betete heftiger. Es ward aber sein Schweiß wie Blutstropfen, die fielen auf die Erde« (Lk 22,44). Es gibt ergreifende barocke Skulpturen, die den untröstlichen Jesus am Ölberg zeigen; ein Engel –

größer als er! – legt den Arm um ihn und stützt ihn. Jesus, tief der Erhörung gewiß und radikal bittend wie kein anderer Mensch, kämpft in Gethsemane und schreit auf Golgatha den Anfang des alten jüdischen Totenpsalms in den Nachmittag seiner Kreuzigung hinein: »Mein Gott, mein Gott, warum hast du mich verlassen!« Beten durch den Sohn, daß heißt: Sich hineinmischen in seinen Schrei, schreien wie er, teilnehmen an dem Urschrei der bedürftigen, unerlösten Schöpfung, der aus ihm herausbricht. Wer durch den Sohn betet, der birgt den Schrei seiner eigenen Unerlöstheit im Schrei von Golgatha. Er holt das Schreien aller, für die er bittet, in diesen Schrei hinein – in den Schrei radikaler Bedürftigkeit, auf dem die Verheißung der Erhörung liegt. Bitten durch den Sohn, das heißt, die Situation des eigenen Konflikts und der unabwendbaren Trübsal als die Totengruft zu durchschauen, aus der die Auferstehung kommen wird, sich selbst als das Kreuz und das Grab Christi erkennen[49]. Wer durch den Sohn bittet, der birgt sich in seinem Schrei: »Mein Gott, warum hast du mich verlassen?« Das Mitschreien, das leise oder gar stumme Mitweinen mit dem Gekreuzigten birgt eigenes Leid im größeren Leiden, in jenem Leiden, in dem alles Leiden dieser Welt sich gleichsam sammelt, verdichtet und in seiner äußersten Tiefe zum Leiden Gottes wird. Wer wenigstens dies noch sagen, schreien, denken kann – »Mein Gott, warum hast du mich verlassen!?« – der kennt noch einen Weg, seinen und allen Jammer in Worte zu fassen, ins Offene hinauszuhalten. Er verzichtet so radikal auf Antwort, daß er – paradoxerweise – Antwort und Erhörung auch nicht ausschließt. Er bringt die eigene Trauer ein in das Grab der größeren Trauer, in das Grab des toten Sohnes, mit dem Gott sich identifiziert – und aus dem der Sohn »am dritten Tage auferstanden« ist von den Toten. Beten »durch den Sohn« heißt dann: Jesus auf seinem Weg folgen, sich auf Leiden, Tod – und Auferstehung einlassen: ». . . er reißet durch die Höll, ich bin stets sein Gesell«[50].

Wer betet »durch Jesus Christus, unseren Herrn«, der erfaßt auch, daß das Gebet keine Sache religiöser Genialität ist, sondern eine prosaische und armselige Angelegenheit. Er wird sich mehr und mehr darüber klar, daß es keine Selbstverständlichkeit ist, sich dem Grund und Ziel seines Daseins hoffend zuwenden zu dürfen, da der Mensch doch permanent darauf aus ist, sich aus sich selbst zu begründen und sein Ziel sowohl selbst festzusetzen wie auch in eigener Anstrengung zu erreichen. Gerade damit aber löst er sich von dem Grund, der allein ihn tragen könnte, verwechselt kleine selbstgesetzte Ziele des Alltags mit dem großen Ziel seines Lebens; deswegen nennt ihn die biblische Tradition »Sünder«. Im Gebet »durch den Sohn« aber findet er ins Ganze zurück, gewinnt er den Anschluß an die große Bewegung der Selbstverwirklichung Gottes. Die alten Dogmatiker haben Jesus Christus beschrieben als den »Mittler« und »Fürsprecher« der Menschen vor Gottes Thron. Er vermag zu bitten wie kein anderer, er, der Bittende und Fürbittende schlechthin, wird zum Gebetenen, den ich anrufen darf, ja schließlich zum Erbetenen, um dessen heilvolle Nähe ich bitte. Möge er mit seinem Schrei uns decken, möge er unsere Trostlosigkeit verwandeln in Zuversicht! Nicht von einem bestimmten Gottesbegriff oder von einem freundlich gestalteten Gottesbild, sondern von ihm her bekommt das Du, das dem christlichen Gebetsverständnis so wichtig ist, Profil. Er selbst lebt als unser »Du«, ja als unser neues »Ich« in uns (Gal 2,20)[51]. Er ist »unser Friede« (Eph 2,14), in ihm nimmt Gottes Reich auch an der Stelle, an der wir leben, im Bereich unserer irdischen Existenz, Anfang und unaufhaltsamen Fortgang. Wer durch den Sohn bittet, der läßt sich auf den Beginn der neuen Welt ein, der in Jesus Christus gemacht ist und sich seither jedem Betenden als wirksam und zukunftsmächtig erweist. Wer durch den Sohn bittet, der bestreitet dem Bösen in jeder Gestalt, dem Leid und der Sünde, die Zukunft.

4.1.4 Gottes Dreieinigkeit – das Geheimnis unseres Gebets

Beten »im Geist zum Vater durch den Sohn«, das heißt also: Sowohl der letztlich dualistische Gedanke, Gebet sei eine Erhebung des Menschen zu Gott, wie auch das Denkmodell, demzufolge es sich beim Gebet um einen (fingierten) Dialog zwischen zwei Partnern handle, muß auf ein umfassenderes Gebetsverständnis hin entgrenzt werden. Für sich allein betrachtet, finden beide Vorstellungen keine ausreichende Begründung im christlichen Gottesglauben. Ein Beten, das sich aus dem Horizont der biblischen Tradition begreifen möchte, weiß, daß es sich der Initiative des

Gottesgeistes verdankt. In ihm kommt etwas zum Ausdruck, das der ganzen Schöpfung als Sehnsucht eingestiftet ist und dennoch alles Bitten und Verstehen transzendiert. Es flieht in den Schrei von Golgatha. Daß sich in alledem der eine Gott äußert und verwirklicht, läßt sich nur dreifaltig aussagen und bekennen. Gott, den wir anrufen, ist – gerade auch im Gebet! – unserer Vorstellungskraft gänzlich entzogen. Er wohnt in einem »Licht, da niemand zukommen kann« (1Tim 6,16). Gott, den Betenden und das Gebet umgibt schlechthinniges Geheimnis. Gott wahrt sein Geheimnis – und dem Bittenden wird es schließlich genug, ja übergenug sein, wenn sich Gott ihm als Geheimnis offenbart. Dabei geht es nicht nur darum, daß der dreieinige Gott dem verrechnenden, Klarheit suchenden Zugriff des logischen Verstehens unzugänglich bleibt. Gewichtiger ist für den Bittenden dies, daß er den dreieinigen Gott auch existentiell nicht »verstehen«, nicht »durchschauen« kann. Gott ist nicht etwa der gütige Vater, der plötzlich unverständlicherweise Dinge zuläßt, die man nie von ihm erwartet hätte, so daß man nun nur mit Hilfe krampfhafter Erinnerungs- und Rationalisierungsversuche an seiner Identität festhalten kann. Der dreieinige Gott ist der verborgene Gott. Sein Geheimnis ist nicht das des sanften Lichtes, in dem man sich gleichsam baden kann. Sein Geheimnis ist das des Feuers, das den Menschen versengt, wenn er ihm zu nahe kommt. Sein Geheimnis schmerzt, denn es steht gar nicht zur Debatte, ob der Mensch sich ihm nähern will oder nicht: Gott ist uns nahe – alles Leiden ist Ausdruck dieser schmerzenden, verletzenden, tötenden und in die Hölle schleudernden Nähe des geheimnisvoll dreieinigen Gottes. Wer aber nun »im Geist zum Vater durch den Sohn« betet, der lernt seine Situation als ein Sein vor und in dem dreieinigen Gott erkennen. Er erfaßt sich als bezogen auf dieses undurchdringliche Licht- und Feuergeschehen, das er nur ahnungsweise und in unzureichenden Bildern kennt. Er weiß, daß er nicht von sich aus rufen kann – und wird gewahr, daß ihm selbst das abgenommen ist durch den Gottesgeist. Er sieht, daß seine Sehnsucht nur immer wieder in die Melancholie vorläufiger Erfüllungen führt, wenn sie nicht gar in die Bitterkeit von Resignation und Verzweiflung mündet. Er wagt es dennoch, dem Schicksal zu begegnen, wie er einem Vater entgegentreten würde, der es letztlich gut mit ihm meint. Er nimmt wahr, daß er in einer tragischen Fehlorientierung seiner Existenz keine Möglichkeit und kein Recht hat, auf Erfüllung und Bewahrung zu hoffen – und er läßt sich doch hineinholen in den Schrei und in das Grab Christi, aus dem das Leben kommt. So ist der dreieinige Gott zwar gänzlich dem Betenden *ent*zogen, und doch erkennt ihn der Betende als gänzlich *be*zogen – auf den Betenden und seine Welt, ja als sich hingebend an den Menschen zur Rettung aller Kreatur.

Gottes Beziehung zum Menschen als eine dreifaltige zu beschreiben, in der sich der eine Gott seiner Schöpfung zuwendet, ist ein Denkversuch des Glaubenden und Betenden, der sich aus dieser Beziehung heraus begreift und erfährt. Drei wichtige Anliegen sind dabei erkenntnisleitend: Der im Gebet anzurufende Gott ist vor allem Rufen-Können dem Bittenden nahe, ja in ihm gegenwärtig. Damit wird einer Objektivierung Gottes gewehrt, wie sie vor allem das theistische Denkmodell nahegelegt hatte. Zugleich ist Gott jenseits und außerhalb alles dessen, was ein Mensch denken oder sein kann, Gott steht ihm als Schöpfer und Richter gegenüber. Damit wird eine Subjektivierung Gottes verhindert, auf die hin alles mystische Denken drängt; Gott verflüchtigt sich nicht zu einem intrapsychischen Geschehen[52]. Gott steht so weit außerhalb des betenden Menschen, wie er ihm innerlich gegenwärtig ist[53]. Jesus Christus ist der wahre Beter, in dem beides zueinander findet: die radikale Bedürftigkeit des Menschen und die überquellende Liebe Gottes. Abstrakt formuliert, mag dies als eine harmonische spekulative Konstruktion erscheinen.

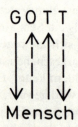

Abb. 11: Theistisches Gebetsverständnis

Das theistische Gebetsverständnis arbeitet mit dem Denkmodell eines anthropomorph gedachten Gegenübers von »Sender« und »Empfänger«, wobei sowohl Gott wie auch der Mensch beide Funktionen übernehmen können.

Der Bittende erlebt es als einen dynamischen Prozeß. Wer »im Geist zum Vater durch den Sohn« betet, nimmt teil am Selbstvollzug des dreieinigen Gottes, am Lebens- und Schaffensprozeß von Gottes Selbstverwirklichung.

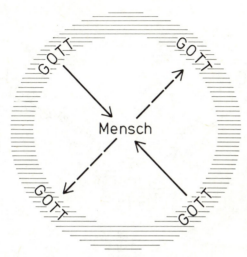

Abb. 12: Nicht-theistisches (mystisches) Gebetsverständnis
Das nicht-theistische (mystische) Gebetsverständnis sieht den Menschen von Gott (vom Göttlichen) umfangen als von der Atmosphäre, die ihn umgibt und zum Leben befähigt. Beten heißt hier: Im Rhythmus des Ein- und Ausatmens die Bedingungen des Lebens wahrnehmen.

Eine doppelte Abgrenzung mag das noch verdeutlichen: Das trinitarisch umgriffene Gebet sucht keineswegs etwa eine »Dreifaltigkeitsschau«, wie sie Gertrudis Schinle[54] schildert: »Im Licht des Glaubens ist es uns möglich, Gott, den Unsichtbaren, mit dem Herzen zu schauen. Wir sollen uns schon in diesem zeitlichen Leben einüben in der Schau des dreieinigen Gottes ... Vielleicht findest Du in der Tiefe des Herzens Sein Bild: Drei Männer in weißen Gewändern von erhabener Würde und hinreißender Schönheit ... Du bist eingenommen worden von der Ruhe des Dreieinen, und nach einer Weile merkst du, daß Er deinen Blick erwidert ...« (Du wirst) »langsam im Innern die göttlichen Personen voneinander unterscheiden ...« Hinter diesem Text stehen gewiß tiefe, eine Existenz erschütternde und tragende Erfahrungen; deswegen ist es nicht angebracht, ihn mit ein paar theologischen Handgriffen zu destruieren. Im Gegensatz zu ihm jedoch will trinitarisch umgriffenes Gebet nicht in erster Linie »schauen« und schon gar nicht bestimmte Vorstellungen der Tradition meta-

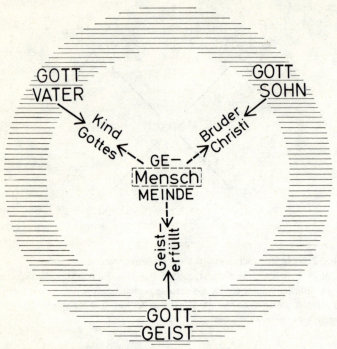

Abb. 13: Trinitarisches Gebetsverständnis
Das trinitarische Gebetsverständnis überwindet die Alternative zwischen dem theistischen »Sender-Empfänger-Prinzip« und dem nicht-theistischen »Atmosphäre-Modell«: Der bittende Mensch, inmitten der betenden Gemeinde, sieht sich als Kind Gottes, als Bruder Christi und als erfüllt vom Heiligen Geist. Er findet damit den Ort seines Bittens Gott *gegenüber* und zugleich *in* Gott. Er nimmt sich wahr inmitten eines trinitarischen Geschehens, das ihm die Anrede Gottes als eines »Du« möglich macht und das doch nie in diesem »Du« aufgeht.

physisch oder psychologisch fixieren. Der dreieinige Gott ist der Gott, von dem man sich schlechterdings kein Bild machen darf, obwohl schon das Wörtchen »der« und das Zahlwort »drei« bzw. »eins« in diese Richtung drängen wollen. Von Gott läßt sich nur sagen, denken und betrachten, in welcher Beziehung er zu uns und zu der uns umgebenden Welt steht.

Jedoch weiß sich das trinitarisch umgriffene Gebet – und das ist die zweite Abgrenzung – auch zu mehr ermächtigt als zum dankbaren Bedenken der Heilsgeschichte, wie es Luther seinem Freund Peter, dem Meister Balbierer, anhand der drei Glaubensartikel vorschlägt[55]: Den Vergleich dieser Passage mit dem Meditationstext von G. Schinle finde ich höchst aufschlußreich. Der erste Artikel lehrt, »was du bist, wo du herkommst, wo Himmel und Erde herkommen. Denn du bist Gottes Geschöpf, Gemächte, Kreatur und Werk«. Im Blick auf den zweiten Artikel sehen wir, »wie wir durch Christum, Gottes Sohn, erlöset sind von dem Tode«, während uns »das dritte große Licht« lehrt, »wo solcher Schöpfer und Erlöser auf Erden äußerlich zu finden und anzutreffen sei« – nämlich in der christlichen Kirche – »und wo es alles zuletzt bleiben werde«. Der sich als trinitarisch umgriffen wissende Beter meditiert nicht allein den Hergang und die Zukunft der Heilsgeschichte, sondern er erkennt sich als ihr Teilmoment. Auch Luther scheint in diese Richtung zu denken, wenn er rät: Du mußt »dich selbst für einen unter den Kreaturen Gottes rechnen« und ebenso für einen »Erlösten halten«. Aber es führt doch noch einen Schritt weiter, im Akt des Gebetes selbst den dreieinigen Gott gegenwärtig und am Werk zu sehen: Der Schöpfer läßt mich durch meine psychophysische Konstitution hineinverwoben sein in die Gemeinschaft allen Bittens, der Erlöser gewinnt mir das Vertrauen zur Sinnhaftigkeit meines Bittens gegen alle Einwände ab und baut Widerstand gegen das Böse in mir auf. Der Heilige Geist bringt dieses mein Gebet in Gang, trägt es über sich hinaus und ordnet es der kommenden Welt des Gottesreiches zu, die auch auf dem Wege über (und gegen!) mein Tun und Lassen dabei ist, sich durchzusetzen.

4.2 Das Gebet als Ort der Selbstverwirklichung Gottes und der Menschen[56]

Von Gottes Selbstverwirklichung zu sprechen, ist in der christlichen Theologie bislang nicht üblich. Aber auch die Rede von der Selbstverwirklichung des Menschen mag manchen Christen (und Theologen) als problematisch erscheinen. Selbstverherrlichung

Gottes und Selbstverleugnung des Glaubenden galt als das klassische Gegensatzpaar. Die vielen Mißverständnisse, im Blick auf die Menschen und auf Gott, die sich damit verbanden, können uns hier nicht beschäftigen. Für unseren Zusammenhang genügt es, sich daran zu erinnern, daß Gott in der biblischen Tradition als derjenige begriffen wird, der gegen alle Widerstände und über alle Zeiten hinweg für die Seinen dasein wird: So etwa ist der biblische Gottesname »Jahwe« zu übersetzen (Ex 3,14). In der Sendung Jesu Christi hat sich Gottes Dasein für die Menschen auf eine unserem Denken geradezu anstößige Weise radikalisiert; durch die Ausgießung des Geistes »in unser Herz« (vgl. Röm 5,5) hat es sich auf eine rational nicht einholbare, aber unser Leben bestimmende Weise uns vergegenwärtigt.

Gottes Verherrlichung wird also jedenfalls nicht zu Lasten der Menschen gehen. Es sind die Götzen, die auf Kosten der Menschen sich verwirklichen, die vom Opfer ihrer Anhänger sich nähren, die vom Tode der Menschen leben. Gloria Dei homo vivens est – die Ehre Gottes ist der lebendige Mensch! So lautet eine alte christliche Grundüberzeugung. Gott verwirklicht sich darin, daß er uns zu lebendigen Menschen werden läßt, freilich nicht so, daß es dabei zu irgendeiner Form von Kooperation zwischen der Wirklichkeit Gottes und des Menschen kommt. Darauf unüberhörbar hingewiesen zu haben, ist der spezifische Beitrag der reformatorischen Theologie. Wir müssen nicht unsere Wirklichkeit einsetzen, zur Verfügung stellen, Gott als Material seiner Selbstverwirklichung anbieten, sondern – glauben. Im Glauben gestehen wir ein, daß wir nichts anzubieten haben. Glauben heißt zugreifen, in Anspruch nehmen, realistisch kalkulieren und Konsequenzen ziehen. Im Glauben lassen wir es geschehen, daß Gott uns in den Prozeß seiner Selbstverwirklichung hineinholt, wobei es tatsächlich um »uns«, unsere gesamte psychophysische Existenz geht, um uns »mit Haut und Haaren« – im buchstäblichen Sinn dieser Worte. Der Glaube ist daher verschwistert mit unserem Planen und Hoffen und mit unserem Handeln und Lieben. »Glaube, Hoffnung, Liebe« – das ist eine Kurzformel für das, was die Selbstverwirklichung des Christenmenschen beinhaltet. Das Gebet in allen seinen Ausprägungen ist ein Ort, an dem Gottes Bewegung auf uns zu mit unserem dadurch ausgelösten Glauben,

Hoffen und Lieben konkret zum Schnitt gelangt. »Zu sich selbst« und »zu Gott« zu kommen, ist hier nicht mehr zweierlei, denn das Selbst erfaßt sich als dreifaltig umgriffen von dem Schöpfer, Erlöser und Vollender seiner psychophysischen Existenz. Es sieht sich zugleich hineingenommen in die Gemeinschaft alles Geschaffenen und zu Erlösung und Vollendung Bestimmten, die vor dem Horizont eschatologischer Erfüllung in der Gemeinde der Glaubenden sich abbildet.

4.2.1 Die betende Gemeinde

Beten und Bitten kann, schon anthropologisch, nie auf den einzelnen Beter begrenzt gedacht werden, wenn wirklich die menschliche Existenz als solche durch Bedürftigkeit, Angewiesensein und Bitten-Müssen gekennzeichnet ist, ja wenn darin ein Zeichen von Kreatürlichkeit überhaupt liegt. Doch gilt dies nun erst recht für das trinitarisch verstandene Gebet: Das Gebet »im Geist zum Vater durch den Sohn« vereint alle, die dem Stöhnen des Geistes Raum geben, in ihrer Sehnsucht Vertrauen zum Vater gewinnen, und sich bergen in der Zuwendung des Sohnes zu Gott und den Menschen. Alles so verstandene Bitten weiß sich ermöglicht durch den dreieinigen Gott, in dem es seinen Grund und sein Ziel hat. Darum ist die zum christlichen Gottesdienst versammelte Gemeinde eine Gemeinschaft von Betern. Sie bekennen – vom Gottesgeist erfaßt, mit dem Vertrauen zum Vater erfüllt und durch das Leiden, Sterben und Auferstehen des Sohnes zum Gebet ermächtigt. Im gemeinsamen liturgischen Gebet bringen sie dies zum Ausdruck und signalisieren es damit wiederum auch einander. Alles Bitten von Einzelnen wird gesammelt zum »großen« Gebet der Kirche des ganzen Erdkreises. Die pietistische Praxis der »Gebetsgemeinschaft« macht nur äußerlich und begrenzt sichtbar, was in jedem Gebet der Fall ist: Es steht im Kontext allen Bittens und Flehens der Glaubenden, die fürbittend die Sehnsucht aller Menschen und der ganzen Schöpfung vor Gott bringen. Jedes Gebet eines Einzelnen lebt bewußt oder unbewußt aus dem Anschluß an das Gebet der Gemeinde[57]; jedes Tischgebet und jeder Stoßseufzer mündet in den großen Chor der bittenden Christenheit, ja der seufzenden Menschheit und der ächzenden

Schöpfung. Die Christenheit beruft sich bei ihrem Bitten nicht auf sich selbst, sondern auf das Wort, das in ihr verkündigt wird und dem sie sich verdankt. Sie beruft sich auf das Zeugnis von Jesus, dem radikal Bedürftigen, dem gleichwohl »alle Gewalt gegeben ist im Himmel und auf Erden« (Mt 28,18) und ein »Name, der über alle Namen ist« (Phil 2,9). Das Gebet »im Geist zum Vater durch den Sohn« antwortet auf das Evangelium von Jesus, dem Christus. Losgelöst vom Evangelium droht es zu verkümmern zu einer ohnmächtigen Geste oder zu einem billigen Medium religiöser Ersatzbefriedigung. Es vermag nicht aus sich selbst zu leben. Nur wer sich immer wieder ermuntert und ermutigt sieht zu solcher Antwort auf das Evangelium, bringt die Initiative auf, gegen allen Augenschein zu bitten. Zugleich erwächst unter der Verkündigung von Jesus als dem Christus eine besondere Möglichkeit, mit der Sprache und auch mit dem eigenen Menschsein umzugehen, die dem Menschen außerhalb dieser Sprachgemeinschaft verschlossen bleibt. Wer etwas zu artikulieren vermag, ordnet es eben damit in einen Sinnzusammenhang ein. Die Erinnerung an Jesus Christus als den Inbegriff allen Sinns weist auch dem unscheinbarsten Alltagserlebnis seinen Ort zwischen Dank und Hoffnung zu. Eine neue Dimension des Sprechen-Könnens tut sich auf und bewährt sich darin, wie sie die von ihnen Berührten stabilisiert und mobilisiert.

Das Gebet der Gemeinde ist eng verwoben mit jenen dem Wort zugeordneten und es doch transzendierenden »Mysterien«[58] (so nennt sie die Ostkirche), die nach unserem westlichen Sprachgebrauch »Sakramente« heißen. Das Gebet ist, so gesehen, eine besondere Weise des Sakramentsvollzugs. Im Gebet geschieht, was in der Taufe geschieht: ein Mensch wird in den neuen Äon des kommenden Gottesreiches hineingestellt, vom Geist Gottes erfüllt, zum Bruder Christi und zum »Sohn«, zur »Tochter« Gottes erklärt. Im Gebet vollzieht sich die Absage an den alten Äon. Dem Bösen, der Sünde und dem Leid auf Erden wird der Kampf angesagt, die Dämonen werden nunmehr, wenn schon noch nicht vertrieben, so doch aufgescheucht und gejagt. Im Gebet greift, wie in der Taufe, die Zukunft des Reiches Gottes Platz.

Im Gebet geschieht auch, was im Abendmahl geschieht: ein Mensch findet, wovon er leben und worauf er sterben kann. Er läßt sich erfassen von dem Grund allen Seins, auf dem zu stehen er keinen Rechtsanspruch hat. Er läßt sich hineinnehmen in die Zielbewegung des Reiches Gottes, in der er sein Leben gewinnt: Versöhnung und Gemeinschaft, zuversichtliche Hoffnung auf das Ende allen Leides und die Beseitigung alles Bösen. Im Gebet kündigt sich gelingende Kommunikation zwischen Gott und den Menschen an, in der auch die Kreatur ihre Freiheit und Erlösung finden wird. In der Verkündigung von Jesus Christus, im Vollzug von Taufe und Abendmahl konstituiert sich der Leib Christi, verwirklicht sich Gott selbst. Wort und Sakrament können nicht ohne Antwort bleiben, Wort und Sakrament werden »in Anspruch genommen«, es kommt zu Konsequenzen, es kommt zum Gebet. So reicht denn jedes Gebet nur über sich selbst hinaus, sofern es Anteil hat an aller Antwort, die dem Evangelium erwächst[59]. Jeder Beter darf sich in der Kette aller wissen, die je gebetet haben und beten werden: »Christus und alle Heiligen treten zu dir mit allen ihren Tugenden, Leiden und Gnaden, um mit dir zu leben, zu tun und zu lassen, zu leiden und zu sterben; sie wollen ganz dein sein, alle Dinge mit dir gemeinsam haben«, führt Luther im Blick auf das Abendmahl aus[60]. Dies gilt nicht weniger für das Gebet, das den einzelnen Beter aufschließt für die Belange und Gaben derer, die mit ihm beten.

Wer all dies im Blick auf das Verständnis des Gebets für peripher hält oder gar für eine Ausflucht, die den Kern der Frage, nämlich das Problem einer »Wirkung«, einer konkreten »Erhörung« des Gebets, nur verschleiere, der hat vom christlichen Gebet nichts begriffen.

4.2.2 Der betende Mensch

Vielleicht fragt aber auch der Betende, der ein solches Verständnis des Gebets im Grunde bejaht, wo denn er selbst bleibe, wenn all sein Beten und Tun umschlossen sein soll von der dreifaltigen Beziehung Gottes zur Welt. Muß der Mensch als Individuum, muß die Welt als der Kosmos, den wir nun einmal um uns sehen, dann nicht irgendwie herabgewürdigt werden zur Bühne, auf der sich ein undurchschaubarer Prozeß göttlicher Selbstverwirklichung vollzieht? Wie steht es mit der Verantwortung des Menschen für sein Bitten, für seine Wahrnehmung und Gestaltung des Gebets? Man wird, aus der Perspektive eines trinitarischen Gebetsverständnisses gesehen, die Spannung einer dialektischen Antwort ertragen müssen:

Es ist zweifellos der Mensch selbst, *ich* bin es, der da bittet und der ja auch ganz persönliche Sorgen und Kümmernisse hat. Es ist *meine* Krankheit, *mein* Problem, das ich da vor Gott bringe, als stünde er außerhalb von mir – und er steht ja in der Tat außerhalb meiner selbst, tritt mir gegenüber als der, der mich beschenkt oder fordert, der mir etwas verweigert und nicht verhindert hat, daß ich in eine bestimmte böse Situation hineingeraten bin. Ich spreche dies vor ihm aus in *meinen* Worten, verbunden mit *meinen* Gefühlen, begrenzt auch vom Horizont *meiner* Erwartungen und Lösungsvorstellungen. Ich bin es ja auch, der sich da Zeit nimmt, innezuhalten, der vielleicht einen Gottesdienst aufsucht oder niederkniet. Wie denn einerseits Gott der »Vater« mir *gegenübersteht*, wie ich im Blick *auf* den »Sohn« Mut gewinne zu beten, so bin ich andererseits selbst Subjekt und vielleicht Objekt meines Bittens, in eigener Initiative und Verantwortung[61]. In diesem Sinn haben die neutestamentlichen Mahnungen Bedeutung: Betet ohne Unterlaß, betet für uns, für einander, wacht und betet, bittet, so wird euch gegeben[62]. Das Gebet ist, so betrachtet, auch eine Tat des Willens, eine Sache der Entscheidung und des Entschlusses. Im Gebet nehme ich meine Freiheit wahr, etwas scheinbar Nutzloses zu tun. Ich ertrage die Einwände meiner Umgebung, die ja in mir selbst gegenwärtig sind. Ich stelle mich den Stimmen, die in mir während des Gebets aufsteigen mögen; ich nehme es auf mich, mir selbst zu begegnen[63]. Das mag mich einerseits belasten, andererseits wird es mich ermutigen: Im Gebet bin ich ganz ich selbst – »vor Gott«. Vor ihm und durch ihn und in ihm erkennt der Glaubende zugleich sich selbst in seiner Würde und Freiheit – und in einer Relevanz für seine Umwelt, die über seine verschiedenen Rollenexistenzen hinausgeht[64]. Er muß sich also in der Tat darüber Rechenschaft geben, ob er für das Gebet die Zeit, die Fantasie und die Aufmerksamkeit aufbringt, die ihm zukommen sollten, ob er das Angebot auch nur annähernd wahrnimmt, das im Gebet allen Menschen offensteht. Aber wenn er nun wirklich zum Betenden und Bittenden wird, dann geht ihm im Vollzug des Gebets selber, sozusagen von innen her auf, daß es doch nicht an seiner Entschlußfreudigkeit und Einsichtigkeit oder gar an seiner Frömmigkeit gelegen haben kann, wenn er nun tatsächlich ins Beten gekommen ist. Hier herrscht dieselbe Dialektik wie beim Glauben überhaupt: Wohl ist es sinnvoll, das Evangelium zu verkündigen, seine Aussagen einsichtig zu machen und gegen Mißverständnisse zu verteidigen, die Menschen zur Entscheidung und zur Umkehr zu rufen, alle Möglichkeiten von Gelehrsamkeit und publizistischer Wirksamkeit dabei auszuschöpfen. Wenn aber ein Mensch zum Glauben kommt, wenn er anfängt zu hoffen und sein Leben zu verändern, wird gerade er dies nicht auf menschliche Aktivitäten oder gar seine eigene Initiative zurückführen, sondern auf »den Vater und den Sohn und den Heiligen Geist«. Gerade der betende Mensch erfährt sich als unfähig zum Beten, »wie sichs gebührt«. Mögen Gebetsformulare und Gebetstechniken einen Reichtum der Menschheit darstellen – sie sind auch ein Indiz menschlicher Unfähigkeit zum Gebet; Rosenkränze, Kniebänke, Sammlungen von Gebeten und Liturgien, Bücher über das Gebet wie dieses – mit welch lächerlichen Krücken versuchen wir, unsere fundamentale Unlust zum Gebet zu kaschieren! Krücken mögen ihr relatives Recht haben. Aber sie zeigen immer auch an, daß da etwas nicht in Ordnung ist, nicht von selbst läuft. Es geht ja eben nicht nur darum, daß der Mensch auf dem Gebiet der Frömmigkeit ein bißchen bequem und nachlässig ist, wenn er sich nicht gerade diese Ebene zur Arena seiner Selbstdarstellung gemacht hat. Daß wir nicht beten können, daß da »der Sohn« und daß »der Geist« für uns einspringen müssen, hängt damit zusammen, daß wir, auf uns selbst gestellt, den Anschluß an die große Bewegung der Selbstverwirklichung des dreieinigen Gottes nicht gewinnen können. Nicht so sehr unsere eigene Beobachtungsgabe, sondern vor allem Gottes Urteil bestätigt uns unsere Unfähigkeit zum Gebet, unsere Verdrehtheit noch in der Geste des Bittens. Wir sind darauf angewiesen, daß das Wort unsere Antwort hervorruft, daß die Mysterien von Taufe und Abendmahl uns in ihre Wirklichkeit hineinziehen, daß die Gemeinschaft der Glaubenden uns anrührt und ansteckt, daß der Geist in uns ächzt und daß der Sohn unser kümmerliches oder verzweifeltes Bitten hineinnimmt in den Schrei von Golgatha.

Spätestens in der Situation der Anfechtung kommt uns das zu Bewußtsein: Wir halten das Gebet in einer Intensivstation nicht von uns aus durch. Es lassen sich Situationen denken, in denen uns Hören und Sehen und eben auch das Beten vergeht. Wir können nicht von uns aus garantieren, daß uns das Gebet jederzeit eine Möglichkeit der Stärkung, Klärung und Selbstfindung sein wird. Wir wissen nicht, ob wir in unserem Gethsemane zu bitten vermögen: Dein Wille geschehe! Und wir können nicht im voraus sagen, ob es auf Golgatha bei uns wenigstens zu dem verzweifelten Schrei reichen wird: Gott, warum? Aber wir hoffen auf den Schrei, der dort geschrien wurde, unüberhörbar, ein für allemal, auch unser Flüstern, unser Verstummen, unseren Widerspruch in sich aufnehmend. Wir hoffen auf das Ächzen des Geistes in uns – und darauf, daß solches Schreien und Ächzen Antwort finden wird, wie auch immer sie aussehen mag.

In Situationen der Bedrängnis mag es uns helfen, wenn wir wissen, daß für uns gebetet wird. Die Fürbitte ist mehr als ein Akt der Solidarisierung, der einzelne solidarische Aktionen aus sich entläßt. Sie will gewiß auch erhellen, was der andere braucht und worin mein konkreter Beitrag zur Lösung seiner Probleme besteht; die Distanz reflektierenden und situierenden Betens wird sich gerade hier als besonders hilfreich erweisen. Dabei klärt sich dann auch die Beziehung, die mich mit demjenigen verbindet, für den ich bitte bzw. der für mich bittet. Nicht jeder bittet ja für jeden – wie ergibt sich die »Auswahl?« Die Fürbitte hilft, Beziehungen aufzuarbeiten und zu versachlichen, Störfaktoren auszufällen und konkrete Schritte vorzubereiten. Aber die in ihr sich zeigende Solidarität reicht weiter als Reflexion und Aktion. Sie hält durch, auch dort, wo Reflexion und Aktion an ihre Grenze geraten. Sie begleitet und erträgt es, daß sie sozusagen über sich selbst hinaus nichts leisten kann. Sie ist ein lebendiger Protest dagegen, Scheitern und Tod dort zu aktzeptieren, wo man angeblich »nichts machen kann«. Wir leben davon, daß sich Menschen in dieser aller konkreten Widerstände spottenden Zuwendung mit uns verbünden, daß sie es aushalten, nichts anderes für uns tun zu können, als in kreatürlicher Geschwisterlichkeit für uns und mit uns da zu sein. Welche Enttäuschung spricht aus den Worten Jesu, als er in Gethsemane zu seinen Jüngern zurückkehrt: »Könnt ihr nicht *eine* Stunde mit mir wachen?« (Mt 26,40). Zu der realistischen Einschätzung unserer Ohnmacht und der gleichwohl nicht aufgebenden Hoffnung für einen anderen Menschen gehört auch dies, daß wir ihn freigeben, daß wir auf eigene Vorstellungen über seine Zukunft verzichten und ihn dem anheimstellen, was – jenseits von unserem Vermögen und Verstehen – die Erfüllung seines Lebens sein wird. In manchen Gegenden war es früher üblich, daß sich Christen voneinander verabschiedeten mit dem Gruß: »Gott befohlen!« Trinitarisch umgriffene Fürbitte übt sich darin, den anderen weiterzuverweisen, ihn Gott anzuvertrauen und anheimzustellen. Es stärkt uns, wenn wir von Menschen wissen, die das für uns tun! Wir sollten deshalb wohl auch öfter wagen, es einem anderen zu sagen, daß er in unserem Gebet vorkommt. Menschen, die durch Krankheit oder Alter vom Aktionismus der Jüngeren freigestellt sind, haben früher die Fürbitte als eine gerade ihnen zugewiesene Aufgabe und damit auch als ihre Weise der Teilnahme am Alltagsgeschehen erkannt. Das in den Gottesdiensten übliche Große Kirchengebet, in dem Fürbitten aller Art gesammelt wurden, bedarf heute der Erlösung aus dem Status der nichtssagenden frommen Farce: Durch Konkretion, zu der dann auch Namen und Daten gehören, würde es eine echte geistliche und – wenn möglich – soziale und politische Funktion gewinnen.

Die trinitarisch umgriffene Fürbitte hat freilich nicht darin ihre Grenze, ob es ein Mensch weiß, daß für ihn gebetet wird. Es sind Situationen denkbar, in denen solches Wissen geradezu belasten könnte, besonders wenn jemand dem Gebet und dem Glauben ablehnend gegenübersteht. Oder es mögen uns über Zeitung und Fernsehen Nachrichten erreichen, die spontan Fürbitte in uns auslösen, ohne daß derjenige, für den wir bitten, je etwas davon erfahren wird. Schließlich gibt es Ereignisse, Katastrophen, Kriegsausbrüche, Streiks und politische Entscheidungsprozesse, die wir im Gebet begleiten. Der trinitarisch umgriffene Beter weiß, daß er sein Gebet nicht als einen Hebel verstehen darf, dessen Niederdrücken dann irgendwo auf der Welt geheimnisvolle Reaktionen auslöst. Sondern in den Menschen und in der Sache, für die er sich im Gebet engagiert, ist ja der dreieinige Gott selbst bereits am Werk – bis zur Unkenntlichkeit verzerrt vielleicht, aber doch dabei, sein Reich heraufzuführen, sich selbst zu verwirklichen. In den Menschen oder der Sache, für die ich bitte, wirkt derselbe Prozeß der heilvollen Selbstverwirklichung Gottes, der ja auch mich, den weitab davon Fürbittenden, erfaßt hat und vorantreibt. Die Fürbitte hat in diesem Fall also eine doppelte Funktion, einerseits mich an einem bestimmten Konflikt bewußt und konkret zu beteiligen, andererseits mich darin zu üben, Belastendes abzugeben und der in Jesus Christus gewissen Zukunft anheimzustellen.

Einen Sonderfall stellt sicher das Gebet für Verstorbene dar, das in den verschiedenen Konfessionen unterschiedlich geübt wird: Es schließt die Phase der direkten Beziehungen ab, die ich zu einem Menschen, seinem »Leib« und seiner »Seele« gehabt habe, und es weist ihn – in seiner psychosomatischen Gesamtheit – dem zu, den ich als die heilvolle Zukunft allen Lebens begreife.

Für das trinitarisch verstandene Bitten und Fürbitten löst sich das Gegenüber von »Bitte hier und jetzt« und »Erhörung dort und dann« auf. Bitte und Erhörung entstammen ja demselben Ursprung. Die Geschichte von Petrus und dem Hauptmann Cornelius (Apg 10) verdeutlicht das auf eine anschauliche Weise: Beide beten sie, ohne einander zu kennen, und finden nun den Weg zueinander. Hier herrscht nicht die Vorstellung von Ursache und Wirkung, sondern hier waltet ein Gewebe von Beziehungen, die in Gottes Plan ihren gemeinsamen Fluchtpunkt haben. Beten und Fürbitte tun heißt: Hineingehören in die vielfältigen Beziehungen, in denen Gottes Sache zum Zuge kommt. Inmitten unseres Bittens und Fürbittens und inmitten des Handelns und Leidens, in dessen Kontext unser Beten steht, ist Gott dabei, sich zu verwirklichen. In uns, durch uns, aber eben auch ohne unser Vermögen und gegen unser Verstehen entfaltet sich er selbst, der dreieinige Gott. Sein Reich kommt.

4.2.3 Die eschatologische Erfüllung

Was kann im Sinne eines trinitarisch verstandenen Gebets »Erhörung« heißen? Es hat sich gezeigt, daß sich eine Untersuchung des Gebetsverständnisses auf die Frage des Bittgebets und seiner Erhörung wohl zuspitzen, aber nicht einengen läßt. Das liegt im Wesen des Bittgebets selbst: Ehe denn es sich zur Bitte formiert, ist es hörendes, »betrachtendes«, dem »An-Spruch« sich stellendes Gebet[65]. Es geht auch nicht an, das bittende Gebet gegen die betrachtende Meditation abzugrenzen. Auch der Meditierende bittet, er ist dann in seiner ganzen Haltung eine einzige stille, unausgesprochene Bitte. Vielleicht können heute viele Menschen gerade diese Weise des Bittens noch am ehesten verstehen, weil es dem »Warten« entspricht, das jedermann aus den vielfältigsten Situationen kennt. Die Sprache von Luthers Bibelübersetzung bringt das zum Ausdruck mit dem fast ganz aus dem heutigen Sprachgebrauch verschwundenen Begriff »Harren«: »Ich harre des Herrn, meine Seele harrt« (Ps 130,5). Schon mit diesem Warten und Harren ist die Vorstellung einer vordergründigen »Erhörung« in einem konkreten Anliegen gesprengt: Es geht um mehr. Das trinitarisch orientierte Gebetsverständnis zeigt, daß das Denkmodell von »Bitte« und »Erhörung« eng begrenzt ist und, wenn es isoliert bleibt, der Wirklichkeit des Gebets nicht entfernt gerecht werden kann. Die Vorstellung eines »Hörenden«, der da irgendwo die Bitten der Menschen entgegennimmt und dann nach Gutdünken auf sie eingeht, bleibt nicht deswegen unbefriedigend, weil sie für viele Zeitgenossen in der Perspektive des gegenwärtigen Weltbildes eine unzumutbare und kaum nachvollziehbare Herausforderung darstellt. Auch im Sinne der klassischen Theologie bringt dies nur einen Teilaspekt dessen zum Ausdruck, was Beten heißt. Wenn Gott zu einem Menschen redet, meinte Luther, ist er selbst es, der »in dir hört«[66], und wenn ein Mensch zu Gott redet, so dürfen wir ergänzen, dann ist er selbst es, der in uns spricht, und möglicherweise sind wir es, die ihn »erhören«! Das Bild von der »Erhörung« einer Bitte muß entgrenzt werden.

Auch jede andere, uns für eine Weile treffender erscheinende Vorstellung bleibt ein im letzten inadäquates Bild. Was erbringt es, von »Erfüllung« des Bittgebets zu reden? Wir sprechen von der Erfüllung eines Wunsches – und mit »Gebetserhörung« ist oft nichts anderes gemeint. Wir reden aber auch davon, daß wir erfüllt seien, von einem bestimmten Gedanken, von einer Hoffnung, von Glück: Die Einzelaspekte unserer jeweiligen Situation treten dabei zurück, wenn wir solchermaßen »erfüllt« sind. Im Gebet erreicht uns etwas von der Fülle Gottes. Wir wissen nur zu genau, daß mit der isolierten Erhörung einer einzelnen Bitte sich die »Erfüllung« noch nicht ohne weiteres einstellt. Mit der Vision einer »Erfüllung« soll der Gedanke der konkreten »Erhörung«, der konkreten Wendung der Dinge zum Guten keineswegs sabotiert werden: Im Licht der Erfüllung des Bittgebets findet auch die einzelne Bitte ihre Bleibe und ihre Zuversicht. Aber radikales Bitten verlangt nach mehr als »Erhörung«. So ist das Gebet offenbar nicht dazu da, daß »es hilft«, sondern daß uns geholfen werde – in einer Weise, die das einzelne Anliegen jedoch keineswegs vergessen macht. Wo gebetet wird, da »bewegt sich die Stätte«[67].

Es gibt ja tatsächlich den Fall, daß – wider alles Erwarten – eintrifft, worum der Mensch gebetet hat: Eine Krankheit wendet sich, der Tumor ist auszuschließen; ein Konflikt löst sich, eine neue Dimension des Verstehens setzt sich durch; ein Weg tut sich auf, eine Abhängigkeit verliert ihre Kraft. Daß sich hier nicht einfach ein gleichsam objektiv zu konstatierendes Kausalitätsgesetz ausgewirkt hat, wird selbst derjenige zugeben, dem die Beziehung zwischen Bitte und erfolgter Erhörung unzweifelhaft ist: Wir können diesen Zusammenhang nicht »zwingend aufweisen, sondern wir ergänzen ihn aus unsrem Gottesglauben«[68], deuten ihn als etwas, das mit dem heilvollen Willen Gottes zu tun hat. Auch dem Beter vergangener Zeiten, der die Skrupel des heutigen Denkens gegenüber dem Gebet nicht kannte, ging es letztlich nicht um die Wirkung des Gebets, sondern um das Wirken Gottes. In diesem Sinne schrieb Adolf Schlatter, bitten heiße »Wirkung suchen, die von Gott ausgeht, die also nicht von unserem Wollen abhängt, sondern von Gottes Willen. Das ergibt das Geheimnis im Gebet und die scheinbare Regellosigkeit der Gebetserhörung, daß wir hier durch eine uns fremde Macht wirken, die über uns steht«[69]. Dies ist freilich, bei aller Veränderung der Akzente, im Rahmen eines theistischen Denkmodells formuliert. Wie aber kann derjenige von »Erhörung« sprechen, der außer Stande ist, sich ein »Wirken« im Gebet, ein gezieltes reagierendes göttliches Eingreifen, einen grundsätzlichen Zusammenhang zwischen »Ursache« im Gebet und »Wirkung« bei Gott vorzustellen? Niemand braucht die Kausalität als Erklärungsmodell für die Zusammengehörigkeit von Gebet und »Erhörung« heranzuziehen. Was kann eine aus dem Bereich der Mechanik entlehnte Erklärung demjenigen nützen, dem aufgeht, daß sein Gebet ebenso wie das, was sich im Umkreis seines Bittens tut, hineingehört in das Geheimnis des sich selbst verwirklichenden, sein Reich heraufführenden Gottes? Gerade er wird danken für »Erhörung«, auch wenn er den Begriff selbst vielleicht nicht gebraucht. Er wird sich und anderen bewußt machen, daß hier etwas geschehen ist, das dem Ziel Gottes mit einem leidenden Menschen, mit der leidenden Welt entspricht. Was immer an Befreiendem und Erlösendem geschieht, durch menschliches Zutun, auf eine »natürliche« oder auf eine näher eben nicht zu erklärende Weise, darin vollzieht sich ein Moment der Selbstverwirklichung Gottes. Es hat Gottes Reich und die Erlösung der Menschen und aller Kreatur zum Fluchtpunkt. »Erhörung« und »Gebet« können nicht kausal miteinander verbunden werden, und doch gehören sie zusammen, weil beide eine Vorwegnahme des künftigen Heils darstellen. Sie korrespondieren einander in einer Tiefe, die das »Effizienzdenken« nicht von ferne erreicht – im Geheimnis der Selbstverwirklichung des dreieinigen Gottes. Aber schon unser Alltagswissen um Sehnsucht und Erfüllung transzendiert ja das Schema von »Ursache« und »Wirkung«.

Andererseits bleiben viele Gebete scheinbar unerhört – offensichtlich unerhört, wird derjenige sagen, dem im Gebet die Hoffnung auf eine Wendung zugewachsen war und der am Ende doch vor einem Scherbenhaufen seiner Sehnsucht steht. Die Krankheit nimmt ihren Lauf, der Unfall hat die Folgen, die von den Ärzten vorhergesagt worden waren. Der Tunnel, statt endlich einen Lichtschimmer zu zeigen, wird enger und niedriger und endet vor einer Felswand in Schweigen und Nacht. Der Weg führt von Gethsemane über Golgatha in die Nacht des Todes und der Hölle. Wer im Geist und im Namen Jesu dennoch zum Vater betet, erkennt seinen Weg als Jesu Weg. Viele Beter berichten, daß die »Hölle« für sie damit zum Startplatz für ein neues, ein sozusagen unterirdisch erneuertes Leben wurde, das seine Kraft und Vitalität dann auch an die Oberfläche des Alltags zu bringen anfing. Es gibt wohl ein »Zugrundegehen«, bei dem man wirklich auf den letzten Grund stößt – sei es, daß er einen gnädig in sich aufnimmt oder daß aus der Intensität der Begegnung mit unserem Grund unerwartet Neues erwächst[70]. Ich scheue mich, an dieser Stelle sehr ausführlich zu werden; denn ich habe bislang zu viel Gutes und zu wenig Böses erlebt, als daß ich mich für kompetent halten könnte, hier mitzureden. Zudem erscheint jede Auskunft, die darlegen möchte, inwiefern das Ausbleiben der »Erhörung« sinnvoll sein könnte, leicht als billiger religiöser Trick oder gar als Zynismus. Dennoch bin ich davon überzeugt, daß die Antwort, die uns auf unser Bitten hin ja in irgendeiner Weise immer zuteil wird, ob sie nun unserer Sehnsucht entgegenkommt oder ihr radikal widerspricht, sich schließlich als ein Akt der Selbstverwirklichung Gottes und damit notwendig auch seiner Zuwendung zu uns erweisen wird. Der Glaubende denkt freilich realistisch: Er phantasiert sich die Konstitutionsbedingungen dieser Welt, die mit Sünde und Tod zu tun haben, nicht aus dem Bewußtsein. Er suggeriert nicht sich und anderen, es sei »alles nicht so schlimm«. Sondern er lernt, mitten unter den konkreten Bedingungen seines Lebens zu lieben und zu hoffen. Gerade als Bittender wird er Zeichen der Liebe und des Widerstands gegen das Böse setzen und zugleich Signale für die Sinnhaftigkeit seines Bittens entdecken.

Alles Bitten drängt ins Universale, alle Bedürftigkeit auf eine letzte Erfüllung. Nicht einzelne Lösungen, sondern Erlösung suchen wir. Darum ist es keine vertröstende Ausrede, wenn die Christenheit die letzte Erfüllung ihres Gebets am Ende der Tage erhofft. Es geht im Gebet ja auch nicht nur um meine Not, sondern um alle Not und alles Leiden auf dieser Erde, um alle Tränen und um – den Tod: Gerade die Fürbitte, die sich ja letztlich auf den engen Kreis der »Nächsten« nicht beschränken kann, hat ihren Flucht- und Zielpunkt in ihrer eschatologischen Erfüllung. Wer »im Geist zum Vater durch den Sohn« bittet, nimmt die heilvolle Zukunft, das gute Ende aller Dinge jetzt schon in Anspruch. Er läßt sich hineinholen in die Selbstverwirklichung Gottes, die darin besteht, daß Gott den Menschen und seine ganze Schöpfung befreit zur Freiheit seines Reiches. Der Betende führt es nicht herbei, aber er nimmt in Anspruch, daß es kommt. Er lebt aus ihm und gewinnt darin eine Wirklichkeit, die bleibt, weil sie teil hat an der Wirklichkeit des sich selbst verwirklichenden Gottes. Gottes Reich »kommt wohl von ihm selbst«, heißt es in Luthers Auslegung des Vaterunsers im Kleinen Katechismus, »aber wir bitten in diesem Gebet, daß es auch zu uns komme« – in jedem Gebet bitten wir darum. Gottes Reich ist nicht etwas, ein Zustand, ein Aggregat von Verhältnissen: Gottes Reich ist er selbst, seine Wirklichkeit, seine Selbstverwirklichung – die den Menschen in sich hineinziehen und die ganze Schöpfung befreien möchte. Alles dem Widerständige, Knechtende, Belastende, Schmerzende, Verdammende muß weichen und hat keine Zukunft, so sehr es auch dem Bittenden zu schaffen machen mag[71].

Der Bittende sieht sich damit hineingestellt zwischen Zukunft und Gegenwart des Reiches Gottes, zwischen die Verborgenheit Gottes und seine Verheißung. Er findet sich in der Zerreißprobe zwischen dieser seiner vorfindlichen Welt und der heraufkommenden Gottesherrschaft. Er hat Angst, aufgerieben zu werden zwischen dem Leid, das um ihn und in ihm ist, das so sichtbar und hörbar gegenwärtig ist, und der Hoffnung auf künftige Erlösung und letzte Erfüllung. Er nimmt Teil an der Spannung zwischen Gott und dem Bösen, dessen Herkunft er nicht zu erklären vermag, mit dessen Bewältigung durch Gottes Reich er aber rechnet. Er entgeht nicht dem unbefriedigenden Gegensatz zwischen der ausgreifenden Hoffnung seines Gebets und dem begrenzten Horizont seines Verstehens – auch seines Versuchs zu verstehen, was in seinem Bitten geschieht. Vielleicht keimt in ihm die Gewißheit auf eine letzte Lösung und Erfüllung auf. Vielleicht steckt er voller Zweifel und Ratlosigkeiten. Er darf auf jede Vorstellung des Gottes, zu dem er betet, verzichten: Es ist ja der »dreieinige Gott«, dem er mit Hilfe menschlicher Vorstellungen und Kalkulationen nicht beikommen kann. Wer sein Gebet und sich selbst, den Bittenden, als trinitarisch umgriffen zu erfassen vermag, wird sich nicht bedroht fühlen von einem theistischen Super-Vater-Gott, dem er Gehorsam schuldig wäre. Er empfindet sich nicht als zu einem naiven Bitten angehalten, das er rational nicht verantworten kann. Er sieht sich aber auch nicht zu mystischer Verzückung eingeladen, die ihn seine konkrete Not vergessen ließe, und er findet sich nicht als Objekt eines permanenten moralischen Appells, der ihn überforderte und in Vereinsamung und Resignation führte. Er entdeckt, wie er getragen wird von einem Vertrauen, das alle unter Menschen erfahrbare Geborgenheit übersteigt. Er sieht sich legitimiert zu einem Bitten, das allen magischen Sinn verloren hat und dennoch sinnhaft bleibt, weil es, ohne eine wundersame Wendung der Dinge herbeizwingen zu wollen, die Hoffnung auf ein Wunder, wie immer es aussehen mag, in seiner konkreten Situation wachhält. Er erfaßt, wie seine Existenz, sein Alltag und seine Umwelt hineingenommen ist in den Gesamtzusammenhang seines Lebens, der sich im Angewiesensein des einen auf den anderen, im Nehmen und Geben, im Bitten und im Sich-Beschenken-Lassen vollzieht. Er erlebt sich als inspiriert und ermächtigt zum Handeln, zur Wahrnehmung von Verantwortung und zu einer Hoffnung, welcher auch der Tod nichts anhaben kann.

Es ist die Grunderfahrung christlichen Betens: Wer zu bitten beginnt, wird gewahr, daß ihn längst das Geheimnis der Gegenwart Gottes umgibt – nicht etwa als schöne Stimmung, sondern als die Zuversicht, die ihm wider alles Leidvolle und Böse erwächst. Sein frohes oder verzweifeltes Bitten verwandelt sich zum Aufmerken auf das, was ihm die Gemeinde Jesu Christi vermittelt: Im Todesschrei des Gekreuzigten hat die Zuversicht zum Leben ihre tiefste Bewährung gefunden; der Geist des Auferstandenen durchbricht Barrieren, die aufgrund von natürlichen Gegebenheiten oder geschichtlichen Bedingungen unüberwindlich scheinen, und führt in die Freiheit des kommenden, ja bereits seine Macht entfaltenden Reiches Gottes. Im Bittgebet selbst fängt Gottes heilvolle Zukunft an, sich zu verwirklichen[72]. Der Bittende liefert sich, seine Initiative und seine Energie, seine Angst, seine Unfähigkeit und Schuld dem Zugriff des dreifaltig ihn umfangenden Gottes aus. Ihm überläßt er auch sein Verstehen und sein Gebet[73].

4.3 Konsequenzen

Die hier vorgetragenen Überlegungen zielen nicht in erster Linie auf liturgische Reformen oder die Neuformulierung von Gebeten und liturgischen Texten. Viele der überkommenen Formen sind brauchbar, wenn sie aus einem trinitarisch geprägten Selbstverständnis des Beters bzw. der betenden Gemeinde heraus Verwendung finden. Zudem gehört es zum Wesen trinitarisch begriffenen

Betens, daß es seine eigene Form immer wieder verändert, verläßt, anreichert, sprengt. Es vermag im Lauf eines Lebens vielerlei Impulse aufzunehmen; es bewegt sich in der Spannung zwischen dem kindlich vertrauensvollen Du, dem Schrei und dem Schweigen. Entwicklungspsychologische Gesichtspunkte[74] müßten in diesem Zusammenhang Berücksichtigung finden, im Blick nicht nur auf das Kind, sondern auch auf die weiteren Stufen des Lebens, auf Reife und Alter. Unser Gebet wächst mit uns – wir wachsen mit unserem Gebet. Gott verwirklicht sich in diesem Prozeß dynamischer Veränderung, den unser Gebet und darin unsere Existenz erfährt. Es muß sich dabei keineswegs um einen gleichsam organischen Wachstumsvorgang handeln. Für manchen wird es eine Entwicklung in Brüchen und Sprüngen sein, die keine einheitliche Linie erkennen läßt – über Phasen vielleicht jahrzehntelangen Nichtbeten-Könnens oder Nicht-Beten-Wollens hinweg. Auch die Sehnsucht dessen, der – im herkömmlich-kirchlichen Sinne – nicht zu beten vermag, steht in einem lebendigen Zusammenhang mit dem Beten, das sich zu artikulieren vermag.

Trotzdem legen sich einige praktische Konsequenzen aus den gewonnenen Einsichten nahe. Ich wünschte mir – im Blick auf unsere öffentlichen Gottesdienste und für mich selbst – eine Reihe von konkreten Schritten, die das trinitarische Verständnis des Gebets auch an dessen Form erkennbar werden ließen. Ich denke mir, das würde gerade demjenigen zugutekommen, der dem Beten abweisend oder enttäuscht gegenübersteht. Er fände damit vielleicht Wege, tief sitzende Vorurteile aufzulösen und sich neu auf das Geschehen von Gebet einzulassen, das in unserem unruhigen Herzen auf eine verborgene und oftmals entstellte Weise immer schon dabei ist, sich in Worte zu bringen und nach seinem wahren Ziel zu suchen.

4.3.1 Der Geheimnischarakter des Gottesdienstes

Wenn das Gebet, auch die konkrete Bitte, wie wir gesehen haben, letztlich nicht Anrede, sondern Antwort ist, nicht Aktion, sondern Reaktion, kann sein Ausgangspunkt – entgegen allgemeinprotestantischen Vorstellungen – nicht das stille Kämmerlein sein. Wer sich, körperlich oder im übertragenen Sinne, in seine vier Wände zurückzieht, wird dort den Anstoß zur vertrauenden Bitte kaum finden. Er kann sich dort auf die »Not« besinnen, die ihn beten lehrt, und auch dies hat mit dem Anruf Gottes zu tun. Wohin er denn nun fliehen soll mit seiner Not oder wie er ihr inneren Widerstand entgegensetzen soll, der über die konkrete Maßnahme hinausführt, das muß ihm von außerhalb seines »Kämmerleins« deutlich gemacht werden. Dieses Außerhalb begegnet konkret im Umgang mit dem Zeugnis der Bibel, im Gottesdienst, in der Gemeinschaft mit den Mitchristen. Nun waren allerdings die aus der Reformation erwachsenen Gottesdienstformen, soweit sie die Abendmahlsfeier nicht ausdrücklich mit einschlossen, besonders anfällig für die theistische Reduktion, die wir als ein Grundproblem des Gebetsverständnisses erkannt haben: Was im Gottesdienst geschah, galt entweder als Dienst Gottes am Menschen durch sein Wort oder als Dienst des Menschen für Gott in Bekenntnis, Lobpreis und Gebet. Das Dialog-Modell drängte sich auf. Entweder sprach Gott zur Gemeinde oder die Gemeinde zu Gott, faktisch redete der Pfarrer oder die Gemeinde. Der nahtlose liturgische Wechsel zwischen Stücken, die vom Liturgen bzw. von der Gemeinde zu übernehmen waren, verstärkte somit, ohne dies eigentlich zu intendieren, die Vorstellung, als sei Gott eine gleichsam unsichtbar anwesende Person, die in ein Interaktionsgeschehen mit den sichtbar Anwesenden eintrat: Dieses selbst war freilich auf Rede und Gegenrede begrenzt. Die Rolle der Kirchenmusik, insbesondere der Orgel, wurde, sofern sie nicht überhaupt liturgisch ungeklärt blieb, in dieser Hinsicht doch wenig fruchtbar. Die trinitarische Formel, mit der viele evangelische Gottesdienste eröffnet werden, konnte, im bloßen Wortlaut wiederholt, die in ihr liegende Kraft nicht zur Entfaltung bringen.

Ich formuliere in der Vergangenheitsform, aber – es verhält sich ja noch heute weithin so. Ich wünschte mir, das trinitarische Gebetsverständnis könnte zu einem vertieften Verständnis und zu einer sachgerechten Praxis des Gottesdienstes führen. Bestimmte Zeiten der Kirchengeschichte haben besondere Gottesdienstformen benötigt und dann auch ausgebildet. Man denke an die Entstehung des Predigtgottesdienstes im späten Mittelalter oder an die Geschichte der »Stunde« oder der »Christenlehre«. Wenn nicht alles trügt, ist von unserer Generation die Entwicklung auch eines meditativen Gottesdienst-Typs gefordert, der dem Bedürfnis des sich nicht mehr ausschließlich von seinem Intellekt her begreifenden Menschen und zugleich dem trinitarischen Gottesbegriff der Christenheit Rechnung trägt.

Formal gesehen wäre ein erster Schritt in diese Richtung getan, wenn in unseren Gottesdiensten das kreative Schweigen eine Heimstatt fände. Es müßte durch die es umgebenden Wort-Elemente so gestaltet sein, daß es nicht als Länge oder Leere mißverstanden würde. Auch von der Orgel dürfte es nicht »gestört« werden, obwohl meditative Musik ihrerseits einen eigenen Beitrag leisten könnte. Eine Einladung zum »stillen Gebet« reicht hier sicher nicht aus. Was für ein »geballtes Schweigen« könnte entstehen, wenn die Gottesdienstteilnehmer sich dazu einladen ließen, ihre mitgebrachten Sorgen und Hoffnungen, die unmittelbar anliegenden politischen und persönlichen Nachrichten zum Beispiel inmitten des Glaubensbekenntnisses zu bedenken:

»Wir bekennen unsere Hoffnung auf den dreieinigen Gott: Ich glaube an Gott, den Vater!
– Schweigen –
den allmächtigen Schöpfer Himmels und der Erden!
– Schweigen –
Ich glaube an Jesus Christus, Gottes eingeborenen Sohn, unsern Herrn!
– Schweigen –
empfangen durch den Heiligen Geist, geboren von der Jungfrau Maria . . . zu richten die Lebenden und die Toten.
– Schweigen –
Ich glaube an den Heiligen Geist!
– Schweigen –
die heilige christliche Kirche . . . das ewige Leben.
– Schweigen –
Amen!«

Ähnlich ließe sich in anderen liturgischen Stücken, zwischen zwei Liedstrophen, in Ausnahmefällen vielleicht sogar innerhalb einer Liedstrophe, Raum für ein schöpferisches Schweigen gewinnen. Eine mündige Gemeinde wäre gewiß bereit, auch Elemente aus dem Gottesdienst der Quäker zu übernehmen. Dort wird das Schweigen dann und wann unterbrochen, wenn ein Teilnehmer eine ihm gerade wichtig gewordene Einsicht öffentlich mitteilt.

Eine weitere naheliegende Möglichkeit sehe ich darin, die bereits vorhandenen trinitarischen Formeln zu erschließen. Vielleicht kann man später wieder zu der bloßen Formel zurückkehren – zur Zeit sagt sie aber für die meisten Gottesdienstteilnehmer (einschließlich Pfarrer) gar nichts. In der trinitarischen Eröffnung eines Gottesdienstes könnte zum Ausdruck kommen: Wir tun hier gemeinsam etwas Wichtiges. Wir kommen hier mit dem Sinn unseres und allen Lebens in eine Berührung, die uns verwandeln wird.

»Im Namen Gottes, des Vaters,
der uns und alles um uns her geschaffen hat,
im Namen des Sohnes,
der uns durch sein Leben und Sterben
die Möglichkeit zu einem sinnvollen und gelingenden Leben
erschlossen hat,
im Namen des heiligen Geistes,
der uns erfüllen, verwandeln
und der Vollendung entgegenführen wird, Amen!«

Der aaronitische Segen könnte gut mitunter durch einen trinitarischen Segenswunsch ersetzt werden:

»Es segne und behüte euch der allmächtige Gott,
Vater, Sohn und heiliger Geist!
Bei allem, was ihr tut,
bewahre euch der Schöpfer,
dem ihr euer Dasein verdankt!
Auf euren Wegen zu den Herrschenden und Leidenden
begleite euch Jesus Christus,
in dem ihr versöhnt und erlöst seid!
Mit Zuversicht und Tatkraft
erfülle euch der heilige Geist!«

Eine dritte wichtige Rolle kommt in diesem Zusammenhang den Gebeten zu, die in einem Gottesdienst Verwendung finden; sie dienen ja als Modell dafür, wie »man« auch außerhalb des Gottesdienstes betet. Eine besondere Schwierigkeit stellt hierbei das Vaterunser dar. Vielleicht ließe es sich von seinen einzelnen Bitten her neu gestalten.

»Unser Vater im Himmel:
    Erfüllt von einer tiefen Sehnsucht,
    ermutigt durch Jesu Leben, Sterben und Auferstehen

und bewegt von seinem Heiligen Geist
suchen wir in Worte zu fassen,
was uns bedrängt und was uns beglückt –
wie ein Freund gegenüber seinem Freund,
wie ein Kind gegenüber seiner Mutter oder seinem Vater.
Unser Blick öffnet sich
für den Sinn unseres und allen Lebens
und für unseren Beitrag dazu.

Geheiligt werde Dein Name:
    Uns verlangt danach,
    das Geheimnis allen Lebens zu erfassen und gelten zu lassen,
    Dich –
    schöpferischer Grund unseres Daseins,
    erlösender Begleiter unseres Wegs,
    Ziel!

Dein Reich komme:
    Gegen alle Widerstände
    in uns und außerhalb von uns
    leuchte Deine Gnade auf,
    verwirkliche sich das Gute,
    das mit Jesu Leben, Sterben und Auferstehen
    begonnen hat!

Dein Wille geschehe wie im Himmel, so auf Erden:
    Überall unter uns wachse die Entschlossenheit,
    einzutreten und zu leiden
    für das Gedeihen der Schöpfung,
    für das Wohl der Menschen,
    für den Sinn des Lebens.

Unser tägliches Brot gib uns heute:
    Wir entdecken und nehmen dankbar an,
    was uns täglich zuteil wird
    für unseren Leib, unseren Geist und unsere Seele;
    es nähre sich daran unsere Bereitschaft,
    abzugeben.

Vergib uns unsere Schuld, wie auch wir vergeben unseren Schuldigern:
    Erfülle uns mit der Gewißheit,
    daß an unserer Schuld das Gelingen unseres Lebens
    nicht scheitern kann,
    und daß wir Schuld vergeben dürfen,
    damit auch das Leben anderer glückt.

Führe uns nicht in Versuchung:
>   Wir sind darauf angewiesen,
>   daß wir den Sinn unseres Lebens
>   weder unter glücklichen noch unter unglücklichen
>   Umständen aus den Augen verlieren,
>   sondern im Blick auf Jesus
>   Mut gewinnen und anderen Mut machen.

Erlöse uns von dem Bösen:
>   Es lebe in uns Dein Geist,
>   daß wir Leid und Schuld unseres Lebens
>   als Widerstand durchschauen,
>   an dem die Freiheit, die Jesus uns gewonnen hat,
>   wachsen soll,
>   daß wir den Anfang Deiner neuen Welt als Ziel
>   begreifen,
>   in dem solche Freiheit sich erfüllt.

Denn Dein ist das Reich und die Kraft und die Herrlichkeit in Ewigkeit:
>   Unser Gebet und alle seine Anliegen,
>   unsere Zweifel,
>   unsere Unfähigkeit zu bitten und zu handeln
>   überlassen wir voller Vertrauen
>   dem Geheimnis der Selbstverwirklichung Gottes.

Amen!«

Aber noch besser wäre es wohl, wenn es in einem meditativen Gottesdienst den zentralen Platz verlöre, den es üblicherweise hat. Das Vaterunser ist – nicht seinem Inhalt, aber seiner Form nach – seit Ostern und Pfingsten überholt. Es schreibt ein Gebetsverständnis fest, das eher von außerchristlicher Religiosität geprägt ist[75] als von dem spezifisch christlichen Ansatz, in Jesus selbst den schlechthin Relevanten, den Christus, zu erkennen, und Gott daher als den dreieinigen zu erfassen. Einleitende Formeln wie »In Jesu Namen«, »mit den Worten Jesu bitten wir« reichen nicht aus, das Gebet zum »Vater« trinitarisch zu umgreifen. Durch seinen formelhaften allsonntäglichen Gebrauch führt das Vaterunser eher zu einem Mißverständnis dessen, was christliches Beten heißt.

Ein Element, gegen das sich das theistische Mißverständnis auch im evangelischen Gottesdienst nicht durchsetzen konnte, ist die Abendmahlsfeier. Hier geht die Rechnung des personal konzipierten Ich-Du-Modells nicht auf. Hier gerät charakteristischerweise auch die Liturgie ins Stocken. Es entstehen, wenn schon nicht Zonen schöpferischen Schweigens, so doch wenigstens Pausen. Die Ordnung der ansonsten in ihre Bänke gleichsam hineinzementierten Gottesdienstbesucher löst sich auf; die einen sitzen, andere stehen, wieder andere gehen, manche mögen knien. Hier wirkt die Pause nicht peinlich, hier fragt niemand, ob man nun »aufstehen« oder »sitzen bleiben« soll. Zwar ist das Gebet auch hier auf das »Du« konzentriert, aber es wird doch umgriffen von einem Geheimnis, das in der Vorstellung eines »Du« nicht mehr unterzubringen ist. Hier liegt für mich ein wichtiger Ansatzpunkt, die festgefahrene Form des protestantischen Durchschnittsgottesdienstes christologisch und trinitarisch aufzubrechen[76]. Damit käme von selbst ein Gesichtspunkt zum Tragen, der unseren Gottesdiensten weithin abhanden gekommen ist. Man kritisiert, daß ihnen – einschließlich der Predigt natürlich – der Gegenwartsbezug fehle. Weit schlimmer ist, daß ihnen die Dimension der Zukunft fehlt! Die urchristliche Gemeinde hat ihre Gottesdienste als Unternehmungen verstanden, die mit dem Ende aller Tage und mit dem Ziel aller Dinge zu tun hatten. In ihnen vergegenwärtigte sich der, dem die Zukunft gehörte. In ihnen kam man mit der Zukunft des eigenen und allen Lebens in Berührung[77]. Gottesdienst, verstanden als Teilmoment der Konstitution des Leibes Christi, der Selbstverwirklichung des dreieinigen Gottes, würde dem einzelnen Teilnehmer das eigene Leben in einen neuen Horizont, in einen ungeahnten Kräftezusammenhang hineinholen.

Energien des Widerstandes gegen die alte, von Sünde und Tod geprägte Welt könnten hier mobilisiert werden. Das Gebet im Kämmerlein ebenso wie der öffentliche Gottesdienst würden damit zu einem Raum, in dem innere und äußere Kampfkraft gegen alles Böse sich sammelt. Kampf und Kontemplation gehören zusammen. Gottesdienst und Gebet werden, wenn sie aus der Dynamik des sich selbst verwirklichenden dreieinigen Gottes leben, keine Inseln bürgerlicher Beschaulichkeit darstellen. Sie werden vielmehr helfen, Aktionen vorzubereiten, und damit auch selbst den Charakter der »Aktion« gewinnen, die darauf abzielt, Elend zu mindern, Projekte der Hilfe zu starten, aus dem individuellen und gesellschaftlichen Bereich Dämonen zu verjagen.

4.3.2 Die Tat des Gebets

Gegenüber einer veräußerlichten Gebetspraxis inmitten seiner sakralisierten Umwelt war der reformatorische Protest gewiß berechtigt gewesen. Das Gebet ist weder an Orte noch an Zeiten gebunden. Überall während der Arbeit und Freizeit, jederzeit angesichts besonderer Erlebnisse und Erinnerungen vermag es in einem Menschen aufzukommen. Das Stoßgebet kann ihn durchzucken wie ein Gedankenblitz. Doch dürfte solche Erfahrungen mit dem Gebet nur derjenige haben, dessen Beten aus einem breiteren Kontext lebt, beispielsweise aus der Teilnahme am sonntäglichen Gottesdienst. Heute kommt es darauf an, das in Worte gefaßte, ausdrückliche Gebet als etwas zu entdecken, das sich nicht spontan einstellt, sondern als ein Tun des Menschen, das bewußt verantwortet werden muß. Wohl mag ein Du, oder doch eine Zielperspektive, auf die hin ein Mensch in Gedanken adressiert und unterwegs ist, latent gegenwärtig sein. Zu einem christlichen Gebet wird solche latente Bereitschaft, eigene Bedürftigkeit zu artikulieren und hoffend zu transzendieren, erst dann, wenn sie Jesus, dem Christus, begegnet – im Heiligen Geist.

Als bewußt verantwortete Tat erfordert das Gebet zuerst einmal Zeit. Man kann das Gebet nicht nebenher erledigen. Wird es begriffen als ein Aspekt der Selbstverwirklichung Gottes, so ist einsichtig, daß die Viertelstunde, die ich für das Gebet »ausklammere«, zu dem wirklich Sinnhaften gehört, das ich an einem Tag tue. Es rettet den Sinn eines Tages über den Tag hinaus, es qualifiziert einen Tag und alles, was an ihm geschieht.

Verantwortlich gestaltetes Gebet wird sich auch der Frage nach dem äußeren Gestus des Betens nicht verschließen. Natürlich kann man im Stehen, Sitzen oder Gehen beten: Das Stehen signalisiert Ehrfurcht, das Sitzen Ruhe und Sammlung, das Gehen Aufbruch und Erwartung. Aber darüberhinaus kennt die Christenheit Gesten, die sich mit ihrem trinitarischen Gottesbegriff verbinden: Das Niederknien wendet sich an den überlegenen Schöpfer des Himmels und der Erde; wer sich bekreuzigt, bezieht sich damit auf den, der am Kreuz für ihn gehangen hat. Die Haltung der nach oben geöffneten Arme, der sogen. »Oranten-Gestus«[78], erfleht die Erfüllung durch den Heiligen Geist. Alle diese Gesten sind nicht theologisch, sondern anthropologisch zu begründen. Ihr Verlust macht nicht Gott ärmer, sondern die Menschen.

Wie kann sich das trinitarische Gebetsverständnis im Beten des Einzelnen realisieren? Zunächst einmal dadurch, daß ich nicht »drauf los« bete, sondern mich besinne auf mein Tun – im Namen des Vaters, des Sohnes und des Heiligen Geistes. Ich rufe nicht einfach von mir aus ein »Du« an (das tue ich auch), sondern mein Rufen ist getragen von dem, der mir meine Sehnsucht ins Herz gelegt und mir eine Zunge gegeben hat, sie auszusprechen. Es ist berechtigt trotz der Widerstände, die ich dabei verspüre, im Blick auf den Schrei Jesu und die Antwort, die er am Ostermorgen erfuhr. Es ist ausgelöst und vertreten von dem Geist, der mich zum Beten bewegt. Das ist es, was die uns unverständlich gewordene Wendung zu Beginn von Luthers Morgen- bzw. Abendsegen meint: »Das walte Gott Vater, Sohn und heiliger Geist. Amen«. Das walte, trage, leite, erfülle, segne der dreieinige Gott! Das dann folgende Gebet mag zuversichtlich »per Du« formuliert sein oder im meditativen Bedenken, wie es die Psalmen oder manche Lieder unseres Gesangbuches kennen: »Er gebe uns ein fröhlich Herz . . .« Oder es wird im gelassenen, hingebungsvollen Schweigen bestehen.

Auch traditionelle Gebetspraxen wie Morgen-, Abend- oder Tischgebet, können dadurch belebt und vertieft werden. Der Morgen gilt dem Dank für die Wiederkehr des Lichts, für die Erdentage, die Jesus gesehen hat, und für den Ostermorgen, für das Licht der Erleuchtung der Menschen und die kommende Erlösung aller Kreatur. Oder der Bitte im Blick auf all das, was dieser Tag ans Licht bringen wird, im Blick auf die neu vor mir liegenden Stunden der Nachfolge, im Blick auf Unklarheiten und Finsternisse, die in mir und anderen sein mögen. Luthers Morgensegen endet mit der Anweisung: »Und alsdann mit Freuden an dein Werk gegangen und etwa ein Lied gesungen oder was deine Andacht gibt.«[79] Der Abend gilt dem Dank für die Nacht, für die Ruhe, die sie anbietet, für die Vergebung, die dem abgelaufenen Tag gewiß ist, für das Ziel, das meinen und allen Tagen gesetzt ist. Oder der Bitte im Blick auf die Unruhe, die in mir geblieben ist angesichts unerledigter Probleme und bedrängender Sorgen, im

Blick auf Versagen und Schuld, im Blick auf innere Leere und Lustlosigkeit. Luther rät: »Und alsdann flugs und fröhlich geschlafen.«[80] Vielleicht lassen sich zuweilen auch andere Tageszeiten für das Gebet entdecken und fruchtbar machen: der Mittag[81] oder die Nacht[82].

Selbst das Tischgebet, das, sofern überhaupt noch praktiziert, leicht zu Routine und Karikatur mißrät, gewinnt, trinitarisch bedacht, neuen Sinn. Die anthropologischen Gründe allein würden ausreichen, an ihm festzuhalten. Es ist ein Moment der Tischkultur, die der Mensch entwickelt hat. Er schlingt seine Mahlzeit nicht in sich hinein wie ein gefräßiges Tier, das bei Bedarf und Gelegenheit auf sein Hungergefühl reagiert, sondern er überlegt sehr wohl, was er ißt und wie er ißt. Er ist sich darüber im klaren, daß sein Essen und Trinken mit der Fristung seines Lebens zu tun haben (und daß bei weitem nicht alle Menschen täglich satt werden). Es steht ihm gut an, innezuhalten und sich zu vergegenwärtigen, wie sehr er bei der Stillung seines Hungers auf andere Menschen angewiesen ist – und auf Grundgegebenheiten, die nicht durch Menschen verbürgt sind. Wer zu Tisch betet, tut etwas spezifisch Menschliches. Wer es als Christ tut, denkt darüberhinaus an eine andere Speise, die er für lebenswichtig hält. Er denkt daran, daß Jesus Christus sein Leben hat auszehren, daß er sich hat verzehren lassen, um den Menschen zu vermitteln, wovon sie leben können. In einem alten fränkischen Tischgebet, das beim ersten Lesen ein Lächeln auslösen mag, heißt es:

»Wir danken Gott für seine Gaben,
die wir von ihm empfangen haben,
und bitten unsern lieben Herrn,
er woll' uns hinfort mehr bescher'n:
Er wolle uns speisen mit seinem Wort,
auf daß wir satt werden hier und dort . . .«

Das Tischgebet könnte, mitten im Alltag, den Blick ausweiten über die Grenzen dieser Zeit hinaus, ihn lenken auf den Tisch Gottes, an dem es keine Tränen, kein Geschrei, keinen Tod, kein Hungern und kein Dürsten mehr geben wird.

Bei aller Besinnung auf eine verantwortliche Gestaltung unseres Gebets muß uns jedoch das Wissen darum entlasten, daß unser Bitten nicht von uns »getragen« wird. Das Reden und Schreiben über das Gebet droht manchmal vollmundig zu geraten, als ob es da ein Ideal anzusteuern gelte, etwa das »gelingende Gebet«. Unser Bitten und Beten mag viel Leere und Enttäuschung in uns zurücklassen und sich oft kaum über unsere Müdigkeit und unseren Zweifel erheben: Es ist ein höchst irdisches Tun[83]! Und doch vollzieht sich in ihm – für uns vielleicht unanschaulich, ja gegen allen Augenschein unserer subjektiven Befindlichkeit – Gottes gnädige Selbstverwirklichung.

4.3.3 Trinitarisches Beten als Dimension des Lebens

Erst wenn das Gebet als ein eigenes, verantwortlich zu gestaltendes Tun des Menschen begriffen ist, hat es Sinn, vom Beten als einer Dimension des Lebens zu sprechen. Andernfalls würde man Gefahr laufen, das Gebet als eine nur beiläufige Regung des menschlichen Geistes zu betrachten. Erst jetzt ist es sinnvoll, darüber nachzudenken, was die apostolische Mahnung bedeuten könnte: »Betet ohne Unterlaß!« (1Thess 5,17). Trotz der oben versuchten Konkretionen laufen Überlegungen zu einem trinitarischen Verständnis des Gebets ja auf etwas anderes hinaus als auf ein paar rasch übernehmbare Vorschläge zur Veränderung der Gebets- und Gottesdienstpraxis. Der Bittende, der sich als trinitarisch umgriffen erfaßt, beginnt die neue und schlechthin relevante Dimension zu erkennen, in der er lebt – eine Dimension des Sinnes und der Zuversicht. Er sieht sich hineingenommen in die Gemeinschaft allen Bittens und aller Sehnsucht; er findet sich hineingerufen und hineingeholt in die schon beginnende Zukunft gelingender Kommunikation, entlastender Vergebung und glücklicher Vollendung – zugleich in den Protest gegen alles, was die Zukunft verhindern und gefährden will. Gottes Reich kommt! Gottes Selbstverwirklichung ist nicht aufzuhalten. Davon ist keineswegs nur das Bewußtsein des Betenden betroffen.

Schleiermacher behauptet: »Fromm sein und beten, das ist eigentlich eins und dasselbe. Alle Gedanken von einiger Wichtigkeit, die in uns entstehen, mit dem Gedanken an Gott in Verbindung bringen ... und selbst im fröhlichen Genuß des Lebens seines allsehenden Auges eingedenk sein – das ist das Beten ohne Unterlaß.«[84] Dieser Satz muß nach seiner anthropologischen und seiner theologischen Seite hin erweitert werden. Es geht in der Tat um »alle Gedanken von einiger Wichtigkeit, die in uns entstehen«, aber doch auch um deren psychosomatische Einbettung, um den tiefsten Grund unseres Bewußtseins, in dem sich Psychisches und Somatisches nicht mehr voneinander trennen lassen: Wir dürfen ihn geborgen wissen in dem Ursprung allen Lebens selbst, den der christliche Glaube im schöpferischen Wort Gottes des Vaters erkennt. Es geht ferner ebenso um die Impulse aus der uns umgebenden Welt, die in uns zur Entstehung der Gedanken »von einiger Wichtigkeit« führen, um Fakten, die uns, andere Menschen oder sogar die außermenschliche Kreatur bedrohen: Wir dürfen sie dem Ziel allen Lebens überlassen, dem sie nicht entgehen werden, wenn die Hoffnung auf die neue Welt, die Gott heraufführen wird, begründet ist. In alledem geht es schließlich darum, wie die Verbindung solcher »Gedanken« mit dem »Gedanken an Gott« aussieht, wie sich der Gedanke an Gott seinerseits klärend, kritisch oder auch bestätigend mit ihnen auseinandersetzen wird. Schließlich ist, wenn das Ganze nicht ein Spiel von »Gedanken« bleiben soll, wichtig, daß nicht nur der *Gedanke* an Gott mit unseren *Gedanken* und der sie umgebenden Wirklichkeit in Verbindung käme, sondern – Gott selbst. Das trinitarische Verständnis des Gebets hat seine Pointe darin, daß es eben dies nicht als Ziel, sondern als die gnadenhafte Vorgegebenheit alles Betens begreift: Die Verbindung zwischen dem Bittenden und Gott muß nicht erst hergestellt werden, sondern sie geht allem Beten voraus – als die Beziehung zwischen dem Schöpfer und dem Geschöpf, zwischen dem Erlöser und dem Erlösten, zwischen dem Geist Gottes und dem Menschen, den er erfaßt. Das so verstandene christliche Gebet zielt nicht auf einen Gott jenseits einer problematischen irdischen Situation, dem sich der Mensch in religiösem Aufschwung zuwenden und annähern dürfte, sondern es entdeckt, daß Gott inmitten dieser Situation schöpferisch, erlösend und weiterführend längst am Werk ist. Im Gegensatz zu manchen herkömmlichen Gebetsformulierungen »steigt« christliches Beten – gerade nicht »auf« zu Gott, sondern es steigt sozusagen ab, zu dem Gott, der aller Bewegung von Materie als der Schöpfer gegenübersteht, hinab zu dem Gott, der in allem Leiden anzutreffen ist, das zu wenden er angefangen hat, hinunter zu dem Gott, dessen Geist den Glaubenden auf eine rational nicht mehr zu verrechnende Weise erfüllen und ermutigen will. Christliches Beten schraubt sich nicht, dem neuplatonischen Gebetsverständnis entsprechend, Stufe um Stufe empor, immer mehr aus der Welt des Körperlichen sich lösend, bis es schließlich die Last alles Irdischen wenigstens für ein paar trostreiche Momente hinter sich gelassen hat. Es »erhebt« nicht den menschlichen Geist, so daß dieser, einem Flugkörper vergleichbar, in eine jenseitige Welt »abheben« könnte. Die Bewegung christlichen Betens läuft nicht von unten nach oben, sondern umgekehrt: Es nimmt die Richtung der Inkarnation. Es folgt in die Hölle, in die Jesus Christus hinabgefahren ist, es durchschaut die böse, von Sünde und Tod terrorisierte Situation als das Grab, aus dem der Gekreuzigte und zur Hölle Gefahrene auferstehen wird. Es läßt sich ein auf die Tiefe des Chaos, in der Gott schon bannend und ordnend gegenwärtig ist. Es sucht den Geist sich auswirken zu lassen, in dessen Kraft es mitten im Bereich unserer psychosomatisch und sozial verwirrten Wirklichkeit zu Einbrüchen des Gottesreiches kommt, zu den Anfängen einer neuen Welt. Das trinitarisch verstandene Gebet entdeckt in Chaos und Hölle Gott als verborgen, aber heilvoll anwesend. Es ist daher nicht an mirakelhaften Lösungen interessiert, sondern es sucht zu verstehen, inwiefern in den gegebenen Konfliktsituationen des Lebens der dreieinige Gott schaffend, lösend und weiterführend schon am Werk ist. Dem Betenden kommt die Bewegung des Lebens zu Bewußtsein, in der er selbst bereits steht und an der er passiv und aktiv teilhat. Er lernt kennen, welche Konsequenzen sich – psychisch, sozial, politisch – in einer gegebenen Situation für ihn eröffnen, nicht weil sie von irgendeiner heteronomen Moral gefordert wären, sondern weil sie der Bewegung des Lebens entsprechen, in die er sich hineingenommen findet. Das Gebet kann dann zur inneren Ruhe führen, aber genauso zur inneren Unruhe. Nie wird es einen Trost vermitteln, der nicht in irgendeiner Weise sich weitervermittelt in die irdische Wirklichkeit hinein. Beten ist keine ästhetische oder religiöse Spezialbeschäftigung, zu der man sich ab und zu einmal Zeit nimmt. Beten wird so zum elementaren Gestaltungsprinzip unseres Alltags. Indem es sich auf Zeit scheinbar vom Alltag dispensiert, nimmt es diesen tatsächlich in den Griff, beteiligt es ihn am

Sinn allen Lebens. Es läßt den Anschluß zum Gottesreich erkennen, in dem alle unsere Alltage stehen und gestaltet sein wollen – in der dynamischen Gegenwart dessen, der sie gewährt, entlastet und zur Erfüllung führt.

Anmerkungen

Anmerkungen, die mehr als den bloßen Nachweis der zitierten Stelle beinhalten, sind im Text durch kursiv gesetzte Ziffern gekennzeichnet. Die jeweils von der zweiten Zitation an verwendeten Kurztitel werden im Literaturverzeichnis voll ausgewiesen.

Zu 0: Beten – zu wem?

1 Zitiert nach: W. Biermann, Rechtslinkslinksrechts oder Die wunderbaren Jahre meines Freundes Reiner Kunze im Westen, in: Die Zeit, Nr. 10, 29.2.1980, 39.
2 Aus: D. Rost, J. Machalke (Hg.), Unterwegs. Texte und Gebete für junge Menschen, Gütersloh 1977 (GTB 226), 57.
3 M. Veit beginnt eine Studie über »Gebet und Engagement« mit der »Vorbemerkung: Die Vokabel ›Gebet‹ wird in manchem Leser den Verdacht erwekken, als sei mit ihr stillschweigend eine theistische Gottesanschauung (die Existenz eines ›höchsten Wesens‹ etwa) vorausgesetzt – mithin eine ›weltanschauliche Vorgabe‹ (Herbert Braun) verlangt, die der Leser nicht zu erbringen gewillt oder in der Lage ist«; EvErz 24, 1972 (461-466), 461.
4 Im Kontext eines stark mit magischen Zügen durchsetzten Weltbildes mag die mystische Anbetung tatsächlich als wichtige Korrektur eines egozentrischen Bittgebets gewirkt haben und dann – in diesem Umfeld – auch mit Recht als die dem Glauben angemessenere Form des Gebets angesprochen worden sein.
5 Helmuth von Glasenapp, Der Buddhismus – eine atheistische Religion. Mit einer Auswahl buddhistischer Texte, zusammengestellt von Heinz Bechert, München 1966.
6 Vgl. unten S. 122ff.
7 Chr. Wolf, Der geteilte Himmel, München 1973 (dtv 915), 21f.
8 M. Kähler, Berechtigung und Zuversichtlichkeit des Bittgebets, in: ders., Dogmatische Zeitfragen, 2. Bd., Leipzig 1908² (234-276), 243.
9 R. Schäfer, Gott und Gebet. Die gemeinsame Krise zweier Lehrstücke, ZThK 65, 1968, 117-128.
10 Vgl. H.-M. Barth, »Christus als Gemeinde existierend«. Erwägungen im Anschluß an eine ekklesiologische Formel Dietrich Bonhoeffers, in: Dem Wort gehorsam. Landesbischof D. Hermann Dietzfelbinger DD. zum 65. Geburtstag, München 1973, 28ff.
11 D. Sölle, Gebet, in: dies., Atheistisch an Gott glauben. Beiträge zur Theologie, Freiburg i. B. 1968, 109-117; dies., Das entprivatisierte Gebet, in: dies., Das Recht, ein anderer zu werden, Neuwied und Berlin 1971 (SL 43), 130-

138. In das Anfangsstadium der Diskussion darüber gehört der Beitrag von S. Hausammann, Atheistisch zu Gott beten? Eine Auseinandersetzung mit D. Sölle, EvTh 31, 1971, 414-436.
Zum Ganzen vgl. H. B. Asseburg, Das Gebet in der neueren anthropologisch orientierten Theologie, Diss. Hamburg 1971, 165ff. D. Sölle hat ihr Gebetsverständnis inzwischen weiterentwickelt; vgl. bes. D. Sölle, Leiden, Stuttgart 1973, 97ff., ferner: Gott lassen um Gottes willen, in: D. Sölle, Die Hinreise. Zur Religiösen Erfahrung. Texte und Überlegungen, Stuttgart 1975, 103-118.

12 G. Ebeling, Dogmatik des christlichen Glaubens I, Tübingen 1979, § 9; ferner: ders., Vom Gebet. Predigten über das Unser-Vater, Tübingen 1963, 9-36; vgl. unten S. 145ff. Bedacht wird dieses Thema – freilich unter ganz anderer Perspektive – in: G. Greshake, G. Lohfink (Hg.), Bittgebet – Testfall des Glaubens, Mainz 1978, bes. 32-45. H. Schaller, Das Bittgebet. Eine theologische Skizze, Einsiedeln 1979, fragt: »Kurz: Wer ist der in der Bitte aufgerufene Gott, der dem Menschen die Hoffnung gibt, in seinem Gebet real gehört zu werden?« (24). Die Vorentscheidungen, die in der Formulierung der Fragestellung mitschwingen, entsprechen der Antwort, die, von einigen Ausflügen in die Moderne abgesehen, weitgehend an Thomas von Aquin erarbeitet wird. Von den früheren Versuchen, die Interdependenz von Gottesbegriff und Gebetsverständnis zu reflektieren, seien genannt: H. Mulert, Gebetserhörung. Freiheit. Gottesglaube, Leipzig 1921, sowie C. Stange, Die Bedeutung des Gebets für die Gotteserkenntnis, Gütersloh 1933. Er vermutet, die Bedeutung des Gebets werde deswegen nicht erkannt, »weil es anscheinend eine Gotteserkenntnis gibt, die auch ohne das Gebet zustande kommt« (6). Demgegenüber gelangt er in seiner Skizze zu dem Ergebnis: »Das Gebet ist nicht bloß die Wurzel, aus der alle Erkenntnis Gottes stammt, und nicht bloß der Weg, auf dem es im Lauf der Geschichte zu immer größerer Vertiefung der Gotteserkenntnis kommt, sondern zugleich auch der Lebensvorgang, in dem das von Gott uns zugedachte Heil uns zu eigen wird« (43). Die damit verbundenen systematisch-theologischen Probleme werden nur unzureichend erkannt.

13 Vgl. G. Otto, Vernunft. Aspekte zeitgemäßen Glaubens, Stuttgart-Berlin 1970, bes. 81-102; W. Bernet, Gebet, Stuttgart-Berlin 1970.

14 G. Ebeling, Das Gebet, ZThK 70, 1973, 208.

15 Vgl. H. Ott, Theologie als Gebet und Wissenschaft, ThZ 14, 1958, 120-132. Im Blick auf eine gewisse religiöse Überhitztheit, die augenblicklich hier und da zu beobachten ist, sei an die Überzeugung A. Schlatters erinnert, das Gebet werde »nicht um so kräftiger, gesalbter und geistlicher, je mehr es sich dem Nachdenken, der Ruhe und Helligkeit eines klaren, scharfen Bewußtseins entzieht und einem unbewußt drängenden Triebe ähnlich wird. Ich leugne, daß das Herz um so gesunder, reicher und voller werde, je mehr es sich vom Kopf separiert. Ich halte diese Separation für eine Sektion, die beides tötet, Kopf und Herz . . .«; Das Gebet, in: A. Schlatter, Die Gründe christlicher Gewißheit. Das Gebet, Stuttgart 1927, 134.

Zu 1: Theologische Begründungsmodelle des Bittgebets

1 Zitiert nach F. Schulz (Hg.), Heute mit Luther beten. Eine Sammlung von Luther-Gebeten für die Gegenwart, Gütersloh 1978 (GTB 272), 3.
2 Zitiert nach A. M. di Nola, Gebete der Menschheit. Religiöse Zeugnisse aller Zeiten und Völker, Frankfurt 1977 (it 238), 8, 377.
3 Zum Gebet im Judentum bes. J. J. Petuchowski, Beten im Judentum, Stuttgart 1976, 29-39, Schalom Ben-Chorin, Betendes Judentum. Die Liturgie der Synagoge, Tübingen 1980; ferner The Jewish Encyclopedia 10 (1965), 163-171.
4 B. Häring, Das Gesetz Christi. Moraltheologie. Dargestellt für Priester und Laien, 2. Bd., Freiburg 1963[7], 240.
5 AaO., 235.
6 AaO., 240.
7 Hl. Alfonsus; aaO., 248.
8 WA 2, 82, 13; 2, 81, 33ff. (Luther-Zitate werden jeweils in einer modernisierten Textfassung wiedergegeben).
9 Von der Not und dem Segen des Gebetes, Freiburg i. B. 1977 (Herder TB 647), 59.
10 WA 30,1, 193, 34ff.
11 WA 30,1, 196, 2ff.
12 WA 30,1, 195, 27ff.
13 Barth, KD III/3, 302.
14 EKG, Lied 228, 2; 383,1.
15 Vgl. oben S. 21f.
16 EKG, Ausgabe für die Evangelisch-Lutherische Kirche in Bayern, 1959[2], S. 676f; vgl. Nola, 368f.
17 Fr. Heiler, Das Gebet. Eine religionsgeschichtliche und religionspsychologische Untersuchung. Unveränderter Nachdruck nach der 5. Auflage mit Literaturergänzungen, München, Basel 1969, bringt u. a. folgendes Gebet der afrikanischen Konde bei: »Mbamba! Kiara! Du hast uns Regen verweigert, schenke uns Regen, daß wir nicht sterben! Rette uns vor dem Hungertod! Du bist ja unser Vater und wir sind deine Kinder und du hast uns geschaffen; weshalb willst du, daß wir sterben? Gib uns Mais, Bananen und Bohnen! Du hast uns Beine gegeben zum Laufen, Arme zum Arbeiten und Kinder auch, gib uns auch Regen, daß wir ernten können«, 63.
18 Kähler, 241.
19 Heiler, Das Gebet, 347ff.
20 Vgl. unten S. 73ff.
21 Hierbei könnte es sich freilich um eine undeutliche Erinnerung an die Anweisung des Ignatius von Loyola (!) handeln: »Vertraue so auf Gott, als ob der Erfolg der Dinge ganz von dir abhinge, nicht von Gott. Wende dennoch alle Mühe so an, als ob du nichts, Gott alles tun würde.« Zitiert nach Schaller, 100. Vgl. K. H. Crumbach, Ein ignatianisches Wort als Frage an unseren Glauben, GuL 42, 1969, 321-328.
22 Vgl. Thomas von Aquin, Summa Theologiae, II^a-II^{ae} qu. 83, a. 2: Man muß

»wohl erwägen, daß die göttliche Vorsehung nicht nur verfügt, *welche* Wirkungen sich ereignen, sondern auch, aus welchen *Ursachen* und in welcher *Ordnung* sie sich ergeben sollen ... Nicht also deshalb beten wir, um die göttliche Willensbestimmung zu ändern; sondern damit wir Jenes erlangen, was Gott bestimmt hat, daß es sich infolge unserer Gebete erfüllen soll« (Übersetzung: Ceslaus Maria Schneider). Vgl. Schaller, bes. 132ff. Für Thomas besteht das Problem freilich nicht darin, wie »Gott uns durch die Bitte etwas erwirken und erreichen läßt, sondern darin, daß überhaupt menschliche Freiheit von Gott als freie Partnerschaft gewollt ist«, Schaller, 25f.

23 Vgl. H. Schmid, Die Dogmatik der evangelisch-lutherischen Kirche, dargestellt und aus den Quellen belegt. Neu herausgegeben und durchgesehen von H. G. Pöhlmann, Gütersloh, 1979^9, 122f, 131f.

24 J. Gerhard, Loci theologici, 3. Bd., Berlin 1865, 375: »si non ad voluntatem, tamen ad salutem«.

25 Vgl. Fr. Mildenberger, Das Gebet als Übung und Probe des Glaubens, Stuttgart 1968, 51-65 (bezogen auf die Fürbitte); vgl. unten S. 186ff.

26 WA 2, 125, 19ff.

27 M. Luther in einer Predigt 1516; WA 1,75,28; übersetzt.

28 M. Kähler sucht die Alternative zwischen Geber und Gabe zu überwinden, indem er formuliert, das Bittgebet wolle »nicht die Gemeinschaft mit Gott benützen, um dieses oder jenes zu erlangen ...; es will in dieser Gemeinschaft bleiben und wachsen, und darum zieht es alles in sie hinein, was sie stören und aufheben könnte, was sie fördern und festigen mag, was aus ihr hervorgehen und sie im Dienste des Vaters und seiner Kinder fruchtbar machen soll«; 274.

29 MPL 36,971 (enarr. in ps. 76,2).

30 H. Ott, Wirklichkeit und Glaube 2, Göttingen/Zürich 1969, 320.

31 J. B. Metz, K. Rahner, Ermutigung zum Gebet, Freiburg/Basel/Wien 1977, 38f.

32 Veit, 465.

33 Beides wurde schon in früheren Auseinanderetzungen um das Gebet beobachtet. A. Schlatter schreibt – übrigens im Zusammenhang mit pädagogischen Erwägungen: »Wünschen, das ist ein Lebensakt; aber Bitten, das gibt einen vollen Lebensmoment: *Bitten sind Erlebnisse*«; 117. M. Kähler begründet die Beziehung zwischen Bitten und Glauben: »Bittgebet ist wirklich der unwillkürlichste Ausdruck lebendigen Glaubens, weil des Glaubens Keim Bedürfen, sein Leben Empfangen und Nehmen ist«; 240.

34 F. Schulz, Heute mit Luther beten, 56; vom Hg. stark überarbeitet.

35 Zitiert nach Ott, Wirklichkeit 2, 321.

36 Der ursprüngliche, nicht derart stark formalisierte Text ist abgedruckt in: F. Schulz, Die Gebete Luthers. Edition, Bibliographie und Wirkungsgeschichte, Gütersloh 1976, Nr. 48.

37 Vgl. neuerdings E. S. Gerstenberger, Der bittende Mensch. Bittritual und Klagelied des Einzelnen im Alten Testament, Neukirchen-Vluyn 1980.

38 H. W. Wolff, Anthropologie des Alten Testaments, München 1977^3, 164, übersetzt: »Treuverbundenheit«.

39 WA 23, 157, 30ff (Daß diese Wort Christi ..., 1527).
40 EKG (Ausgabe Bayern), Lied 438,1.
41 M. Luther, WA 7,22,11ff.
42 M. Luther, WA 9, 633,7.
43 Vgl. H.-M. Barth, »Christus als Gemeinde existierend«, 37ff.
44 K. F. A. Kahnis, System der lutherischen Dogmatik, Leipzig 1868, 277.
45 Der christliche Glaube nach den Grundsätzen der Evangelischen Kirche im Zusammenhang dargestellt, 2 Bde (Hg.: M. Redeker), Berlin 1960[7], § 147.
46 AaO. II, 384.
47 Vgl. oben Anm. 30 (H. Ott).
48 R. Bultmann, Theologie des Neuen Testaments, Tübingen 1977[7], 353.
49 Es ist nicht verwunderlich, daß der Ruf, die Erfahrung ernst zu nehmen, gerade aus einer theologischen Schule kommt, die Gefahr lief, das »Wort« zu einer vom Leben der Menschen isolierten, eigenen Größe werden zu lassen; das »Kerygma« forderte das Leben heraus; die Entwicklung Bultmann – Ebeling hat ihre eigene Logik.
50 D. Sölle, F. Steffensky (Hg.), Politisches Nachtgebet in Köln. Im Auftrag des ökumenischen Arbeitskreises »Politisches Nachtgebet« hg., Bd. 1 (1969), Bd. 2 (1971).
51 P. Schulz, Ist Gott eine mathematische Formel? Ein Pastor im Glaubensprozeß seiner Kirche, Reinbek bei Hamburg 1977, 173ff.
52 Zitiert nach P. Cornehl, Analyse von Gebeten, ThP 4, 1969, 47.
53 G. Reese, Das gottesdienstliche Gebet. Theologie und Tendenzen neuerer Gebetstexte, WPKG 61, 1972, 499f.
54 »Wir denken an die Menschen, die Unrecht leiden ...
– die in Griechenland und der Tschechoslowakei unter den Drohungen eigener und fremder Diktatoren leben müssen,
– die in Vietnam für die Interessen der Supermächte und einer unfähigen Regierung schuldlos sterben müssen ...«;
P. Cornehl (Hg.), Gebete unserer Zeit. Für Gottesdienst und Andacht, Gütersloh 1974[2], 84.
55 Vgl. das bei Cornehl, Analyse, 46f., wiedergegebene Gebet von M. Mezger: »das Gemeinsame« / »das Trennende« / »was uns anvertraut ist«. Damit ist freilich ein bei jedem Neuformulierungsversuch auftauchendes Problem angesprochen.
56 Cornehl im Blick auf den oben S. 51 abgedruckten Entwurf G. Ottos: »Können wir uns heute noch im Sprachraum der Neuromantik wohlfühlen, umgeben von den (jahreszeitlich auswechselbaren) Versatzstücken nachrilkescher Naturlyrik?«; aaO. 53.
57 M. Mezger, zitiert nach Cornehl aao. 53.
58 In anderen Texten von G. Otto taucht zwar die Formel »vor Gott« auf, aber ihre Funktion ist nicht recht ersichtlich; vgl. Cornehl aaO. 47f.
59 Vgl. A. Gamper, Gott als Richter in Mesopotamien und im Alten Testament. Zum Verständnis einer Gebetsbitte, Innsbruck 1966.
60 Einfügung bei Lukas (3,21).
61 Vgl. Lk 5, 16 (im Zusammenhang von Heilungserwartungen), ferner 9,29.

62 Apg. 10, 9ff.
63 Vgl. Mk 14,38; Eph 6,18.
64 1Petr 5,8.
65 Röm 15,30; vgl. Kol 4,12.
66 1Thess 5,17.
67 WA 38,464, 14-18; nach E. Mülhaupt (Hg.), D. Martin Luthers Evangelien-Auslegung, 2. Teil, Göttingen 1960, 133.
68 G. Otto, Vernunft, 87.
69 H. Buhr, Über das Gebet, in: G. Otto (Hg.), Glauben heute. Ein Lesebuch zur Evangelischen Theologie der Gegenwart, Hamburg 1965 (237-241), 238; Hervorhebung von mir.
70 Metz, 23f.
71 AaO. 26.
72 Buhr, 239; Hervorhebungen von mir.
73 Sölle, Leiden 100.
74 AaO. 97.
75 Wie dies bei Schleiermacher der Fall ist, vgl. oben S. 46f.
76 J. Sudbrack, Beten ist menschlich. Aus der Erfahrung unseres Lebens mit Gott sprechen, Freiburg i. B. 1973 (Herder TB 465), 117.
77 Bernet, 115.
78 AaO. 120. Schaller wird Bernets Gebetsverständnis nicht gerecht, wenn er es u. a. unter dem Stichwort »therapeutische Selbstpflege« kritisiert, 116ff (vgl. 103-122).
79 Sölle, Leiden, 98.
80 Veit, 461.
81 Ebd.
82 AaO. 464.
83 Vgl. etwa bereits Arnold Geulincx (1624-1669), referiert bei C. Fabro, La preghiera nel pensiero moderno, Roma 1979, 98ff.
84 I. Kant, Die Religion innerhalb der Grenzen der bloßen Vernunft, in: I. Kant, Werke in 10 Bänden, Bd. 7, Darmstadt 1968 (hg. v. W. Weischedel); 645ff. Zu Kants Anschauungen über das Gebet vgl. A. Winter, Gebet und Gottesdienst bei Kant: nicht »Gunstbewerbung«, sondern »Form aller Handlungen«, ThPh 52, 1977, 341-377; U. Regina, La preghiera e l'autonomia della morale in I. Kant, Filosofia 27, 1976, 193-222; Schaller 72-103.
85 Kant, 7,871f.
86 Luther, der zunächst zustimmend den Satz des Hieronymus – »Alles Werk der Gläubigen ist Gebet« – zitiert hat, hält es dann freilich für angebracht zu mahnen: »Doch muß man auch darauf sehen, daß wir uns nicht vom rechten Beten entwöhnen und uns zuletzt selber Werke als nötig erklären, die es doch nicht sind. Dadurch werden wir zuletzt lässig und faul, kalt und verdrossen zum Gebet«; WA 38, 359, 12, 30ff (Eine einfältige Weise zu beten, für einen guten Freund, 1535).
87 Vgl. die hervorragenden Beobachtungen von M. Veit, 464.
88 Greshake, 47f.
89 Greshake, 48.

90 Buhr, 238.
91 Buhr, 239.
92 Bei John A. T. Robinson, der ja ähnlich argumentiert hatte, ist dies offenbar der Fall: »Beten heißt, sich dem Grund unseres Seins öffnen und bereit sein ... Die Worte: ›daß wir dich stets vor Augen han in allem, das wir heben an‹ geben keine wirkliche Anleitung zum religiösen Leben, aber sie sind vielleicht die einzige Grundlage für ein recht verstandenes Gebet.« Gott ist anders. Honest to God, München 1964, 106. Unnachvollziehbar ist mir, wie H. Buhr bei seinem Ansatz empfehlen kann, man solle, wenn man überhaupt nicht wisse, »wie und was beten«, das Vaterunser beten bzw. »denken«. Er empfiehlt die lukanische Kurzfassung: »Wenn man dieses Gebet zu denken vermag, ohne etwas anderes zu wünschen, dann hat man es gebetet. Wenn man es spricht, um anderes zu erlangen, dann betet man dieses Gebet heidnisch«; 240f. Einverstanden – aber was »denkt« man eigentlich, wenn man es unter Buhrs Perspektive denkt?
93 Otto, Vernunft, 94.
94 AaO. 79.
95 AaO. 100.
96 AaO. 79.
97 AaO. 77; ähnlich der liturgisch klingende Schluß des Gebetsbeispiels von P. Schulz, oben S. 51.
98 Bernet, 114.
99 Alfred Andersch, zitiert nach Bernet, 108.
100 Ebd.
101 Siehe oben S. 50.
102 Gibt es ein atheistisches Christentum?, in: D. Sölle, Das Recht, ein anderer zu werden. Theologische Texte, Neuwied und Berlin 1971 (SL 43), 43.
103 AaO. 47ff.
104 Mit Recht schrieb Ursula Müller – s. Vorwort – an den Rand meines Manuskripts: »Nur merkte man das als ›schlichtes Gemeindeglied‹ leider nicht!«
105 E. Berne, Spiele der Erwachsenen. Psychologie der menschlichen Beziehungen, Reinbek bei Hamburg 1970 (rororo 6735-36).
106 Vgl. Leonhard Schlegel, Die Transaktionale Analyse nach Eric Berne und seinen Schülern, Grundriß der Tiefenpsychologie Bd. 5, München 1979 (UTB 870).
107 Vgl. dazu besonders: Th. A. Harris, Ich bin o. k. – du bist o. k. Wie wir uns selbst besser verstehen und unsere Einstellung zu anderen verändern können. Eine Einführung in die Transaktionsanalyse, Reinbek 1975 (rororo 6916).
108 M. James/L. Savary, Befreites Leben. Transaktionsanalyse und religiöse Erfahrung. Mit einem Leitfaden für die Gruppenarbeit, München 1977.
109 Vgl. Ignatius von Loyola, oben S. 19.
110 Vgl. M. Luther, oben S. 19.
111 James/Savary, 169ff., wobei dann noch zwischen ok- und nicht ok-Sein differenziert wird.
112 Ps 55,16; James/Savary, 171. Mir kommt das Grabmonument des Ignatius

(Rom, Il Gesù) in den Sinn: Ignatius selbst steht in demütig-triumphierender Gebärde vor Gott – oder den Menschen? –, während die guten Mächte mit Feuerblitzen und Fußtritten die Häretiker in die Hölle stoßen.
113 James/Savary, 175.
114 AaO. 177f.
115 AaO. 179f.
116 AaO. 182.
117 Siehe oben S. 57.
118 James/Savary, 182.
119 AaO. 181.
120 Z. B. aaO. 41.
121 Vgl. Th. C. Oden, Wer sagt: Du bist okay? Eine theologische Anfrage an die Transaktionale Analyse (1974), Gelnhausen/Berlin/Freiburg/Stein, Mfr. 1977.

Zu 2: Das Gebetsverständnis der Religionskritiker

1 Leider gibt es bislang keine brauchbare Aufarbeitung der Geschichte der Gebetskritik. C. Fabro, La preghiera nel pensiero moderno, Roma 1979, bringt zwar allerlei interessantes Material bei, das er aber weder historisch einsichtig noch systematisch geordnet präsentiert. Die referierten Positionen sind z. T. willkürlich ausgewählt und aneinandergereiht; die herangezogene Sekundärliteratur ist weithin veraltet. Störend wirken die zahllosen Druckfehler, von denen es insbesondere in den fremdsprachigen Texten wimmelt. Vgl. ferner C. F. Stäudlin, Geschichte der Vorstellungen und Lehren von dem Gebet, Göttingen 1824, sowie Heiler, Das Gebet, 209-219.
2 Nach dem Bericht Stäudlins, 262.
3 Z. B. Voltaire (Heiler, Das Gebet, 205), Diderot (Heiler aaO. 214, siehe unten S. 98). Vgl. auch das Gebet eines fingierten tugendhaften Atheisten in P. Th. d'Holbach, System der Natur oder Von den Gesetzen der physischen und der moralischen Welt, Berlin 1960, 480-482.
4 John Toland habe einem Freund eines seiner Werke überreicht mit der Widmung: »O sempiterne Bacche! qui reficis & recreas vires deficientium, adsis nobis propitius in pocula poculorum, amen!« So berichtet Johann Georg Walch – übrigens zurückhaltend – in: Einleitung in die Religionsstreitigkeiten, welche sonderlich außer der Evangelisch-Lutherischen Kirche entstanden . . ., Bd. 5, Jena 1736, 75. Natürlich kannte man an der Wende vom 17. zum 18. Jh. Atheisten, die das Gebet aus prinzipiellen Gründen nicht übten, vermutete aber einen hohen Preis dafür: »Ihr leget euch mit großer Sicherheit / ohn Gebet / ohn Andacht des Abends nieder / und dennoch träumet euch zuweilen vom Teufel / ihr fahret auf im Schlaf / und schreiet / als woll' er euch jetzt davon führen«, meint Christian Scriver in einer Predigt (1701), zit. nach H.-M. Barth, Atheismus und Orthodoxie. Analysen und Modelle christlicher Apologetik im 17. Jahrhundert, Göttingen 1971, 207. Doch las-

sen die Apologeten des 17./18. Jahrhunderts kaum etwas von atheistischen Angriffen auf das Gebet erkennen, sondern rühmen ihrerseits das Gebet als Waffe gegen den Atheismus; H.-M. Barth ebd. 167-171. Es ist anzunehmen, daß die Gebetskritik der Aufklärer zunächst an die Antike angeknüpft hat; vgl. dazu H. Kleinknecht, Die Gebetsparodie in der Antike, Stuttgart/Berlin 1937.
5 K. Marx, Zur Kritik der Hegelschen Rechtsphilosophie. Einleitung, in: I. Fetscher, Karl Marx. Friedrich Engels. Studienausgabe in 4 Bänden, Bd. I, Frankfurt a. M. 1966 (17-30), 17. L. Feuerbach, Das Wesen des Christentums. Nachwort von K. Löwith, Stuttgart 1969 (Reclam 4571-77), 198, verweist auf Sebastian Franck: »Gott ist ein unaussprechlicher Seufzer, im Grund der Seelen gelegen.« Dem wiederum könnte eine Erinnerung an Röm 8,26 zugrundeliegen. Man denke auch an die Sitte der Barock-Zeit, einzelne Abschnitte einer theologischen Erörterung durch einen »Gebetsseufzer«, ein »suspirium«, abzuschließen.
6 Rührend Stäudlin 260f, der es für »ein sehr merkwürdiges Resultat« seiner »Geschichte der Vorstellungen und Lehren von dem Gebet« hält, »daß das Gebet sehr selten bestritten wurde ... Es scheint, daß man hier die Stimme der Menschheit achtete und sich scheute, den Menschen etwas entreißen zu wollen, wo sie sich oft unwillkürlich durch den Anblick von Naturwundern, durch freudige und traurige Schicksale und Begebenheiten hingerissen fühlen ...«
7 L. Marcuse, Gebet zum heilen Gott?, in: A. Carrell u. a., Kann man noch beten?, Zürich 1973 (detebe 47), 31.
8 Marcuse zitiert den Großen Brockhaus: »Gebet gibt es nur in den Religionen, in denen es einen fest umrissenen, mit Wollen begabten Gott als Gestalt und Person gibt.« Er findet es nötig, die Lauterkeit des Nachschlagewerks gegen die »elitären geistreichen Bücher berühmter Gottesmänner« (30) abzuheben – ahnt er, daß sich das Problem doch als komplizierter erweisen könnte?
9 Heiler, Das Gebet, 214-216.
10 T. Moser, Gottesvergiftung, Frankfurt a. M. 1976, 9, 10, 14.
11 Einen kritischen Überblick über die Rezensionen zu Mosers Buch gibt Frithard Scholz, Moser peccavi? Ein Echo, abgehört, EvTh 38, 1978, 147-155. Vgl. ferner D. Stollberg, Götzenvergiftung, in: ders., Wenn Gott menschlich wäre ..., Stuttgart/Berlin 1978, 156-163.
12 d'Holbach, 474f.
13 AaO. 479.
14 Vgl. Winter 350-358, der auch auf mögliche literarische Abhängigkeiten hinweist. Herbert von Cherbury hatte »Riten und Zeremonien nach Analogie des Königskultes, allerdings nicht als wesentliche Teile (essentiales partes) der Religion«, 360, gestattet.
15 S. Freud, Die Zukunft einer Illusion, in: ders., Massenpsychologie und Ich-Analyse. Die Zukunft einer Illusion, Frankfurt/M. 1967, 104, vgl. 97-104. Vgl. J. Scharfenberg, Sigmund Freud und seine Religionskritik als Herausforderung für den christlichen Glauben, Göttingen 1968, 135-154, sowie H.

G. Pöhlmann, Kein entmündigender Gott-Vater. Freuds Religionskritik verdient theologische Aufklärung, LM 19, 1980, 18-20.
16 AaO. 128.
17 A. Mitscherlich, Auf dem Wege zur vaterlosen Gesellschaft, München 1963, 175ff.
18 Ps 10,16; 97,1; 99,1.
19 Vgl. H.-J. Kraus, Psalmen, 1. Teilband, Neukirchen-Vluyn 1960, 197f; zur Gottesfurcht vgl. G. v. Rad, Weisheit in Israel, Neukirchen-Vluyn 1970, 91ff.
20 Siehe unten S. 124ff.
21 Vgl. I. Eibl-Eibesfeld, Liebe und Haß. Zur Naturgeschichte elementarer Verhaltensweisen, Neuausgabe 1976 (Serie Piper 113), 113ff, 135f.
22 Vgl. Eibl-Eibesfeld, 193ff. Ferner: E. Brand, Gruß und Gebet. Eine Studie zu Gebärden in der minoisch-mykenischen und frühgriechischen Kunst, Waldsassen 1965, sowie Gerstenberger 21.
23 A. Hardy, Der Mensch – das betende Tier. Religiosität als Faktor der Evolution, Stuttgart 1979. Hardy teilt die These Michael Polanyis, die »Unterscheidung zwischen artikuliertem und unartikuliertem Wissen« bezeichne »die wirkliche Grenze zwischen Mensch und Tier. Während allein wir Menschen die Mittel besitzen, unsere Gedanken ausdrücklich zu formulieren und mit anderen Gliedern unserer Spezies zu erörtern, gibt es auf der Ebene des unartikulierten, unmittelbaren Bewußtseins keine scharfe Trennung zwischen uns und unseren tierischen Vorfahren« (43). Aufgrund abenteuerlicher Argumentationen, die mit problematischen Vorurteilen hinsichtlich »der Religion« und mit dubiosen Versatzstücken aus der religionspsychologischen Literatur arbeiten, gelangt Hardy dann zu der Überzeugung, »daß der Mensch etwas im Universum entdeckte, das vielleicht schon zuvor von manchen Tieren (wer weiß das?) gefühlt worden sein mag, das aber ohne das Aufkommen der Sprache niemals zu einem Begriff geworden wäre« (150). Ein wichtiges Bindeglied habe dabei die Phase seiner verhaltensgeschichtlichen Zugehörigkeit zum »Rudel« jagender Tiere dargestellt; als es später »dazu kam, daß der Fleischbedarf nicht mehr durch die Jagd, sondern durch das Halten von Viehherden gedeckt wurde . . ., begann der Mensch – wie ich glaube – die Gefühle, die er innerhalb des Jagdrudels entwickelt und dem Rudelführer entgegengebracht hatte, jenem vorgestellten ›Anderen‹ zuzuwenden. Dieses ›Andere‹ ist nach meiner Überzeugung etwas höchst Reales« – analog zum Feuer, das ja auch existierte, bevor der Mensch – und allein er – es zu nutzen lernte, 150. Das Buch geht leider nicht – wie es sein Titel verspricht – speziell auf das Gebet ein. Schade, daß es ein wichtiges und diskussionswürdiges Thema so aphoristisch abhandelt.
24 ». . . dicendum, quod pulli corvorum dicuntur Deum invocare propter naturale desiderium, quo omnia suo modo desiderant consequi bonitatem divinam«, Summa Theologiae, II^a-II^{ae} qu. 83, a. 10, ed. Caramello II, 396. Thomas behält das Gebet dem Menschen als dem vernunftbegabten Wesen vor. Aber das ändert nichts an seiner Überzeugung: »Der Beter vollzieht in seinem Akt auf bewußte Weise die geschöpfliche Urbewegung nach«, nämlich

das Streben nach Glückseligkeit; er »schwingt in die geschöpfliche Urbewegung ein ...«; Schaller 46f. Vgl. das schöne Tertullian-Zitat, das Heiler an das Ende des Nachtrags zur 5. Auflage seines Buches über das Gebet gesetzt hat: »... orat omnis creatura. Orant pecudes et ferae et genua declinant ... Sed et aves nunc exurgentes eriguntur ad coelum et alarum crucem pro manibus extendunt« – der Oranten-Gestus, siehe unten S. 200 – »et dicunt aliquid, quod oratio videatur ...«, 618.

25 Vgl. auch die interessanten Ausführungen von W. F. Kasch, der, von der Entstehung des Urvertrauens im Zuge der mütterlichen Zuwendung zum Kind aus argumentierend, zu dem Ergebnis kommt, im Gebet vollziehe sich, »was sich ereignet, wenn der tödlich Verletzte nach der Mutter ruft: das Selbst sucht sich im Gebet seines letzten Grundes zu vergewissern«, 81. Die Vernunft könne somit sehr wohl nach dem Sinn des Bittens und darüber hinaus nach dessen Erhörung fragen, wenngleich sie die Antwort darauf nicht mehr selbst zu erbringen vermag. Gebetserhörung, KuD 21, 1975 (72-84), bes. 79ff.

26 M. L. Kaschnitz; zitiert nach C. Bamberg, Wer sich dem An-spruch stellt. Zum Gebetscharakter des Lebens, Würzburg 1976, 26. Auch hier die Verbindung zwischen dem Schrei des Menschen und dem der ihn umgebenden Kreatur.

27 Gebet für die Gefangenen; zitiert nach U. Wandrey (Hg.), Stille Nacht allerseits! Ein garstiges Allerlei, Reinbek bei Hamburg 1972 (rororo 1561), 98f.

28 Die Entstellung des Gebets im wilhelminischen Zeitalter prangert Tucholsky auch an anderer Stelle an, z. B. im »Gebet nach den Schlachten«: »Kopf ab zum Gebet! Herrgott! Wir alten vermoderten Knochen ...«; vgl. H. G. Pöhlmann, Der Atheismus oder der Streit um Gott. Mit einem Geleitwort von Milan Machoveč und unter Mitarbeit von H. Mayer und E. L. Spitzner, Gütersloh 1977 (GTB 218), 173f.

29 Holbach, 478; vgl. die antike Redewendung »fatigare deos«.

30 Stäudlin, 270; zu Hemsterhuis (1721-1790) vgl. M. Rohkrämer, Art. Hemsterhuis, Franciscus, RGG³ III, 218f, ferner Fabro 177ff.

31 Kant, 7,870.

32 Holbach, 483.

33 Hemsterhuis nach Stäudlin, 261.

34 Thomas Chubb nach Stäudlin, 261; zu Chubb (1679-1746) vgl. D. Carter, Art. Chubb, Thomas, RGG³ I, 1820f.

35 Holbach, 478.

36 AaO. 488.

37 AaO. 479.

38 Zitiert nach Winter, 375 und ebd. Anm. 223.

39 Kant, 7,872.

40 Feuerbach, Das Wesen des Christentums, 198.

41 Vgl. Heiler, Das Gebet, 203.

42 Holbach, 493.

43 L. Feuerbach, Das Wesen der Religion. Dreißig Vorlesungen. Mit einer Einleitung von K. Leese, Stuttgart 1938, 341.

44 F. Nietzsche, Werke in drei Bänden, hg. von K. Schlechta, München 1966, Bd. 2, 429.
45 Vgl. unten S. 88,100-102.
46 Das Wesen des Christentums, 200.
47 AaO. 197.
48 AaO. 199; Sperrungen übergangen.
49 AaO. 200.
50 AaO. 203.
51 Die Zukunft einer Illusion, 97f.
52 AaO. 104.
53 AaO. 110.
54 AaO. 111; vgl. die Praxis des Umgangs mit Glaubenden in sowjetischen Nervenheilanstalten; wer kennt Literatur, in der dies explizit »wissenschaftlich« gerechtfertigt wird? Ich wäre für Hinweise dankbar.
55 Ebd.
56 AaO. 129.
57 De Providentia 5,8.
58 Zitiert nach Heiler, Das Gebet, 211.
59 Im Blick auf das Gebet gilt dies wohl in besonderem Maße von Clemens Alexandrinus; vgl. O. Dibelius, Das Vaterunser. Umrisse zu einer Geschichte des Gebets in der alten und mittleren Kirche, Gießen 1903, 20-32, sowie RAC VIII, 1207ff.
60 Vgl. H.-M. Barth, Atheismus und Orthodoxie, 314ff.
61 Zitiert nach Heiler, Das Gebet, 206.
62 Statius, Thebais 3,661; meist als Wort des Lukrez zitiert.
63 »Quid opus est votis? Fac te ipsum felicem!« Seneca, zitiert nach Heiler, Das Gebet, 203.
64 Siehe oben S. 80.
65 Vgl. H.-G. Link, Art. Hoffnung, in: J. Ritter (Hg.), Historisches Wörterbuch der Philosophie, Bd. 3, Darmstadt 1974, 1157-1166.
66 Zur Problematik und Notwendigkeit der Utopie im politischen Bereich vgl. H. Albert, Traktat über kritische Vernunft, Tübingen 1969², 161ff, 174ff.
67 L. Marcuse will den Gläubigen »ihren Gott und die Erhebung zu ihm« gönnen, wenn daraus nicht ein Ersatz für gesellschaftliches Engagement wird. »Opium ist nicht schlecht . . ., soweit es, in winzigen Dosen, den Einzelnen nicht vergiftet und nicht stumpf macht gegen das Leid des Mitmenschen«, 48. Meine Frau macht mich darauf aufmerksam, daß der Begriff »Psychopharmakon« seine Wurzeln in der Theologie- bzw. Frömmigkeitsgeschichte hat: 1548 publizierte Reinhardus Lorichius (Hadamarius) unter dem Titel »Psychopharmakon, Hoc est: medicina animae, non aegrotis solum, aut cum morte conflictantibus, sed etiam iis, qui prospera valetudine praediti sunt, admodum utilis ac necessaria« eine Sammlung von Gebeten. Vgl. G. Roth, Psychopharmakon, hoc est: medicina animae, Confin. psychiatr. 7, 1964, 179-182.
68 In diesem Zusammenhang wäre etwa über die »Heilungen« in Lourdes oder im Zuge der Charismatischen Bewegung bzw. über parapsychologische Phä-

nomene zu diskutieren. Vgl. z. B. G. Siegmund, Die Deutungen von »Wunder«-Heilungen, Arzt und Christ 22, 1976, 87-96; A. Louf, Gebed en genezing, Collationes 10, 1980, 131-149 (lag mir nicht vor), sowie Hardy 103ff.
69 Vgl. oben S. 31ff.
70 Bd. 2, 493f. Weitere wichtige Stellen, an denen sich Nietzsche zum Gebet äußert: AaO. Bd. 2, 129f; 166f; 615.
71 AaO. 495; vgl. die Nietzsche-Deutung von Eugen Biser, »Gott ist tot«. Nietzsches Destruktion des christlichen Bewußtseins, München 1962, 302ff.
72 Allerlei Belegstellen zu Feuerbachs Gebetskritik sind zusammengetragen bei Fabro 318ff.
73 Wesen des Christentums, 296, Anm. 11.
74 AaO. 295.
75 AaO. 296.
76 AaO. 298.
77 Vgl. oben S. 85f, 88f.
78 Wesen des Christentums, 202.
79 Vgl. oben S. 46.
80 Zitiert nach Pöhlmann, Der Atheismus, 143.
81 So weiß Feuerbach etwa, daß der Glaubende sein Gebet letztlich auf Gottes Wirksamkeit zurückführt, verfolgt diesen Gedanken jedoch nicht weiter; Wesen des Christentums, 296.
82 Schlußabschnitt von: Interprétations de la Nature; zitiert nach Heiler, Das Gebet, 214.
83 Aber auch bei den Humanisten der italienischen Renaissance; vgl. Fabro 56ff (Marsilio Ficino), 73ff (P. Pomponazzi).
84 Vgl. oben 1.4!
85 Zitiert nach Heiler, Das Gebet, 204.
86 Zitiert nach Heiler, aaO. 208; Heiler weist auf eine formal ähnlich klingende Stelle bei Clemens Alexandrinus hin: »Wenn der nach dem Guten Trachtende und zugleich der Gnade Eingedenke um etwas im Gebet fleht, wirkt er in gewissem Sinne zur Erlangung mit, indem er eben durch das Gebet das Ersehnte freudig ergreift«; aaO. 520, Anm. 41.
87 Vgl. oben S. 58; Winter, 346. Kant kennt »›vier Pflichtbeobachtungen‹, in die der Dienst Gottes ›durch die Vernunft‹ eingeteilt werden kann: 1. die feste Gründung und wiederholte Befestigung der sittlich guten Gesinnung ›in uns selbst‹ – ›(das Privatgebet)‹; 2. die ›äußere Ausbreitung‹ und Mitteilung des ›Sittlichgute(n)‹ und der entsprechenden Gesinnungen ›durch öffentliche Zusammenkunft‹ an bestimmten Tagen – ›(Das Kirchengehen)‹; 3. seine ›Fortpflanzung‹ auf ›neu eintretende(n) Glieder‹ – ›(in der christlichen Religion die Taufe)‹; 4. die ›Erhaltung dieser Gemeinschaft durch eine wiederholte öffentliche Feierlichkeit, welche die Vereinigung dieser Glieder zu einem ethischen Körper ... fortdauernd macht; (die Kommunion)‹«; Winter, 348; Sperrungen übergangen.
88 Stäudlin, 282, beim Referat über Kant.
89 Will. Paley (1743-1805) nach Stäudlin, 267. Zu Paley vgl. Chr. G. Jöcher,

Allgemeines Gelehrten-Lexicon ..., 5. Erg. Bd., Nachdruck Hildesheim 1960, 1422f.

90 So Rousseau, zitiert nach Heiler, Das Gebet, 208.

91 Stäudlin, 281. Zu Mnioch (1765-1804) vgl. Chr. G. Jöcher, Allgemeines Gelehrten-Lexicon ..., 4. Erg. Bd., Nachdruck Hildesheim 1960, 1820. Dort wird auf Mniochs Ideen über Gebetsformeln, Görlitz 1799, verwiesen.

92 Als Anrede eines fingierten Partners ist das Gebet seiner äußeren Form nach immer eine Täuschung; seiner inneren Form nach muß mindestens das Bittgebet als Täuschung angesehen werden, da wir in ihm ja nicht wirklich etwas von Gott erbitten, sondern nur unsere Abhängigkeit ihm gegenüber bekennen können; ebd.

93 Nach Stäudlin, 285.

94 AaO. 287f.

95 Nach Paley, Stäudlin, 267.

96 Nach Hemsterhuis, Stäudlin, 270.

97 Kant, 7, 872.

98 So Stäudlin über Kant, 276.

99 Vgl. zum Ganzen die bereits genannten Arbeiten von Winter und Regina.

100 Voltaire; zit. nach Heiler, Das Gebet, 209. Heiler verweist auch hier auf eine Parallele in der Antike: »Der verehrt genügend die Götter, der sie nachahmt«; ebd. Als ein selbstkritischer Kritiker der Religion erweist sich D. F. Strauß, indem er im Blick auf die Wendung »ora et labora« festhält, »ora« sei in »labora« keineswegs bereits enthalten, sondern »wie zwischen Aus- und Einathmen, Schlaf und Wachen, das leibliche, so werden wir auch das geistige Leben, soll es anders gesund bleiben, theilen müssen in die Zeiten der Arbeit, als des Aussichherausgehens in die Mannigfältigkeit und Begränztheit des Einzelnen, und in die der Comtemplation, wo wir uns mit all der Unruhe und Hitze, die von der ersten Sphäre her noch in uns ist, mit allen unsern Bedürfnissen und Wünschen, in die kühlende (!) Tiefe des Einen Grundes aller Dinge versenken.« Die christliche Glaubenslehre, 2. Bd., Tübingen, Stuttgart 1841, 389f.

101 Ein sauberes, gut beleuchtetes Café, in: E. Hemingway, Der Sieger geht leer aus. 14 Stories, Hamburg 1958 (rororo 280), 13-18 (17).

102 Thesen zu einer Diskussion über Atheismus, in: G. Szczesny (Hg.), Club Voltaire I, München 1963 (72-80), 77. Mitscherlich selbst hält diesen Verzicht nicht durch, wenn er wenige Seiten später »Religiosität« definiert als »gerne eingegangene Verpflichtung – *vielleicht nicht denkbar ohne das Staunen vor unerschöpflichem Reichtum*« (80, Hervorhebung von mir). Auch M. Machoveč möchte wenigstens an einem »Dialog mit der Ewigkeit, mit dem Weltall, mit der Weltgeschichte, mit dem wunderbaren ewigen ›Ich-Nichtich‹« festhalten; Der Sinn des menschlichen Lebens, in: ders., Marxisten und Christen – Brüder oder Gegner?, Gütersloh 1978 (23-45), 44f; vgl. ders., Gebetsanleitung für Atheisten, Neues Forum 14, 1967, 574-577 (lag mir nicht vor).

103 The Concept of Prayer, London 1968².

104 AaO. 23f.

105 AaO. 37.
106 AaO. 83.
107 AaO. 119.
108 AaO. 33.
109 AaO. 41f, 43, 45.
110 AaO. 50.
111 »To know how to use this language is to know God«; aaO. 50f.
112 Ebd.
113 AaO. 50.
114 AaO. 52.
115 Ebd.
116 AaO. 46f; vgl. Schleiermachers Ausführungen über den Begriff »Natur« im Rahmen seiner Behandlung der Zweinaturen-Christologie, Glaubenslehre, § 96,1. Phillips nimmt sprachanalytische Erwägungen von J. R. Jones, The Two Contexts of Mental Concepts, auf.
117 »An expression of, and a request for, devotion to God through the way things go«; 121.
118 Vgl. das Zitat aus Kierkegaard, 129: »Gott *ist,* daß alle Dinge möglich sind, und daß alle Dinge möglich sind, *ist* Gott.«
119 »Praying to God for whom all things are possible, is to love God in whatever is the case«; 130.
120 AaO. 31.
121 AaO. 59f.
122 AaO. 73.
123 Vgl. aaO. 105.
124 »... the religious answer to the way things go, the recognition of the dependence of all things on God«; 110.
125 AaO. 110.
126 »But the believer's hope is not hope *for* anything, moral improvement for example ... It is simply hope, hope in the sense of the ability to live with himself«; 67.
127 AaO. 63.
128 Phillips handelt diese Überlegungen ab unter der Überschrift: »Prayer as Talking to Someone One Does Not Understand«, 53ff.
129 AaO. 134.
130 AaO. 132.
131 Vgl. bes. Kap. 7.
132 AaO. 83.
133 AaO. 50.
134 AaO. 63.
135 AaO. 49f.
136 AaO. 23.

Zu 3: Das trinitarisch umgriffene Bittgebet

1 Zitiert nach Heiler, Das Gebet, 210.
2 Ein besonders erschreckendes Beispiel stellt die Untersuchung von Hermann Mulert dar: Gebetserhörung. Freiheitsglaube. Gottesglaube, Leipzig 1921. Mulert erkennt zwar das Problem der Interdependenz von Gottesbegriff und Gebetsverständnis als solches, aber statt sich auf die spezifische biblisch-christliche Tradition zu besinnen, führt er eine quälend langwierige und traurige Auseinandersetzung um Determinismus, ethische Bedenken gegen das Bittgebet und Unveränderlichkeit bzw. Lebendigkeit Gottes. Er resümiert: »Der Atheist kennt keine Gottesgemeinschaft, kein Gebet, weil er Gott für nicht vorhanden erklärt. Der Zauberer sucht Gott in seinen Dienst zu zwingen, er macht Gott zur Sache. Der Mystiker, der behauptet, schon in diesem Leben wenigstens zeitweise mit Gott ganz eins zu werden, braucht insofern dann mit ihm nicht mehr zu reden; an Stelle der Gemeinschaft tritt hier Vereinigung, an Stelle des Gebets die Versenkung in Gott oder in das vergottete Ich. Bei der resignierten Ansicht vom Bittgebet wird Gott so überpersönlich-erhaben vorgestellt, daß er tatsächlich starr wird. Ist er aber überhaupt, so ist er gewiß nicht minder lebendig als wir, sondern ungleich lebendiger. Können wir weder den Aberglauben des Zauberers teilen, noch uns auf den Standpunkt des Atheisten stellen, noch jenen hohen Anspruch des Mystikers erheben, suchen wir, bei allem Vorbehalt, daß Gott erhaben ist, er heilig, wir unheilig, doch Gemeinschaft mit ihm, so entspricht dem nicht jene resignierte Denkweise, sondern nur ein *lebendiges Beten* zu dem lebendigen Gott. Daß wir dabei in *unseren Gedanken und Worten* von dem, was das Bittgebet bewirken könne oder bewirkt habe, *Zurückhaltung* üben, ist einfach in jener Ehrfurcht begründet, die mit dem Vertrauen zu Gott verbunden ist.« (60f, Hervorhebungen von mir).
3 Vgl. oben 1.4.
4 H.-M. Barth, Atheismus und Orthodoxie, 318ff. Die dort 318, Anm. 1 in Aussicht gestellte Untersuchung habe ich unter etwas veränderter Fragestellung zu leisten versucht mit dem Buch: Theorie des Redens von Gott. Voraussetzungen und Bedingungen theologischer Artikulation, Göttingen 1972. Fons D'Hoogh, der, in Auseinandersetzung u. a. mit J. A. T. Robinson, eine Versöhnung zwischen theistischem und nichttheistischem Denken nicht für unmöglich ansieht und an einer »geläuterten theistischen Gottesvorstellung« festhalten möchte, plädiert wenigstens für Toleranz zwischen »theistischen« und »transtheistischen« Christen. Sie würde beiden nützen: »Durch die theistisch formulierte Aussage wird der Trans-Theist vor einem Rückfall in die infra-personale Gottesvorstellung bewahrt bleiben können; durch die transtheistisch formulierte Aussage wird der Theist vor einer zu nonchalanten Familiarität in seinem Umgang mit dem transzendenten, unsagbaren Gott bewahrt bleiben«. Beten in einer säkularisierten Welt, Concilium 5, 1969 (667-674), 669, 673. Gewiß – aber das trinitarische Denken erlaubt, einen Schritt weiterzugehen. Eine Reihe von anthropologischen Gesichtspunkten zur Auflösung der Problematik steuert A. Schmied bei, der am theistischen Gottes-

begriff festhalten will, obwohl Gott für ihn »mehr als ein Gegenüber« ist: »Das Du Gottes kann als Hintergrund, Horizont, Milieu oder Atmosphäre wirken, die dem Menschen ein besonders dichtes Sich-selbst-zur-Sprache-Bringen ermöglichen.« »Es gibt ein Meditieren . . ., das durch die Nähe einer Person ausgelöst und getragen ist, ohne daß die Person als Gegenüber angesprochen werden muß.« Schmied, Kann Gebet noch Dialog mit Gott sein? TGA 15, 1972 (77-85), 84f. Vgl. ferner die religionsphilosophisch interessanten Überlegungen von P. Hoßfeld, Zwiesprache mit Gott oder Identifikation mit dem Absoluten? Zwischen Martin Buber und Sarvapalli Radhakrishnan, ThGl 59, 1969, 319-334.

5 Aufschlußreich ist in diesem Zusammenhang, wie ein heutiger griechisch-orthodoxer Theologe seine religiöse Tradition, insbesondere die der »apophatischen Theologie«, gegen die Tod-Gottes-Problematik aufzubieten vermag: Chr. Yannaras, De l'absence et de l'inconnaissance de Dieu d'après les écrits aréopagitiques et Martin Heidegger, Paris 1971, bes. 79ff.

6 Vgl. dazu F. Mildenberger, Gotteslehre. Eine dogmatische Untersuchung, Tübingen 1975; E. Jüngel, Gott als Geheimnis der Welt. Zur Begründung der Theologie des Gekreuzigten im Streit zwischen Theismus und Atheismus, Tübingen 1977; J. Moltmann, Trinität und Reich Gottes. Zur Gotteslehre, München 1980.

7 Vgl. H.-M. Barth, Die christliche Gotteslehre. Hauptprobleme ihrer Geschichte, Gütersloh 1974.

8 Zum Prinzip des »agere sequitur esse« s. J. Hirschberger, Geschichte der Philosophie I 1974^9, II 1976^9, passim (Sachregister); D. Bonhoeffer, Akt und Sein. Transzendentalphilosophie und Ontologie in der systematischen Theologie, München 1964^3, 81ff.

9 Vgl. P. van Buren, Reden von Gott in der Sprache der Welt. Zur säkularen Bedeutung des Evangeliums, Zürich/Stuttgart 1965, bes. 78-101.

10 Aus dem Opferungsgebet im Euchologion des Serapion, zitiert nach A. Hammann (Hg.), Gebete der ersten Christen, Düsseldorf 1963, 195.

11 Vgl. die entsprechenden Titel im Literaturverzeichnis unten S. 242ff.

12 Vgl. ThW II, 782ff; E. Jenni, C. Westermann (Hg.), Theologisches Handwörterbuch zum Alten Testament, 2 Bde, München 1979^2, Deutsches Wörterverzeichnis, Stichwort »beten«; ferner F. Wulf, Art. Gebet, HThG 1, 424ff.

13 Vgl. aber K. Rahner, Art. Trinität, SM IV, Freiburg/Basel/Wien 1969, 1005f.

14 Einen beachtenswerten Vorschlag in dieser Richtung hat W. Marchel vorgelegt: Abba, Père! La prière du Christ et des Chrétiens, Rome 1963, bes. 213ff.

15 Vgl. z. B. K. Rahner, Art. Trinität, 1006ff.

16 Übersetzung Buber-Rosenzweig; zitiert nach S. Ben-Chorin, Jüdischer Glaube. Strukturen einer Theologie des Judentums anhand des Maimonidischen Credo. Tübinger Vorlesungen, Tübingen 1975, 58.

17 F. Wulf, Art. Gebet, 425.

18 Vgl. H.-J. Kraus, Psalmen I, zu Ps 6,9-11; 28, 6f. u. ö.; Gerstenberger, 151, auch 128f.
19 G. Bader, Das Gebet Jonas. Eine Meditation, ZThK 70, 1973 (162-205), 190.
20 AaO. 197.
21 »Erhörung, d. h. eigentlich: ich kann es sagen« aaO. 203. Luther: »Kannst du rufen und schreien, so hat's freilich keine Not nicht. Denn auch die Hölle nicht die Hölle wäre, wenn man drinnen schriee und riefe zu Gott«; WA 19, 222, 15ff (Der Prophet Jona ausgelegt, 1526).
22 Wendung in der röm.-kath. Messe (nach Mt 8,8).
23 Siehe unten S. 128. Zum Antwortcharakter des Gebets vgl. H. Dee, Die Wirklichkeit des Gebets. Fragestellung im Kontext der heutigen Theologie, MPTh 55, 1966 (503-513), 506-508.
24 Ex 20,4 – nach Luthers ursprünglicher Übersetzung.
25 Chr. Link, Das Bilderverbot als Kriterium theologischen Redens von Gott, ZThK 74, 1977, 58-85; Link kommt leider nur in Andeutungen auf das Gebet zu sprechen, 85.
26 Vgl. W. Zimmerli, Grundriß der alttestamentlichen Theologie, Stuttgart 1975^2, § 17.
27 Zimmerli, 133, unter Verweis auf Hempel.
28 Man hat gelegentlich versucht, das Wort für »Beten« auch etymologisch aus der Vorstellung des »Fallens« und Sich Demütigens abzuleiten; vgl. J. Heller, Das Gebet im Alten Testament, Communio Viatorum 19, 1976, 157-162: »Jede Entpersönlichung Gottes im Gebet, bei dem Gott nicht mehr Gott und Mensch nicht mehr Mensch bleibt, bedeutet auch, daß Gott nicht mehr ›oben‹, d. h. über den Menschen, und der Mensch nicht mehr ›unten‹, d. h. unter Gott steht ... Positiv ausgedrückt: pālal ist ein Gebet, bei dem der Mensch sich selbst und andere Gott ausliefert.« Vgl. jedoch dagegen E. Jenni, C. Westermann, THAT II, 427f. Die von Heller gezogenen Konsequenzen formulieren ohnehin im Sinne des trinitarischen Gebetsverständnisses eine falsche Alternative.
29 Vgl. Ps 94,9: »Der das Ohr gepflanzt hat, sollte der nicht hören?«
30 Vgl. H.-J. Kraus, Psalmen, zu Ps 23,3; 20,2; vgl. ferner Ps 25,11; 31,4; 33,21.
31 Insofern hat W. Eichrodt recht, wenn er herausstellt, daß es dem Israeliten nicht um mystische Versenkung in ein summum bonum gehe, sondern um das Gewährenlassen der dynamischen Herrschaft Gottes; Theologie des Alten Testaments I, 1957^5, 108f.
32 Heller, Das Gebet, 162, 160.
33 Ps 73,25ff, 28; hier hat das augustinische »adhaerere Deo mihi bonum est« seine Wurzel. Wirkungsgeschichtlich hat sicher die Begegnung von neuplatonischer und jüdischer Mystik eine gewisse Bedeutung gehabt. Vgl. G. v. Rad, Theologie des Alten Testaments I, 415-420; F. Wulf, Art. Mystik, HThG 2 (181-193), 183-186; S. Ben-Chorin, Jüdischer Glaube, 140f. Den »Versuch einer kritischen Abgrenzung« unternimmt F. Hesse, Mystische und biblisch-

prophetische Transzendenzerfahrung, in: Mystische Erfahrung. Die Grenze des menschlichen Erlebens, Freiburg/Basel/Wien 1976, 129-157.
34 Vgl. oben 1.3!
35 Ursula Müller – s. Vorwort – macht mich darauf aufmerksam, daß auch neuere Versuche, Jesus als Bruder zu verstehen, die Lösung vom theistischen Vater-Verständnis erschweren können.
36 Gegen Fritzleo Lentzen-Deis, Beten kraft des Geistes Jesu, GuL 48, 1975, 165-178, bes. 169f. Unangemessen wirken Formulierungen wie »Das Gebetsleben Jesu« – Titel eines Aufsatzes von J. Jeremias, ZNW 25, 1926, 123-140.
37 Vgl. J. Jeremias, Neutestamentliche Theologie, Erster Teil. Die Verkündigung Jesu, Gütersloh 1973², § 7.
38 Jeremias, Neutestamentliche Theologie, 73.
39 Ebd.
40 Vgl. die Einleitungsformulierungen: »Ihr« sollt beten, »euer Vater weiß«, Mt 6,9.8; Lk 11,1f. Vgl. auch Joh. 20,17b!
41 Vgl. aber unten S. 196f.
42 R. Bultmann, Das Evangelium des Johannes, Göttingen 1964, 312.
43 Vgl. die Auflistung in dem fast nur bibelkundlich zu verwendenden Buch von J. M. Nielen, Gebet und Gottesdienst im Neuen Testament. Eine Studie zur biblischen Liturgie und Ethik, Freiburg 1963², 159ff.
44 Vgl. Joh. 14,13!
45 R. Bultmann vermutet ja, hier handle es sich um eine »von Paulus schon vorgefundene Bezeichnung der Christen«; Theologie des Neuen Testaments, 128.
46 Röm 8,26; vgl. W. Bieder, Gebetswirklichkeit und Gebetsmöglichkeit bei Paulus. Das Beten des Geistes und das Beten im Geist, ThZ 4, 1948, 22-40; K. Niederwimmer, Das Gebet des Geistes, Röm 8,26f, ThZ 20, 1964, 252-265. Für die systematisch-theologische Aussage wenig ertragreich bleibt leider die Studie von H. Paulsen, Überlieferung und Auslegung in Römer 8, Neukirchen-Vluyn 1974.
47 Niederwimmer, 252.
48 AaO. 256.
49 Gal 4,6; die Auslegung Schliers, die darauf hinausläuft, daß es damit über das objektive Sohn-Sein hinaus nun auch zu dessen subjektiver Erfahrung komme, erscheint mir als Psychologisierung; vgl. H. Schlier, Der Brief an die Galater, Göttingen 1951¹¹, 139f.
50 Niederwimmer, 259f: »Gott ist nicht mehr ein ›Ding‹ unter anderen, ›draußen‹ (oder ›droben‹), oder auch eine Person neben anderen Personen, ein Einzelwesen, ein ›Du‹ unter anderen ...« Unangebracht erscheint mir an dieser Behauptung einzig die Wendung »nicht mehr«; denn das von Niederwimmer gebrandmarkte Mißverständnis folgte erst der von ihm beschriebenen Grundauffassung, die im Sinne der Korrektur einer Fehlentwicklung genutzt werden muß.
51 In diese Richtung würde das in der Antike weit verbreitete Motiv weisen,

das den Menschen als ein vom Geist oder von der Gottheit bewegtes Saiteninstrument deutet; vgl. Paulsen, 124f.

52 Ob es sich nun bei dem »unaussprechlichen Seufzen« um Glossolalie oder um ekstatisches Schweigen handelt, es steht im »Horizont eschatologischer Vorläufigkeit« und – als Gabe des Geistes – in der Spannung vorweg gewährter eschatologischer Erfüllung. Vgl. Paulsen, 126.

53 Vgl. M. Luthers originelle »kurze und gute Auslegung des Vaterunsers vor sich und hinter sich« – mit der ersten bzw. mit der letzten Bitte beginnend (1519), WA 6,21f.

54 Vgl. O. Böcher, Christus Exorcista. Dämonismus und Taufe im Neuen Testament, Stuttgart 1972; K. Thraede, Art. Exorzismus, RAC VII (44-117), 58ff.

55 Vgl. R. Bultmann, Theologie des Neuen Testaments, 129.

56 Sie stehen außerhalb des gemeinsamen liturgischen Vollzugs; Bultmann verweist u. a. auf 2Kor 12,8; aaO. 130.

57 1Kor 16,22; Did 10,6; vgl. K. G. Kuhn, Art. maranatha, ThWNT IV, 470–475.

58 E. Käsemann, An die Römer, Tübingen 1974³, 233.

59 Theologie des Neuen Testaments, 439.

60 Vgl. R. Bultmann zur Stelle.

61 Niederwimmer, 265.

62 Augustin: »locutio ad Deum«, Evagrius Ponticus: »anabasis nou pros Theon«; zitiert nach HThG 1, 435f; vgl. auch SM II, 159.

63 Vgl. H.-L. Kulp, Das Gemeindegebet im christlichen Gottesdienst, Leit. 2 (355-415), 362, Anm. 9.

64 AaO. 361.

65 Besonders an der Verwendung von allerlei magischen Elementen wird erschreckend deutlich, »daß die Vorstellungen der griechischen (scil. christlichen) Gemeinden vom Gebet sich von denen der griechischen Welt nicht wesentlich unterschieden haben.« O. Dibelius, Das Vaterunser. Umrisse zu einer Geschichte des Gebets in der alten und mittleren Kirche, Gießen 1903, 18; vgl. RAC VIII, 1207ff.

66 Siehe oben S. 118.

67 Ein knapper Überblick über die dogmengeschichtliche Entwicklung bei H.-M. Barth, Die christliche Gotteslehre, 24-33.

68 Instruktiv, wenngleich leider nur auf die römisch-katholische Tradition begrenzt: J. A. Jungmann, Christliches Beten in Wandel und Bestand, München 1969.

69 So Kulp, Das Gemeindegebet, 389, im Blick auf die Anrede beim Kollektengebet.

70 Cyprian: »Agnoscat Pater Filii sui verba, cum precem facimus; qui habitat intus in pectore, ipse sit et in voce, et cum ipsum habeamus apud Patrem advocatum pro peccatis nostris, quando peccatores pro delictis nostris petimus, advocati nostri verba promamus ...«, zitiert nach J. A. Jungmann, Die Stellung Christi im liturgischen Gebet, LWQF 19/20, 1962, 126.

71 Zitiert nach Hammann, 56.

72 Zitiert nach Hammann, 74. Hammann verweist auf einen ähnlichen Text aus den – gnostisierenden – apokryphen Petrusakten: »Du bist für mich ein Vater, Du bist für mich eine Mutter, Du bist für mich ein Bruder, ein Freund, ein Diener, ein Verwalter, Du bist das Ganze und das Ganze ist in mir: Du bist das Sein und nichts ist außer Dir allein ...«; aaO. 446, Anm. 13. Es war für die junge Christenheit offenbar nicht leicht, sowohl das Formular eines Gebets zu einer Gottheit der polytheistischen Umwelt wie auch das gnostisch-pantheistische Gebetsverständnis zu umgehen.
73 Hammann, 61.
74 Zitiert nach Jungmann, Die Stellung Christi, 131.
75 Zitiert nach Jungmann, 137.
76 Zitiert nach Hammann, 404.
77 Zitiert nach Jungmann, Die Stellung Christi, 139. Vgl. im übrigen W. Gessel, Die Theologie des Gebets nach »De oratione« von Origenes, München/Paderborn/Wien 1975, bes. 85-127, 226-240, 250-254.
78 Vgl. Jungmann, 135.
79 Diodor von Tarsus und Flavian in Antiochien, Basilius d. Gr. in Caesarea, vgl. Jungmann, Die Stellung Christi, 153-155.
80 Vgl. Jungmann, 156, 158.
81 AaO. 159.
82 Aus der Anaphora; zitiert nach Hammann, 345f.
83 Jungmann, Die Stellung Christi, 171, räsonniert: »Wie der Organismus im Kampf um sein Leben weniger lebenswichtige Teile seiner Organe abbaut, um vorderhand die zentralen Kräfte zu stärken und in späteren Tagen der Gesundung vielleicht auch das Darangegebene wieder zu regenerieren, so sah sich jene Zeit genötigt, zum Schutz des Glaubens an die fundamentale Lehre von der Gottheit Christi zunächst im Bereich der liturgischen Gebetssprache Elemente aufzugeben, die bis dahin gewiß dem religiösen Leben wertvolle Dienste geleistet hatten.«
84 Jungmann, Christliches Beten, 77: Suscipe s. Trinitas; Placeat tibi s. Trinitas; 9. Jh.
85 »Rogo te Pater, deprecor te Fili, obsecro te Spiritus Sancte«, ebd. 78.
86 Die Reformation hat sich dieser Entwicklung angeschlossen; Andreas Musculus, der 1553 eine erste thematisch geordnete Sammlung von Gebeten aus reformatorischer Perspektive herausgab, stellt eine Gruppe von Gebeten zur Dreifaltigkeit voran. Vgl. P. Althaus d. Ä., Forschungen zur Evangelischen Gebetsliteratur, Gütersloh 1927, 102.
87 Vgl. Jungmann, Die Stellung Christi, 132 (Hippolyt), 133 (Basilius).
88 Jungmann, Die Stellung Christi, 179f., 185.
89 H. Denzinger, A. Schönmetzer, Enchiridion Symbolorum, editio XXXIV, 3758 (Ad catholici sacerdotii, 1935), 3846 (Mediator Dei 1947).
90 AaO. 373 (Arausicanum II, 529).
91 AaO. 376 (Arausicanum II, 529); dort wird die Verbindung zur »infusio« und »inspiratio« des Hl. Geistes nicht direkt hergestellt.
92 K. Rahner, Art. Gebet, LThK² 4, 542.
93 Hammann, 418.

94 Cyprian, nach Hammann, 419.
95 WA 30,1, 196,9f (Großer Katechismus); zu Luthers Gebetsverständnis vgl. G. Wertelius, Oratio continua. Das Verhältnis zwischen Glaube und Gebet in der Theologie Martin Luthers, Lund 1970; diese eher flächig referierende Darstellung ist zwar nach trinitarischen Gesichtspunkten angelegt, vermag das jedoch nicht theologisch fruchtbar zu machen. Vgl. ferner R. Damerau, Luthers Gebetslehre I, Marburg 1975, 128ff, II, Marburg 1977; O. Bayer, Promissio. Geschichte der reformatorischen Wende in Luthers Theologie, Göttingen 1971, 319-337.
96 Wa 2,83, 14f (Auslegung deutsch des Vaterunsers für die einfältigen Laien, 1519).
97 AaO. 83, 17ff.
98 Kleiner Katechismus, Anfang der Erklärung des III. Hauptstücks.
99 WA 30,1, 133, 12ff (Großer Katechismus; zum I. Gebot).
100 WA 30,1, 194 (Einfügung).
101 WA 30,1, 195, 9f.
102 WA 2,86, 32ff (Auslegung deutsch des Vaterunsers, 1519). Unter Berufung auf Cyprian: Die sieben Bitten sind »Sieben Anzeigungen unseres Elends und Dürftigkeit, durch welche der Mensch, zur Erkenntnis seiner selbst geführt, sehen kann, in einem wie gefährlichen und jammervollen Leben er hier auf Erden lebt; denn es nichts anderes ist, als eine Lästerung von Gottes Namen, ein Ungehorsam gegen Gottes Willen, eine Verstoßung von Gottes Reich, ein hungriges Land ohne Brot, ein sündiges Wesen, ein gefährliches Wandeln und alles Übels voll . . .«
103 WA 2, 83,36.
104 WA 2, 84,6.
105 Vgl. H. Beintker, Zu Luthers Verständnis vom geistlichen Leben des Christen im Gebet, LuJ 31, 1964 (47-68), bes. 56-66.
106 WA 8, 360, 29; 356,1 (Ev. von den zehn Aussätzigen, 1521).
107 WA 34,1, 395, 14ff. In diesem Sinne deutet Luther auch die Stellung des Vaterunsers nach Dekalog und Credo im Katechismus.
108 WATR 3, Nr. 3605.
109 O. Dietz, Das Allgemeine Kirchengebet, Leit. 2 (417ff), der die beiden Stellen anführt, die letztere allerdings falsch ausweist (444), deutet an, daß das Gebet nach der Predigt im reformierten Raum charakteristischerweise eine andere Funktion bekommt: Nach Anweisung des Weseler Konvents 1568 sollen die »Hauptstücke der Predigt darin berührt werden, damit die Sache selbst in den Herzen der Hörer fester haften bleibe«; aaO. 446.
110 »In ista perseverantia orationis et fidei fit Deus nobis ex abscondito apparens«, WA 44, 192, 32f.
111 WA 17,2, 203, 30ff.
112 WA 46, 210, 27ff.
113 Vgl. z. B. Luthers Auslegung von Gal 4,6 WA 40,1, 579ff. Dieser Gesichtspunkt wird leider völlig vernachlässigt von R. Jansen, Studien zu Luthers Trinitätslehre, Bern/Frankfurt 1976.
114 III, 20,1ff.: »Vom Gebet, das die vornehmste Übung des Glaubens ist und

durch das wir alle Tage Gottes Gaben ergreifen.« J. Calvin, Unterricht in der christlichen Religion. Institutio Christianae Religionis. Nach der letzten Ausgabe übersetzt und bearbeitet von O. Weber, Neukirchen-Vluyn 1963², 564ff; vgl. H. Scholl, Der Dienst des Gebets nach Johannes Calvin, Zürich 1968.

115 Scholl, 29.
116 Die im Blick auf den irdischen Vater gemeinte Bemerkung, das »väterliche Herzblut« könne sich ja »nicht verleugnen«, III, 20,37, bleibt marginal.
117 Institutio II, 20,36.
118 Scholl, 56.
119 Vgl. Scholl, 82-88: »Die Bedeutung von Römer 8 für das Gebet«.
120 Institutio III, 20,5.
121 Scholl, 87, beschwörend: »Keine Mystik!«
122 Institutio III, 20, 37.
123 Instititio III, 20, 14; vgl. Scholl, 34.
124 Institutio ebd.
125 Scholl, 117.
126 Vgl. z. B. oben S. 27f.
127 Sechs Bücher vom Wahren Christenthum . . ., Reutlingen 1861, Kap. 34, das als ganzes dem damals nur handschriftlich zugänglichen Gebetbüchlein Valentin Weigels entnommen ist; Orthographie modernisiert. Zur Entstehungs- und Wirkungsgeschichte von Johann Arndts »Wahrem Christentum« vgl. M. Schmidt, Art. Arndt, Johann, TRE IV (121-129), 122f, 125-128.
128 Überschrift Kap. 7 innerhalb von Kap. 34.
129 aaO. 329.
130 »Taulerus spricht: Gott ist ja so jach nach uns, und eilet so sehr nach uns, und tut gleich, als wollt ihm sein göttlich Wesen gar zerbrechen, und zunichte werden an ihm selber, daß er uns offenbare allen Abgrund seiner Gottheit, und die Fülle seines Wesens, und seiner Natur. Da eilet Gott zu, daß es unser also eigen sei, wie es sein eigen ist. Item: Wir sind zu unermeßlichen großen und ewigen Dingen geschaffen, berufen und geladen, und nimmt das Gott sehr übel von uns an, daß wir uns an kleinen, nichtigen, vergänglichen Dingen begnügen lassen« 349.
131 AaO. 348.
132 AaO. 353.
133 AaO. 354.
134 AaO. 340.
135 AaO. 341.
136 Ebd.
137 AaO. 350.
138 AaO. 350.
139 AaO. 345. Vgl. die in ganz ähnlichen Bahnen sich bewegende Predigt Gottfried Arnolds »Vom rechten Heiligen Evangelischen Gebet«, in dessen »Theologia Experimentalis«, Frankfurt/Main 1714, Kap XLV, 668ff.
140 »Ein Gespräch der gläubigen Seele mit Gott«, Vom Wahren Christentum II, Kap. 39.

141 So zeichnet sich denn der trinitarische Gedanke ab in den zehn Gründen für die Erhörungsgewißheit, die Johann Gerhard in seiner (übrigens gegen Johann Arndt gerichteten) »Schola pietatis« (1622/23) aufführt: »cor Dei paternum, os Dei veracissimum, manus dei omnipotens, Christi meritum, Christi juramentum, Christi sacerdotale officium, gratiosa Christi et Spiritus Sancti inhabitatio, Spiritus Sancti operatio, Spiritus Sancti interpellatio, Spiritus Sancti testificatio«. Nach E. Luthardt, Kompendium der theologischen Ethik, Leipzig 1896, 257.
142 Vgl. H.-M. Barth, Atheismus und Orthodoxie, 314ff; ders., Die christliche Gotteslehre, 79ff.
143 Das spiegelt sich auch in der Tatsache, daß der Begriff »Theismus« in der Auseinandersetzung mit dem Atheismus gebildet wurde; erstmals nachweisbar ist er m. W. bei Ralph Cudworth, True Intellectual System of the Universe, 1678; vgl. H.-M. Barth, Atheismus und Orthodoxie, 116f.
144 Abgedruckt in Chr. Einiger (Hg.), Die schönsten Gebete der Welt. Der Glaube der großen Persönlichkeiten, München 1976[6], 45f; vgl. auch die »Morgenandacht« des François de Fénelon, aaO. 60.
145 Vgl. den bei Einiger, 60, wiedergegebenen Text: »O mein Herr Jesus, ... Du, o göttliches Wort, bist selbst in uns dieses immerwährende und unablässige Gebet.«
146 Zitiert nach Heiler, Das Gebet, 254. Weitere Beispiele bei H. Bremond, Das wesentliche Gebet, Regensburg 1959[4]. So heißt es etwa in den 1634 erschienenen »Anweisungen für das Gebet solcher, die Mühe damit haben« von Claude Séguenot: »Damit wir nun durch unsere Frömmigkeitsakte ihn« – den ewigen Gott – »doch erreichen können, gibt er uns seinen Geist, durch den wir diese Akte vollbringen oder besser, der sie selber vollbringt, sie – und uns durch sie – auf Gott bezieht. Niemand, sagt der Sohn Gottes, kann zu mir kommen, wenn ihn der Vater nicht zieht. Der Vater zieht uns durch den Heiligen Geist. Durch ihn ruft er uns, bindet und vereint uns mit sich.« Denn: »Niemand kann zu Gott hingehen als Gott selbst; niemand (anders) zu ihm hintragen als er«, aaO. 91f. Solche Überlegungen sind sowohl von reformatorischer wie auch von katholischer Seite aus eher kritisch verfolgt worden.
147 Zitiert nach Heiler, Das Gebet, 414.
148 Zitiert nach Heiler, Das Gebet, 415.
149 EKG, Lied 274, 1.4.
150 AaO. Lied 477,1 (in der Ausgabe für die Evangelisch-Lutherische Kirche in Bayern).
151 AaO. 485,1 (in der Ausgabe für die Evangelisch-Lutherische Kirche in Bayern); Chr. Gregor.
152 Vgl. W. Ludwig (Hg.), Herz und Herz vereint zusammen. Gebete des Grafen Zinzendorf, Stuttgart 1958; Fr. H. Philipp, Zwiegespräch mit Gott. Das Gebet im Leben und Lebenswerk J. A. Bengels, Stuttgart 1972.
153 Vgl. H. Beintker, 51-55.
154 Fr. Schleiermacher – nach der Hl. Schrift, dem Dienst am göttlichen Wort, Taufe, Abendmahl und Beichte als sechstes Lehrstück, GL §§ 146f.
155 AaO. § 146,1.

156 AaO. § 146,2.
157 AaO. § 147,1.
158 AaO. § 147,2.
159 Ebd.
160 AaO. § 147,3.
161 AaO. § 170-172; vgl. Fr. Beißer, Schleiermachers Lehre von Gott dargestellt nach seinen Reden und seiner Glaubenslehre, Göttingen 1970, 234-237.
162 M. Kähler notiert, es herrsche »in der Theologie, zumal seit Schleiermacher, ein weitgehender Zweifel, ob eine eigentliche Erhörung einzelner Bitten denkbar sei, nicht ohne lähmende Wirkung auch im Leben« (234f). Kähler selbst schlägt, trotz seiner Polemik gegen Schleiermacher, nichts anderes als eine Variante zu dessen Lösung vor, wenn er formuliert: »Soll denn die Bitte gerade aufsteigen zu dem Throne des Vaters, so wird freilich von ihr ausgeschieden sein müssen, was nicht aufsteigen kann; so werden ihre Flügel in dem Maße gelähmt sein, als das Auge mehr an dem einzelnen, zumal irdischen Gegenstande haftet, als an der offenen oder geschlossenen Hand des Vaters. Und das ist klärlich eine Sache lediglich des inneren Menschen. Es kann mehr Gottinnigkeit in der Bitte um ein Geldstück sein als in derjenigen um die höchsten Angelegenheiten der Kirche« (260). Nicht im Gebets*anliegen,* sondern in der Gebets*haltung* liegt also für ihn das Kriterium der Erhörbarkeit, wobei der Gottesbegriff – jedenfalls an dieser Stelle – naiv theistisch bleibt.
163 Hinsichtlich der evangelischen Theologie sind die bei Beintker, 54ff, gegebenen Hinweise auf P. Althaus, K. Barth, H. Benckert, E. Brunner, R. Prenter und A. Schlatter heute zu ergänzen durch (in alphabetischer Reihenfolge): G. Ebeling, Dogmatik I, § 9 (und im Gesamtwerk passim), J. Feiner, D. Vischer, Neues Glaubensbuch. Der gemeinsame christliche Glaube, Freiburg 1973[13], 360-375; H.-G. Fritzsche, Hauptstücke des christlichen Glaubens, Berlin 1979[2] passim; H. Gollwitzer, Befreiung zur Solidarität. Einführung in die Evangelische Theologie, München 1978, 207ff; H. Graß, Christliche Glaubenslehre I, Stuttgart 1973, 136ff; H.-J. Kraus, Reich Gottes: Reich der Freiheit. Grundriß Systematischer Theologie, Neukirchen-Vluyn 1975, 212ff u. ö.; J. Moltmann, Kirche in der Kraft des Geistes. Ein Beitrag zur messianischen Ekklesiologie, München 1975, 309ff; H. Müller, Evangelische Dogmatik im Überblick, Teil 1, Berlin 1978, Fr. 158f; R. Schäfer, Der Evangelische Glaube, Tübingen 1973, passim; H. Thielicke, Der Evangelische Glaube I, 138-143 u. ö., III, 116-124; P. Tillich, Systematische Theologie III, 222-224 u. ö.; H. Ott, Wirklichkeit und Glaube 2, 297-329. Vgl. ferner A. de Quervain, Das Gebet als Übung und Probe des Glaubens, Stuttgart 1968. Ein Kapitel christlicher Lehre. Zollikon-Zürich, 1948; K. H. Miskotte, Der Weg des Gebets, München 1964; Fr. Mildenberger, Das Gebet als Übung und Probe des Glaubens, Stuttgart 1968. Ferner: Evangelischer Erwachsenen-Katechismus, Gütersloh 1975[2], 1245-1264, und: Aufschlüsse. Ein Glaubensbuch, Berlin 1979[3], 141-143, 441-443 (die beiden letzten Titel jedoch vorwiegend unter praktisch-theologischen Gesichtspunkten).
164 R. Schäfer, Gott und Gebet, 1968.

165 H. Ott, Wirklichkeit und Glaube 2, 12. Kap. »Das Gebet als Sprache des Glaubens«.
166 H. Ott, Theologie als Gebet und als Wissenschaft, 120ff.
167 G. Ebeling, Dogmatik I, 193.
168 Ebd.
169 AaO. I, 241.
170 AaO. I, 213.
171 AaO. I, 202.
172 AaO. I, 189.
173 Ebd.
174 AaO. I, 197.
175 AaO. I, 192f.
176 AaO. I, 291.
177 AaO. III, 522.
178 AaO. I, 208f.
179 AaO. II, 99f.
180 Ebd.
181 AaO. II, 330.
182 Ebd. Vgl. auch ders., Das Gebet; sowie ders., Vom Gebet.
183 Siehe oben S. 134f.
184 Christliche Glaubenslehre I, 137.
185 AaO. I, 137f.
186 R. Schäfer, Jesus und der Gottesglaube. Ein christologischer Entwurf, Tübingen 1970, 114.
187 AaO. 116.
188 Barth, KD III/3,301f. Das ist exklusiv gemeint; das so verstandene »Gebet« wird damit zur großen Antithese zu »Religion«. Die Phänomenologie des Gebets als eines auch im Blick auf die außerchristlichen Religionen und überhaupt anthropologisch zu bedenkenden Aktes gerät dabei außer Betracht, ja unter strenges Verdikt. Die Lektüre von Heilers Buch über das Gebet hat K. Barth seinerzeit mit einem »Prrr!« abgeschlossen, in der Überzeugung: »der Mann wird noch Schaden anrichten!« Vgl. O. Herlyn, Religion oder Gebet. Karl Barths Bedeutung für ein »religionsloses Christentum«, Neukirchen-Vluyn 1979 (zu Heiler: 87f; 68). Bei dieser Untersuchung handelt es sich um eine »Interpretation«, die sich kritische Einwände gegen Karl Barths Ansatz gar nicht erst gestattet.
189 Barth, KD III/3, 304f.
190 Barth, KD, III/3, 306.
191 Barth, KD III/3, 311f.
192 Barth, KD IV/4, 123, 229ff.
193 Barth, KD III/3, 313.
194 Barth, KD III/3, 309.
195 Vgl. die schöne Feststellung in KD II/1, 763: »Indem wir zur Kirche versammelt sind, indem uns das Wort Gottes verkündigt wird, indem wir glauben und unseren Glauben bekennen, indem die Theologie ihre Arbeit tut, indem dieses ganze Sein und Tun ein einziges Gebet ist und nun doch auch wieder

im Besonderen als Gebet vor Gott sich darstellt, sind wir tatsächlich an der Verherrlichung Gottes und so an seiner Selbstverherrlichung beteiligt.« – In KD III/4, § 53,3 denkt Barth ganz von Gottes Gebot und von des Menschen Freiheit vor Gott her; mit den christologisch argumentierenden Ausführungen in KD III/3, 301ff wird das nur beiläufig vermittelt.

196 Vgl. bes. P. Tillich, Das Paradox des Gebets, in: ders., Das Neue Sein. Religiöse Reden, 2. Folge, Stuttgart 1959², 128-131. Neuerdings trägt auch H. Thielicke einige Überlegungen über die »Ermächtigung zum Gebet durch das Pneuma« vor: Der Evangelische Glaube III, § 5, 116-124. Sie erscheinen mir jedoch gebremst durch die urprotestantische Angst von der »unio mystica«: Niemals verschwindet bei unserem Beten die »von Gott scheidende Tiefe, aus der wir rufen (und die uns als diese Tiefe realistisch gegenwärtig bleiben soll)«, ebd. 121. Vgl. ferner A. Louf, In uns betet der Geist, Einsiedeln 1974, sowie A. Gentili, Lo spirito prega in noi, Milano 1975 (diese beiden Arbeiten konnten von mir nicht eingesehen werden).
197 P. Tillich, Das Paradox, 129f; dazwischen psychologische Erwägungen; vgl. GW V, 181f.
198 Tillich, ST III, 223.
199 Tillich, ST I, 153.
200 Tillich, ST III, 223. Katholische Theologie vermochte dies deutlicher bewußt zu halten; vgl. K. Rahner, Von der Not, 35f: Unser Gebet ist tiefer als »das kindlich einfältige Gedänklein, das durch unser ausgedörrtes Gehirn zieht, herrlicher als das armselige Gefühl, das wie ein kleines Moos gerade noch kümmerlich auf dem hartgetretenen Boden unseres Herzens dahinvegetiert ... Wenn wir beten, dann ist das, was wir sagen und was wir in unserem sogenannten Ich davon merken, nur wie das letzte Echo, aus unermeßlichen Fernen kommend, des Rufens, in dem Gott sich selber ruft ...«
201 Tillich, GW XII, 348f.
202 Tillich, ST I, 312; vgl. 330f.
203 Tillich, ST III, 224.
204 Tillich, ST III, 271.
205 Tillich, ST III, 334.
206 Tillich, ST. III, 331: »Ist das Gebet, das sich an eine der drei *personae* (mit der gleichen göttlichen Substanz) wendet, an eine gerichtet, die unterschieden ist von den beiden anderen, an die andere Gebete sich wenden mögen? Wenn es keinen Unterschied gibt, warum richtet man dann das Gebet nicht ausschließlich an Gott? Wenn es aber einen Unterschied gibt – z. B. in der Funktion – wie ist dann ein Tritheismus zu vermeiden? Die Begriffe *ousia* und *hypostasis* oder *substantia* und *persona* beantworten dieses Grundproblem der praktischen Frömmigkeit nicht. Sie verwirren es nur und bieten die Möglichkeit für eine unbegrenzte Zahl von Objekten der Anbetung«, wie sie sich dann ja auch in der katholischen Heiligenverehrung verwirklicht habe.
207 Ursula Müller – s. Vorwort – merkt an: »So ›vulgär-protestantisch‹ denkt die Gemeinde tatsächlich! Ich kann Tillichs Skepsis schon verstehen!«
208 Tillich, ST III, 334: Er versteht seine Theologie als einen Beitrag zur Behebung dieser Krise.

Zu 4: Dreifaltiges Beten zum dreieinigen Gott

1 H. U. von Balthasar, Das betrachtende Gebet, Einsiedeln 1959²; vgl. auch A. Cuvelier, comme une terre desséchée. De la méditation orientale à l'oraison chrétienne, Paris 1972; Schaller 148-166. Andeutungen eines trinitarischen Gebetsverständnisses finden sich auch bei C. Bamberg 146-151. Ohne sich auf die Frage des Gebets zu beschränken, möchte neuerdings der italienische Theologe R. Moretti, In comunione con la Trinità alle sorgenti della vita cristiana, Torino 1979, den trinitarischen Ansatz des Christentums für die Frömmigkeit fruchtbar machen. Obwohl er im 1. Kap. ein exegetisch unreflektiertes Puzzle von Bibelstellen bietet, gelingt es ihm, vor allem durch Einblicke in die altkirchliche Theologie und in Aspekte der mystischen Frömmigkeit, sein Anliegen deutlich zu machen; vgl. bes. 54ff. Vgl. ferner M. Gisi, C. Capol, Experiencia trinitaria del cristiano, Revista de Espiritualidad 37, 1978, 457-471, sowie Frank Whaling, The Trinity and the Structure of Religious Life: An Indian Contribution to Wider Christian Theology, SJTh 32, 1979, 359ff. (Diese beiden Beiträge konnten leider von mir nicht eingesehen werden). Einen anderen Weg dagegen schlägt J. Sudbrack, SJ, Beten ist menschlich, vor; vgl. das Schlußkapitel: »Zusammenschau des christlichen Gebets: Im Namen Jesu – Im Geist Jesu – Zu Jesus«, 243-256.
2 AaO. 10.
3 AaO. 21.
4 AaO. 31ff,43ff,59ff.
5 AaO. 36; statt »Untiefe« soll es wohl heißen: »unergründliche Tiefe«.
6 AaO. 45f.
7 AaO. 65.
8 AaO. 72.
9 AaO. 67.
10 AaO. 72.
11 AaO. 73ff.
12 AaO. 61.
13 Ebd.
14 AaO. 62.
15 N. A. Nissiotis, Die Theologie der Ostkirche im ökumenischen Dialog. Kirche und Welt in orthodoxer Sicht, Stuttgart 1968, 60; vgl. 19-63. Vgl. ferner V. Lossky, Die mystische Theologie der morgenländischen Kirche, Graz/Wien/Köln 1961, 58-84, sowie neuerdings D. Wendebourg, Geist oder Energie. Zur Frage der innergöttlichen Verankerung des christlichen Lebens in der byzantinischen Theologie, München 1980. Weitere Literatur: M. M. Garijo-Guembe, Bibliografia sobre la Trinidad en la teologia ortodoxa, Estudios Trinitarios 11, 1977, 369-441.
16 Nissiotis, 21.
17 Aus dem ersten Dreifaltigkeits-Kanon des Metrophanes, zitiert nach E. Benz, Geist und Leben der Ostkirche, München 1971², 51.
18 G. Wagner, Der Heilige Geist als offenbar machende und vollendende Kraft. Der Beitrag der orthodoxen Theologie, in Cl. Heitmann, H. Mühlen (Hg.),

Erfahrung und Theologie des Heiligen Geistes, Hamburg/München 1974 (214-222), 219f.
19 Gregor von Nyssa, zitiert nach Wagner, 220.
20 Nissiotis, 62, vgl. 107, 114.
21 Nissiotis, 33f.
22 Nissiotis, 106.
23 Zu einer eigenwilligen Aufnahme und Ausprägung trinitarischer Elemente kam es im »Herzensgebet« der Ostkirche. Es wendet sich an Christus: »Herr Jesus Christus, erbarme dich meiner!« Unablässig wiederholt, entwickelt es eine Art »Selbsttätigkeit« im Menschen: »Dieser Vorgang läßt sich tatsächlich mit dem Ausdruck ›es betet in mir‹ beschreiben«, G. Wunderle, Zur Psychologie des hesychastischen Gebets, Würzburg 1949², 39. Doch muß es wohl angesichts seiner physiologischen und psychologischen Voraussetzungen weniger aus einer pneumatologischen als aus einer schöpfungstheologischen Perspektive verstanden werden. Auch diesem Gebet blieb es nicht erspart, mißverstanden zu werden. Vgl. ferner E. Jungclaussen (Hg.), Das Herzensgebet, Freiburg 1974.
24 H. Ott, Wirklichkeit und Glaube 2, 331-386. Er hat die möglichen Verbindungslinien zwischen Trinitätslehre und seinem Gebetsverständnis nur teilweise genutzt, vgl. 303-329. Es hat ihn wohl seine Konzeption von »Personalität« daran gehindert.
25 Ott, Wirklichkeit und Glaube 2, 335.
26 Ebd.
27 AaO. 349.
28 AaO. 354f.
29 AaO. 360.
30 Vgl. Ps 139.
31 Ott, Wirklichkeit und Glaube 2, 362.
32 Vgl. aaO. 364, 366.
33 AaO. 379f.; auf weitere Konsequenzen, die Ott aus seiner Interpretation ableitet, braucht in unserem Zusammenhang nicht eingegangen zu werden.
34 AaO. 381.
35 Der Gedanke der »Perichorese« läßt sich – gedeutet als das Ineinanderfließen von Gnade und Freiheit – gerade noch existential fruchtbar machen, vgl. aaO. 338 – wie aber mag es in dieser Hinsicht mit »proprietates personales« oder »opera ad intra« stehen?
36 Vgl. die einfachen und meditativ hilfreichen Sätze über den »dreieinigen Glauben«, das »dreieinige Handeln« und den »dreieinigen Menschen«, die J. Zink gefunden hat: Erfahrung mit Gott. Einübung in den christlichen Glauben, Stuttgart 1974, 401f, 425ff, 449ff.
37 Vgl. oben S. 145ff.
38 Vgl. H. W. Wolff, Anthropologie des Alten Testaments, § 2: »näpäš – der bedürftige Mensch«.
39 Luthers Morgensegen, EKG – Ausgabe für die Evang.-Luth. Kirche in Bayern, S. 655.
40 Reinhard Mumm – s. Vorwort – merkt an, es falle ihm auf, »wie kritisch Sie

zum ›Vater‹ stehen. Gewiß gibt es heute bei uns mannigfache Vater-Probleme. Aber das ist doch wohl typisch für die Spätkultur unserer westlich-abendländischen Welt. Andere Völker denken anders, etwa in Afrika und Asien.« Das entbindet uns freilich nicht davon, gerade die Schwierigkeiten, die wir nun einmal haben, ernst zu nehmen und auch theologisch auf sie zu reagieren. – Einen Versuch, die Vater-Problematik trinitarisch zu lösen, unternimmt neuerdings J. Ansaldi, La paternité de Dieu. Libération ou névrose? Etudes théologiques et religieuses 55, 1980.

41 So der Märtyrer Attalus in seinem Prozeß auf die Frage des Richters nach dem »Namen« seines Gottes; MPG 20, 431.
42 Vgl. Moser, 23.
43 Bamberg, 61.
44 Schlatter, 121.
45 WA 19, 224, 21ff, 223, 15 (Der Prophet Jona ausgelegt, 1526); vgl. WA 44, 97,16ff. 103,29ff. (Vorlesung über Gen 32), sowie die leider wenig spannenden Ausführungen bei Wertelius 268ff. Wenn der Betende darauf angewiesen bleibt, immer wieder gegen den Deus absconditus zum Deus incarnatus durchzustoßen, folgert H. Schultze mit Recht – »dann muß das doch konsequenterweise auch die Struktur der Aussagen über das Gebet bestimmen«, Gebet zwischen Zweifel und Vertrauen, EvTh 30, 1970 (133-149), 143.
46 Ann B. Ulanov bringt das auf die Formel »the experience of being led through our images of God to God facing us from the other side of the images«, 394; vgl. den gesamten Abschnitt 392-395. Ihre Überlegungen berühren sich mit meinem Versuch zu Feuerbach: Glaube als Projektion. Zur Auseinandersetzung mit Ludwig Feuerbach, NZSThR 12, 1970, 363-382.
47 S. Cassidy, Beten in Bedrängnis. Gebetserfahrung in der Haft in Chile, GuL 53, 1980, 81f.
48 G. Ruhbach (Hg.), Glaubensbekenntnisse für unsere Zeit, Gütersloh 1971, Nr. 61.
Das Bitten im Geist Jesu ist also alles andere als ein »psychedelisches« Gebet, wie es etwa von Timothy Leary beschrieben wird: »Während jeder psychedelischen Reise kommt das Bedürfnis zu kommunizieren, so hoch und so gut wie möglich. Dieses Bedürfnis ist seit Jahrtausenden erkannt und erfüllt worden. Alle Gebete sind ursprünglich psychedelische Verständigung mit höheren, freieren Energien – ein Sich Einstimmen auf den milliardenjahrealten Tanz der Energie. Gewöhnliche Gebete sind meistenteils zu Spiel-Ritualen erstarrt. Slogans, sinnlose Worte, Bitten um Hilfe beim Spiel. Aber der entscheidende spielfreie, schrecklich-erhabene, ehrfurchtgebietende Augenblick kommt ... Der Augenblick des ekstatischen Schreis / Dazu mußt du bereit sein, zu beten / Über dich selbst hinauszuwachsen / Die Energie jenseits Deines Spiels zu berühren ...« Zitiert nach M. Schibilsky, Religiöse Erfahrung und Interaktion. Die Lebenswelt jugendlicher Randgruppen, Stuttgart/Berlin/Köln/Mainz, 1976, 57.
Der mystischen Versenkung mag widerfahren, was F. Heiler als das »Wunder des Gnadengebets« beschreibt: »Der größte Mystiker des Islam, Jalâl eddîn-Rûmî, erzählt uns von einem eifrigen Beter, der an seinem Gebet irre

wurde, weil er von Gott nicht die Antwort vernahm: ›Sieh, hier bin ich‹. Da offenbarte sich ihm Gott und tröstete ihn mit den Worten:
Sieh', Deine Ruf' ›o Gott!‹ enthalten meine Antwort: ›hier bin ich‹.
Denn dies Gebet und dieser inn're Brand und Schmerz mein Bote war.
Die Mittel und die Weg', die du zu suchen glaubtest für dich selbst,
Die waren meine Mittel, dich zu fassen und zu führ'n zu mir.
Dein Fürchten und dein Lieben find' sicher Bürgschaft meiner Gnad!
Bei jedem deiner Ruf': ›O Gott‹ tönt's vielfach von mir: ›hier bin ich‹.«
Zitiert nach: Das Geheimnis des Gebets. Evangelisches Christentum und Mystik. Die Gemeinschaft der Heiligen, München 1919, 40. Heiler setzt diese Erfahrung dann freilich gerade nicht von Röm 8,26 ab!

49 Vgl. A. Heimler, Selbsterfahrung und Glaube. Gruppendynamik, Tiefenpsychologie und Meditation als Wege zur religiösen Praxis, München 1976, 190ff: »Konflikt-Meditation«; 193: »Nicht ausweichen, die Ausweglosigkeit bejahen«; 128ff: »Weg zum Selbersein als Kreuzweg des Menschseins«.

50 Paul Gerhardt, EKG, 86,6. Vgl. R. K. Seasoltz, Christian prayer: experience of the experience of Jesus' dying and rising, Worship 53, 1979, 98-118 (konnte von mir nicht eingesehen werden).

51 So gilt es, mit Luthers Worten, unser Gebet in das Gebet Christi zu »flechten«, wie umgekehrt Christus »unser Gebet in seines und seines in das unsere mengt«, so daß sein und unser Gebet, gleichsam zusammengebacken, einen »Kuchen« ergeben, WA 46, 97f.; vgl. Wertelius 217ff.
Die Auslegungsgeschichte zu Gal. 2,20, Luthers Gedanke vom »fröhlichen Wechsel« zwischen Christus und der Seele (vgl. W. Allgaier, Der »fröhliche Wechsel« bei Martin Luther, Diss. 1966, bes. 185ff) sowie die Tradition der Christusmystik (vgl. P. Althaus, Art. Christusmystik, RGG³ I, 1798) müßten in diesem Zusammenhang näher bedacht werden. W. Elert, Morphologie des Luthertums I, München 1931, 154, verweist auf die allerdings nur in einem Predigt-Druck nachweisbare Behauptung Luthers, daß Gott »Christum, seinen lieben Sohn, ausschüttet über uns und sich in uns gießt und uns in sich zieht, daß er ganz und gar vermenschlicht wird und wir ganz und gar vergottet werden ... und alles miteinander ein Ding ist, Gott, Christus und du«, WA 20, 229, 30ff; 230, 10; Text modernisiert.

52 Noch nicht genügend ausgewertet scheinen mir die Ausführungen der lutherischen Orthodoxie über die »unio mystica« als einer »coniunctio spiritualis Dei triunius cum homine iustificato« (Hollaz); vgl. H. Schmid, § 47; Elert I, 135-154; W. Zeller, Luthertum und Mystik. Von Johann Tauler bis Matthias Claudius, in: H. Reller / M. Seitz (Hg.), Herausforderung: Religiöse Erfahrung. Vom Verhältnis evangelischer Frömmigkeit zu Meditation und Mystik, Göttingen 1980, 97-125; W. Philipp, Art. Unio mystica, RGG³ VI (1136-1138), 1136f; dort weitere Literaturhinweise.

53 Diese Spannung wurde in der – ansonsten eindrucksvollen – katholisch mystischen Trinitätsfrömmigkeit nicht immer durchgehalten: Die selige Angela da Foligno glaubt sich »in medio Trinitatis« zu finden; ähnliche Formulierungen begegnen bei Katharina von Siena. Doch der dreieinige Gott droht hier zu einer neuplatonischen Supergottheit zu werden, die den Menschen in Mo-

menten psychischer Ekstase den Boden unter den Füßen verlieren läßt. Katharina betet: »O ewige Dreieinigkeit! O Gottheit(!) ... du, ewige Dreieinigkeit, bist ein tiefes Meer – je mehr ich eindringe, desto mehr finde ich, und je mehr ich finde, desto mehr suche ich nach dir ... wie den Hirsch verlangt nach der Quelle lebendigen Wassers, so verlangt meine Seele danach, den dunklen Körper zu verlassen und deine Wahrheit zu sehen ...« (Übersetzt nach R. Moretti, In comunione con la trinità, 119; vgl. dort bes. 106ff). Die entsprechenden Äußerungen von Teresa de Jesus und Schwester Elisabeth v. d. hlst. Dreifaltigkeit (ebd. 120ff, 125ff) müssen ebenso kritisch gewertet werden: Die Dreieinigkeit wird in ihrem nur für die Seele (= Psyche?) erreichbaren Jenseits zur Welt begriffen, nicht aber in ihrer heilvollen Beziehung zur Welt, die eine Abwertung des Körperlichen, Materiellen ja gerade ausschließen würde.
54 G. Schinle, Dreifaltigkeitsschau, EuA 50, 1974, 221-225.
55 WA 38, 373-375.
56 Vgl. zu diesem gesamten Problemkreis meine Arbeit: Wie ein Segel sich entfalten. Selbstverwirklichung und christliche Existenz, München 1979, bes. 56ff.
57 Ohne dies trinitarisch zu begründen, findet Thielicke: »Die Situation, die so als Ort des Beters an seinem Gebet beteiligt ist, wird zuerst und zuletzt dadurch bestimmt, daß der Betende innerhalb der *Gemeinde* steht, daß er von der Kirche *umfangen* und insofern nicht als isolierte Monade zu verstehen ist«, in: Der Evangelische Glaube III, 123.
58 Vgl. W. Stählin, Mysterium. Vom Geheimnis Gottes, Kassel 1970, 127ff.
59 In meiner »Theorie des Redens von Gott« habe ich dieses Geschehen als »Wort-Antwort-Prozeß« zu beschreiben versucht.
60 WA 2,750,8ff; (Ein Sermon von dem hochwürdigen Sakrament des wahren heiligen Leichnams Christi ..., 1519).
61 Besonders reformierte Theologen legen in Untersuchungen über das Gebet darauf Wert, daß nach Röm 8,15 der Geist keineswegs selbst der Autor des Gebets ist: Für Paulus ist »der Beter nicht einfach Durchgangsstation göttlicher Kräfte«; das »Beten des Pneuma streicht den Menschen in *seinem* Beten nicht durch, erniedrigt ihn auch nicht zu einem bloßen Kanal, sondern erhöht ihn zur Würde des verantwortlichen Beters, der durch das eintretende Werk des Pneuma gerechtfertigt ist«, Bieder, 39f; vgl. Miskotte, 83. Freilich ist damit Gal 4,6 noch nicht berücksichtigt.
62 1Thess 5,17.25; Jak 5,16; Eph 6,18; Mt 7,7; 5,44. Insgesamt aber mag es auffallen, wie selten sich deartige Aufforderungen in der Bibel finden. Häufiger wird vom Vollzug des Gebets berichtet, von Erfahrungen, die Einzelne oder Gruppen damit gemacht haben.
63 »Prayer is a place of stress. For there we are what we are, disidentified from our conscious daily roles and from their inner objects we have been introjecting or those we have projected onto the God in our own image«, Ulanov, 391.
64 »For finally in prayer, I am I, better or worse, before God, and not mother or teacher or wife or lover or some identity I share with my depressed or anxious

or dulled feelings«, Ulanov, 388. Diese psychologisch gemeinte Aussage heißt ins Theologische gewendet: Betend »gehen wir selbst in dem, was uns mit unserer Welt verbindet, nicht mehr ganz auf, wir sind als Fragende, Hoffende, Betende *selbst* etwas, ganz abgesehen von unseren Funktionen«, Veit, 465.

65 Vgl. die Titelformulierungen von H. U. von Balthasar und C. Bamberg.
66 »ipse in te audit«; wer kann mir diese Stelle nachweisen? Ich vermute sie in Dictata super psalterium.
67 Vgl. Apg 4,31, ursprüngliche Übersetzung Luthers.
68 Kähler, 245.
69 Schlatter, 125f.
70 F. Ulrich bedenkt das »betende ›Zu-grunde-gehen‹«, im Anschluß an Kierkegaards Tagebuchnotiz: »Ich wäre zugrunde gegangen, wenn ich nicht zugrundegegangen wäre«, in: Gebet als geschöpflicher Grundakt, Einsiedeln 1973, 28-36 – ein Wortspiel, das im Angesicht des verborgenen Gottes eine weit erschreckendere Tiefe erhält als bei der meditativen Entfaltung eines »kreatürlichen Grundakts«!
71 G. Harder, Paulus und das Gebet, Gütersloh 1936, urteilt: »Paulus kennt kein anderes Gebet als das in der Spannung der Endzeit stehende ... Der Christ steht unter der eigentümlichen Erfahrung des Durchbruchs der göttlichen Welt.« »Daß Gott Vater ist, ist aber nicht eine naturale oder supranaturale Tatsache, sondern ist Ereignis der Endzeit und erschließt sich nur dem Glauben und der Erfahrung des neuen Menschen!« Ebd. 215, umgestellt. Ob sich dies exegetisch voll aufrechterhalten läßt, bleibe dahingestellt. Jedenfalls ist es sachlich angemessen, wenn K. Dirschauer das Gebet unter dem Stichwort »Die eschatologische Frömmigkeit« beschreibt, in: Leben aus dem Tode. Grundlegung christlicher Frömmigkeit, München 1979, 114ff.
72 Von Reinhard Mumm – s. Vorwort – werde ich auf Formulierungen W. Stählins hingewiesen, die sich mit meinen Überlegungen berühren: »Wo aber der betende Mensch sich wirklich Gott darbietet als Herberge und Heiligtum, da ereignet sich das Mysterium, daß Gott selbst durch das Medium dieses menschlichen Lebens in dieser Welt handelt und wirkt ... daß sich Gott mit einem Menschen verbündet und durch diesen Menschen hindurch Sein Werk in der Welt treibt, ist das Geheimnis des Gebets ... Das wirkliche Gebet ist die persönliche Teilnahme an dem Mysterium, an dem Geheimnis, für das in dem Umkreis einer rationalen Wissenschaftsgläubigkeit kein Raum ist«, Mysterium. Vom Geheimnis Gottes, Kassel 1970, 79f. Hier fehlt jedoch die eschatologisch-dynamische Komponente; Stählin liegt an der präsentischen Vergegenwärtigung des Geheimnisses, die dann im Sinne einer religiösen Initiative und auf Kosten des sich nicht religiös, sondern rational verstehenden Zeitgenossen formuliert zu werden droht. Zudem wird der Eindruck nicht ganz vermieden, als handle es sich beim Gebet zwar nicht um ein magisches Verhalten des Menschen, aber doch um eine Art göttlicher Magie, die den Menschen erfaßt.
73 Frieda Kriechbaum – s. Vorwort – fragt mich nach Durchsicht meines Manuskripts: Geht die hier vorgetragene Problemlösung über das hinaus, was

bereits in dem oben skizzierten Modell 1.4 angelegt ist? Ich antworte: Tatsächlich hat 1.4 insofern eine besondere Nähe zu dem von mir vorgetragenen Entwurf, als allein hier der Gestalt Jesu eine konstitutive Funktion zukommt und somit Ansatzpunkte zu trinitarischen Überlegungen sichtbar werden. Dies läßt sich übrigens an einer Äußerung Dorothee Sölles ausdrücklich belegen: »Angesichts dessen, der nicht länger König und Herrscher, Tyrann und Machthaber, verborgener Lenker und großer Magier heißen will, sondern nun: Vater, Sohn und Geist, reißt der Horizont der antiken Gotteserfahrung auf – nicht länger geht es im Gebet um die Verteilung von Macht und Ohnmacht, nicht länger sind Herr und Knecht, Subjekt und Objekt die Gegensätze, zwischen denen so etwas wie Gebet zu vermitteln suchte« (Gebet 112). Mir liegt daran, diesen Ansatz mit den berechtigten Anliegen von 1.1 – 1.3 zu vermitteln und ihn im Sinne einer an der Tradition orientierten trinitarischen Theologie weiterzudenken, weil er anderenfalls mißverständlich wird. Man kann so nämlich noch mehr sagen, als »daß in jedem Gebet ein Engel auf uns wartet, weil jedes Gebet den Betenden verändert, ihn stärkt, indem es ihn sammelt und zu der äußersten Aufmerksamkeit bringt, die im Leiden uns abgezwungen wird und die wir im Lieben selber geben« (Sölle, Leiden 109). Und man kann noch deutlicher zum Ausdruck bringen, inwiefern das »überkommene Symbol« der »bejahten und geliebten Totalität« »Gott« ist, ein Gott, »der nicht als fertiges Wesen über uns ist, sondern der, wie alles, was wir lieben, erst wird« (Sölle, Leiden 117, unter Hinweis auf Jacques Lusseyran, Das wiedergefundene Licht). Behalten wir im Bewußtsein, daß die Alternative »fertig/unfertig« ohnehin für Gott letztlich unangemessen ist, so dürfen wir im Blick auf seine Zuwendung zu uns sagen: Der in seinen Beziehungen sich verwirklichende dreieinige Gott ist in der Tat nicht »fertig«, jedoch weniger, weil er sich unter dem Eindruck *unserer Liebe* veränderte, sondern weil *er als der Liebende*, als der in Liebe Schaffende, Erlösende und zum Ziel Bringende unentwegt verändert – den Betenden, die Welt und damit auch sich selbst. Das Gebet steht dann nicht mehr in der Gefahr, als ein nur psychologisches oder politisches Hilfsmittel mißverstanden zu werden: Gerade auch in seiner psychologischen und politischen Funktion gehört es in das Geschehen des Reiches Gottes hinein – aber eben nicht nur als die Bitte um das Kommen, sondern auch als das Ergebnis der bereits wirksamen, schon gegenwärtigen Gottesherrschaft. Zugleich wird das »Reich Gottes« als etwas begriffen, das den Aktionsradius des Menschen bzw. der menschlichen Gesellschaft transzendiert. Gott ist dann Symbol nicht »für unsere unendliche Fähigkeit zu lieben« (Sölle, Leiden 117), sondern – analog formuliert – für die Begründung unserer Zuversicht, unendlich geliebt zu werden. Unsere Liebe begründet sich nicht aus uns, sondern aus ihm, dem wir unser kreatürliches Sein verdanken, der uns in unserer chronischen Unfähigkeit zur Liebe erträgt, entlastet und uns zu neuer tieferer Liebe befähigt. Daß wir mit unserem Leben, Lieben und natürlich auch Beten nicht bei uns selbst anzusetzen haben, sondern bei dem, wodurch wir selbst gesetzt sind, läßt sich bislang nicht besser zum Ausdruck bringen als durch den Rückgriff auf die christliche Sprachtradition, die sich im Bekenntnis zum dreieinigen Gott zusammenfaßt.

Ich verstehe es als sinnvolle »Gegenprobe« zu meinen Überlegungen, daß sie sich auf der einen Seite mit denen von W. Stählin (vorige Anm.), auf der anderen mit denen von D. Sölle berühren, und daß ich mich gegen beide nur im Detail abgrenzen muß.

74 Die mir dazu bekannt gewordenen Arbeiten befriedigen nicht, da sie meist nur eine bestimmte Stufe innerhalb der kindlichen Entwicklung im Blick haben, nicht aber den Weg von der einen zur anderen reflektieren. Ganz abgesehen davon, daß auch das Gebet des Erwachsenen sich mit dessen Lebensstufen verändern und vertiefen könnte bzw. sollte! Vgl. Bargheer, Gebet, 184ff – trotz hochtrabender Leitbegriffe (4.1.1: »Beten-lernen, ein lebensgeschichtlicher Faktor der Lernbiographie nachchristlicher Zeit« u. ä.) weitgehend nur materialsammelnd und theologisch wie entwicklungspsychologisch unzureichend. Vgl. ferner: W. Neidhart, Psychologische Aspekte der Gebetserziehung, in: Bargheer/Röbbelen, 75-85; Reinmar Tschirch, Mit Kindern reden – mit Kindern beten, Gütersloh 1980 (GTB 362), sowie Heidi und Jörg Zink, Wie Sonne und Mond einander rufen. Gespräche und Gebete mit Kindern. Mit Bildern von H. Deininger, Stuttgart 1980. Einige Hinweise lassen sich dem Themenheft Nr. 11, Jg. 104, 1979 der Katechetischen Blätter entnehmen.

75 Einen indirekten Beleg dafür lieferte jüngst der Vertreter des islamischen Weltkongresses für die Bundesrepublik Deutschland, Muhammad S. Abdullah, der das Vaterunser – neben Texten aus dem Koran – als gemeinsames Gebet für Christen und Moslems empfahl; DPfBl 80, 1980, 411.

76 Vgl. R. Mumm, »Nehmet und esset!« Einladung zum Tisch des Herrn, München 1978.

77 Vgl. R. Bultmann, Art. ›agalliaomai, agalliasis‹, ThW I, 18-20.

78 Diese in der Antike verbreitete Gebetshaltung wurde von der jungen christlichen Kirche theologisch reflektiert und neu interpretiert; RAC VIII, 1216, 1231f. Vgl. zum Ganzen S. Tugwell, Der Leib beim Gebet, TGA 20, 1977, 153-158.

79 EKG, Ausgabe für die Evang.-Luth. Kirche in Bayern, 655.

80 AaO. 664.

81 AaO. Lied 351 (Jochen Klepper).

82 Vgl. W. Stökl (Hg.), Erfahrungen mit der Nacht, Kassel 1976.

83 Mit Recht macht H. Schultze darauf aufmerksam, daß das Gebet »zum Vollzug des Glaubens in der Zeit der Pilgerschaft des Christen« gehört (142) und daß »dem Begriff des angefochtenen Glaubens der vom *Gebet des Zweifels«* korrespondiert (147).

84 Zitiert nach D. Sölle, Gebet, 113. Vgl. auch H. U. von Balthasar, Vom immerwährenden Gebet, IKZ Communio 4, 1975, 206-217, sowie M. Ruß, Das unablässige Gebet, GuL 45, 1972, 414-421. M. Buber übersetzt Ps 108,2: »Ich aber bin Gebet«, (ebd. 419).

Literaturhinweise

Wichtige Literatur ist durch * gekennzeichnet; weitere Literatur, die in indirektem Zusammenhang mit dem Thema steht, findet sich in den Anmerkungen. Traktatliteratur und Gebetssammlungen wurden i. a. nicht berücksichtigt. Die Abkürzungen erfolgten nach RGG³.

Altenähr Albert, Dietrich Bonhoeffer – Lehrer des Gebets. Grundlagen für eine Theologie des Gebets bei Dietrich Bonhoeffer (Studien zur Theologie des geistlichen Lebens VII), Würzburg 1976.
Althaus Paul d. Ä., Forschungen zur Evangelischen Gebetsliteratur, Gütersloh 1927.
Ansaldi Jean, La paternité de Dieu. Libération ou névrose?, Etudes théologiques et religieuses 55, 1980.
Arndt Johann, Sechs Bücher vom Wahren Christenthum ... nebst dessen Paradiesgärtlein, Stereotypausgabe Reutlingen 1861.
Arnold Gottfried, Theologia Experimentalis ..., Frankfurt/Main 1714.
Asseburg Hans Benno, Das Gebet in der neueren anthropologisch orientierten Theologie, Diss. Hamburg 1971.
Bader Günter, Das Gebet Jonas. Eine Meditation, ZThK 70, 1973, 162-205.
*Balthasar Hans Urs von, Das betrachtende Gebet, Einsiedeln 1959².
–, Vom immerwährenden Gebet, IKZ Communio 4, 1975, 206-17.
*Bamberg Corona, Wer sich dem An-spruch stellt. Zum Gebetscharakter des Lebens, Würzburg 1976.
Bargheer Friedrich W., Gebet und Beten lernen. Die theologisch-anthropologischen Grundlagen und die lebensgeschichtliche Verarbeitung ihrer Krise, Gütersloh 1973.
Bargheer Friedrich W./Röbbelen Ingeborg (Hg.), Gebet und Gebetserziehung (Pädagogische Forschungen. Veröffentlichungen des Comenius-Instituts 47), Heidelberg 1971.
Barth Hans-Martin, Die christliche Gotteslehre. Hauptprobleme ihrer Geschichte, (Studienbücher Theologie/Kirchen- und Dogmengeschichte) Gütersloh 1974.
–, Glaube als Projektion. Zur Auseinandersetzung mit Ludwig Feuerbach, NZSThR 12, 1970, 363-382.
–, Theorie des Redens von Gott. Voraussetzungen und Bedingungen theologischer Artikulation, Göttingen 1972.
–, Wie ein Segel sich entfalten. Selbstverwirklichung und christliche Existenz, München 1979.
Barth Karl, Die Kirchliche Dogmatik I/1 – IV/4, Zollikon-Zürich 1932ff (KD).
Bayer Oswald, Promissio. Geschichte der reformatorischen Wende in Luthers Theologie (FKDG 24), Göttingen 1971.

Beintker Horst, Zu Luthers Verständnis vom geistlichen Leben der Christen im Gebet, LuJ 31 (1964) 47-68.
Ben-Chorin Schalom, Betendes Judentum. Die Liturgie der Synagoge, Tübingen 1980.
Benckert Heinrich, Das Gebet als Gegenstand der Dogmatik, EvTh 15, 1955, 535-552.
Benz Ernst, Geist und Leben der Ostkirche (Forum Slavicum 30), München 1971².
**Bernet Walter,* Gebet, Stuttgart/Berlin 1970.
Bieder Werner, Gebetswirklichkeit und Gebetsmöglichkeit bei Paulus. Das Beten des Geistes und das Beten im Geiste, ThZ 4, 1948, 22-40.
Boccassino Renato (Hg.), La preghiera, 3 Bde, Milano/Roma 1967.
Brand E., Gruß und Gebet. Eine Studie zu Gebärden in der minoisch-mykenischen und frühgriechischen Kunst, Waldsassen 1965.
Bremond Henri, Das wesentliche Gebet (La métaphysique des Saints), Regensburg 1959⁴.
Buhr Heinrich, Über das Gebet, in: Otto Gert (Hg.), Glauben heute. Ein Lesebuch zur Evangelischen Theologie der Gegenwart, Hamburg 1965 (Stundenbücher Bd. 48).
Bultmann Rudolf, Das Evangelium des Johannes, Göttingen 1959.
–, Theologie des Neuen Testaments, 7., durchgesehene, um Vorwort und Nachträge erweiterte Auflage hg. von O. Merk, Tübingen 1977.
Buren Paul M. van, Reden von Gott – in der Sprache der Welt. Zur säkularen Bedeutung des Evangeliums, Zürich/Stuttgart 1965.
Calvin Johannes, Unterricht in der christlichen Religion. Institutio Christianae Religionis. Nach der letzten Ausgabe übersetzt und bearbeitet von Otto Weber, Neukirchen-Vluyn 1963².
Cassidy Sheila, Beten in Bedrängnis. Gebetserfahrung in der Haft in Chile, GuL 53, 1980, 81-90.
Cornehl Peter, Analyse von Gebeten. ThP 4, 1969, 42-54.
– (Hg.), Gebete unserer Zeit. Für Gottesdienst und Andacht, Gütersloh 1974².
Cuvelier André, comme une terre desséchée. De la méditation orientale à l'oraison chrétienne, Paris 1972.
Damerau Rudolf, Luthers Gebetslehre bis 1515, I, Marburg 1975.
–, Luthers Gebetslehre, 1515-1546, II, Marburg 1977.
Dee Helmut, Art. Gebet, in: Otto Gert (Hg.), Praktisch Theologisches Handbuch, Hamburg 1975², 234-249.
–, Die Wirklichkeit des Gebets. Fragestellungen im Kontext der heutigen Theologie, MPTh 55, 1966, 503-513.
D'Hoogh Fons, Beten in einer säkularisierten Welt, Conc 5, 1969, 667-674.
Dibelius Otto, Das Vaterunser. Umrisse zu einer Geschichte des Gebets in der alten und mittleren Kirche, Gießen 1903.
Dietz Otto, Das Allgemeine Kirchengebet, Leit. 2, 417ff.
Dirschauer Klaus, Leben aus dem Tode. Grundlegung christlicher Frömmigkeit, München 1979.
**Ebeling Gerhard,* Dogmatik des christlichen Glaubens, Bd. I-III, Tübingen 1979.

*–, Das Gebet: ZThK 70, 1973, 206-225.

–, Vom Gebet. Predigten über das Unser-Vater, Tübingen 1963.

Eichrodt Walther, Theologie des Alten Testaments, Teil 1, Stuttgart/Göttingen 1957[5], Teil 2/3 1961[4].

Einiger Christoph (Hg.), Die schönsten Gebete der Welt. Der Glaube der großen Persönlichkeiten, München 1976[6].

Evangelischer Erwachsenen-Katechismus. Kursbuch des Glaubens, im Auftrag der Katechismuskommission der Vereinigten Evangelisch-Lutherischen Kirche Deutschlands hg. von W. Jentsch, H. Jetter, M. Kießig und H. Reller, Gütersloh 1975[2].

Evangelisches Kirchengesangbuch, Ausgabe für die Evangelisch-Lutherische Kirche in Bayern, 1959[2].

Fabro Cornelio, La preghiera nel pensiero moderno, Roma 1979.

Feiner Johannes, Vischer Lukas (Hg.), Neues Glaubensbuch. Der gemeinsame christliche Glaube, Freiburg 1973.

Feuerbach Ludwig, Das Wesen des Christentums. Nachwort von Karl Löwith, Stuttgart 1969 (Reclam 4571-77).

Fonck A., Art. Prière, DThC 13,1 (1936), 169-244.

Freud Sigmund, Massenpsychologie und Ich-Analyse. Die Zukunft einer Illusion, Frankfurt/Main 1967 (Fischer TB 6054).

–, Totem und Tabu. Einige Übereinstimmungen im Seelenleben der Wilden und der Neurotiker, Frankfurt/Main 1972 (Fischer TB 6053).

Fritzsche Hans-Georg, Hauptstücke des christlichen Glaubens, Berlin 1979[2].

Fuchs Ernst, Gebet und Gebetssituation. Ein Vortrag, EvTh 29, 1969, 133-144.

Gamper Arnold, Gott als Richter in Mesopotamien und im Alten Testament. Zum Verständnis einer Gebetsbitte, Innsbruck 1966.

Garijo-Guembe M. M., Bibliografia sobre la Trinidad en la teologia ortodoxa, Estudios Trinitarios 11, 1977, 369-441.

Gentili A., Lo spirito prega in noi, Milano 1975.

Gerhard Johann, Loci theologici . . ., 3. Bd., Berlin 1865.

Gerstenberger Erhard S., Der bittende Mensch. Bittritual und Klagelied des Einzelnen im Alten Testament (WMANT 51), Neukirchen-Vluyn 1980.

Gessel Wilhelm, Die Theologie des Gebets nach »De oratione« von Origenes, München/Paderborn/Wien 1975.

Gisi Martha / Capol Cornelia, Experiencia trinitaria del cristiano, Revista de Espiritualidad 37, 1978, 457-471.

Gollwitzer Helmut, Befreiung zur Solidarität. Einführung in die Evangelische Theologie, München 1978.

Grass Hans, Christliche Glaubenslehre I, Stuttgart 1973.

Greshake Gisbert / Lohfink Gerhard (Hg.), Bittgebet – Testfall des Glaubens, Mainz 1978.

Häring Bernhard, Das Gesetz Christi. Moraltheologie. Dargestellt für Priester und Laien, 2 Bd., Freiburg 1963[7].

Hammann Adalbert (Hg.), Gebete der ersten Christen. Mit einer Einführung von Henri Daniel-Rops, Düsseldorf 1963.

Harder Günther, Paulus und das Gebet (Neutestamentliche Forschungen I. Reihe, 10. Heft), Gütersloh 1936.
Hardy Alister, Der Mensch – das betende Tier. Religiosität als Faktor der Evolution, Stuttgart 1979.
Hausammann Susi, Atheistisch zu Gott beten? Eine Auseinandersetzung mit D. Sölle, EvTh 31, 1971, 414-436.
**Heiler Friedrich,* Das Gebet. Eine religionsgeschichtliche und religionspsychologische Untersuchung. Unveränderter Nachdruck nach der 5. Auflage mit Literaturergänzungen, München/Basel 1969.
–, Das Geheimnis des Gebets. Evangelisches Christentum und Mystik. Die Gemeinschaft der Heiligen, München 1919.
Heimler Adolf, Selbsterfahrung und Glaube. Gruppendynamik, Tiefenpsychologie und Meditation als Weg zur religiösen Praxis, München 1976 (Pfeiffer-Werkbücher Nr. 132).
Heitmann Claus / Mühlen Heribert (Hg.), Erfahrung und Theologie des heiligen Geistes, Hamburg/München 1974.
Heller Jan, Das Gebet im Alten Testament: Communio Viatorum 19, 1976, 157-162.
Herlyn Okko, Religion oder Gebet. Karl Barths Bedeutung für ein »religionsloses Christentum«, Neukirchen-Vluyn 1979.
Herrmann Wilhelm, Art. Gebet, RE[3] VI, 386-393.
–, Der Verkehr des Christen mit Gott im Anschluß an Luther dargestellt, Tübingen 1921[7].
Hesse Franz, Mystische und biblisch-prophetische Transzendenzerfahrung, in: Mystische Erfahrung. Die Grenze des menschlichen Erlebens, Freiburg 1976, 129-157.
Holbach Paul Thiry de, System der Natur oder Von den Gesetzen der physischen und der moralischen Welt, Berlin 1960.
Hoßfeld Paul, Zwiesprache mit Gott oder Identifikation mit dem Absoluten, ThGl 59, 1969, 319-334.
Hultsch Eric, Beten für Nicht-Beter. Möglichkeiten und Anregungen, Zürich 1973.
James Muriel / Savary Louis M., Befreites Leben. Transaktionsanalyse und religiöse Erfahrung. Mit einem Leitfaden für die Gruppenarbeit, München 1977.
Jansen Reiner, Studien zur Luthers Trinitätslehre, (Basler und Berner Studien zur historischen und systematischen Theologie 26), Bern/Frankfurt 1976.
Jeremias Joachim, Das Gebetsleben Jesu, ZNW 25, 1926, 123-140.
–, Neutestamentliche Theologie, 1. Teil, Die Verkündigung Jesu, Gütersloh 1973[2].
Jungclaussen Emmanuel (Hg.), Das Jesusgebet. Anleitung zur Anrufung des Namens JESUS von einem Mönch der Ostkirche, Regensburg 1977[2]
**Jungmann Josef Andreas,* Christliches Beten in Wandel und Bestand, München 1969.
–, Die Stellung Christi im liturgischen Gebet (LWQF 19/20), 1962.
Kähler Martin, Berechtigung und Zuversichtlichkeit des Bittgebets, in: ders., Dogmatische Zeitfragen, 2. Bd., Leipzig 1908[2], 234-276.

Käsemann Ernst, An die Römer, Tübingen, 1974³.

Kahnis Karl Friedrich August, System der Lutherischen Dogmatik (Die Lutherische Dogmatik historisch-genetisch dargestellt, 3. Bd.), Leipzig 1868.

Kant Immanuel, Die Religion innerhalb der Grenzen der bloßen Vernunft, in: W. Weischedel (Hg.), I. Kant. Werke in 10 Bänden, Bd. 7, Darmstadt 1968, 645ff.

Kasch Wilhelm F., Gebetserhörung, KuD 21, 1975, 72-84.

Katechetische Blätter 104, 1979, Nr. 11, 829ff.:
  Themaheft: Zur Gebetspraxis heute.

Kleinknecht Hermann, Die Gebetsparodie in der Antike, Stuttgart, Berlin 1937.

Kraus Hans-Joachim, Psalmen, 1. Teilband, Neukirchen-Vluyn 1960,
  2. Teilband, Neukirchen-Vluyn 1960 (BK.AT XV/1,2).

–, Reich Gottes: Reich der Freiheit. Grundriß Systematischer Theologie, Neukirchen-Vluyn 1975.

Kulp Hans-Ludwig, Das Gemeindegebet im christlichen Gottesdienst, Leit. 2, 355-415.

Läpple Alfred, Wieder beten können. Eine Ermutigung, München 1979.

Lavater Johann Caspar, Meine eigentliche Meinung von der Schriftlehre in Ansehung der Kraft des Glaubens, des Gebets und der Gaben des heiligen Geistes, in: Vermischte Schriften, I. Bd., Winterthur o. J. (1774), 197-228.

Lessing Eckhard, Zu Schleiermachers Verständnis der Trinitätslehre, ZThK 76, 1979, 450-488.

Lentzen-Deis Fritzleo, Beten kraft des Gebets Jesu, GuL 48, 1975, 165-178.

Link Christian, Das Bilderverbot als Kriterium theologischen Redens von Gott: ZThK 74, 1977, 58-85.

Lohff Wenzel, Erwägungen zur dogmatischen Lehre vom Gebet, in: Bargheer/Röbbelen, 9–31.

Lossky Vladimir, Die mystische Theologie der morgenländischen Kirche (Geist und Leben der Ostkirche, Bd. 1), Graz/Wien/Köln 1961.

Louf A., Gebed en genezing, Collationes 10, 1980, 131-149.

–, In uns betet der Geist, Einsiedeln 1974.

Ludwig Walter (Hg.), Herz und Herz vereint zusammen. Gebete des Grafen Zinzendorf, Stuttgart 1958.

Luthardt Ernst, Kompendium der Dogmatik. Nach des Verfassers Tode bearbeitet von Lic. F. J. Winter, Leipzig 1929¹².

–, Kompendium der theologischen Ethik, Leipzig 1896.

Luther Martin, Kritische Gesamtausgabe, Weimar 1883ff (WA).

Machoveč Milan, Gebetsanleitung für Atheisten, Neues Forum 14, 1967, 574-577.

MacNutt F., Die Kraft zu heilen. Das fundamentale Buch über das Heilen durch Gebet, Graz 1976.

Marchel W., Abba Père! La prière du Christ et des chrétiens. Etude éxégétique sur les origines et la signification de l'invocation à la divinité comme père, avant et dans le Nouveau Testament (Analecta biblica 19), Rome 1963.

Marcuse Ludwig, Das Gebet zum heilen Gott?, in: Carrel Alexis u. a., Kann man noch beten, Zürich 1973, 29-50 (detebe 47).

Ménégoz Fernand, Das Gebetsproblem im Anschluß an Schleiermachers Predigten und Glaubenslehre neu dargestellt und untersucht, Leipzig 1911.
Metz Johann Bapt. / *Rahner Karl,* Ermutigung zum Gebet, Freiburg/Basel/Wien 1977.
Michel O. (Klauser Th.), Art. Gebet II (Fürbitte), RAC IX, 1973, 1-36.
Mildenberger Friedrich, Das Gebet als Übung und Probe des Glaubens, Stuttgart 1968.
Miskotte Kornelis H., Der Weg des Gebets, München 1964.
Mitscherlich Alexander, Auf dem Weg zur vaterlosen Gesellschaft. Ideen zur Sozialpsychologie, München 1963.
–, Thesen zu einer Diskussion über Atheismus, in: Gerhard Szczesny (Hg.), Club Voltaire. Jahrbuch für Kritische Aufklärung I, München 1963, 72-80.
Moretti Roberto, In comunione con la Trinità alle sorgenti della vita cristiana, (= Collana di teologia 6), Torino 1979.
Moser Tilmann, Gottesvergiftung, Frankfurt a. Main 1976.
Müller Hanfried, Evangelische Dogmatik im Überblick, Teil 1/2, Berlin 1978.
Mulert Hermann, Gebetserhörung. Freiheitsglaube. Gottesglaube, Leipzig 1921.
Neidhart Walter, Psychologische Aspekte der Gebetserziehung, in: Bargheer/Röbbelen, 75-85.
Niederwimmer Kurt, Das Gebet des Geistes, Röm. 8,26f, ThZ 20, 1964, 252-265.
Nielen Josef Maria, Gebet und Gottesdienst im Neuen Testament. Eine Studie zur biblischen Liturgie und Ethik (1937), Freiburg 1963[2].
Nietzsche Friedrich, Werke in drei Bänden, hg. von Karl Schlechta, Zweiter Band, München 1966.
Nissiotis Nikos A., Die Theologie der Ostkirche im ökumenischen Dialog. Kirche und Welt in orthodoxer Sicht, Stuttgart 1968.
Nola Alfonso M. di, Gebete der Menschheit. Religiöse Zeugnisse aller Zeiten und Völker, Frankfurt 1977 (it 238).
Ott Heinrich, Theologie als Gebet und Wissenschaft, ThZ 14, 1958, 120-132.
–, Wirklichkeit und Glaube, 2. Bd., Der persönliche Gott, Göttingen und Zürich 1969.
Otto Gert, Über das Gebet, in: Bargheer/Röbbelen, 31-48.
–, Vernunft. Aspekte zeitgemäßen Glaubens, Stuttgart/Berlin 1970.
Paulsen Henning, Überlieferung und Auslegung in Römer 8 (WMANT 43), Neukirchen-Vluyn 1974.
Petuchowski Jakob J., Beten im Judentum, Stuttgart 1976.
Philipp Franz Heinrich, Zwiegespräch mit Gott. Das Gebet im Leben und Lebenswerk J. A. Bengels, Stuttgart 1972.
Phillips D. Z., The Concept of Prayer, London 1968[2].
Pöhlmann Horst Georg, Der Atheismus oder der Streit um Gott. Mit einen Geleitwort von Milan Machoveč und unter Mitarbeit von Helmut Mayer und Ernst Ludwig Spitzner, Gütersloh 1977(GTB 218).
–, Kein entmündigender Gott-Vater. Freuds Religionskritik verdient Aufklärung, LM 19, 1980, 18-20.
Quervain Alfred de, Das Gebet: Ein Kapitel der christlichen Lehre, Zollikon-Zürich 1948.

Rad Gerhard von, Theologie des Alten Testaments, Bd. 1, München 1962[4].
–, Weisheit in Israel, Neukirchen-Vluyn 1970.
Rahner Karl, Art. Gebet IV. Dogmatisch, LThK[2] 4, 542-545.
–, Trinität, SM IV, 1969, 1005-1021.
–, Trinitätstheologie, SM IV, 1969, 1022-1031.
–, Von der Not und dem Segen des Gebetes, Freiburg i. Br. 1977 (Herder TB 647).
Reese Günter, Das gottesdienstliche Gebet. Theologie und Tendenzen neuerer Gebetstexte, WPKG 61, 1972, 489-503.
Regina Umberto, La preghiera e l'autonomia della morale in I. Kant, Filosofia 27, 1976, 193-222.
Robillard Edmond, Aux sources de la prière: L'Esprit-Saint dans l'homme nouveau (1), Rev SR 50, 1976, 157-168.
Robinson John A. T., Gott ist anders. Honest to God, München 1964.
Rost Dietmar / Machalke Joseph, Unterwegs. Texte und Gebete für junge Menschen, Gütersloh 1977 (GTB 226).
Ruhbach Gerhard (Hg.), Glaubensbekennntisse für unsere Zeit, Gütersloh 1971.
Ruß Maria, Das unablässige Gebet, GuL 45, 1972, 414-421.
Schäfer Rolf, Der Evangelische Glaube, Tübingen 1973.
*–, Gott und Gebet. Die gemeinsame Krise zweier Lehrstücke, ZThK 65, 1968, 117-128.
–, Jesus und der Gottesglaube. Ein christologischer Entwurf, Tübingen 1970.
Schaller Hans, Das Bittgebet. Eine theologische Skizze (Sammlung Horizonte, NF 16), Einsiedeln 1979.
Schinle Gertrudis, Dreifaltigkeitsschau, EuA 50, 1974, 221-225.
Schlatter Adolf, Das Gebet: Die Gründe christlicher Gewißheit – Das Gebet, Stuttgart 1927, 110-155.
Schleiermacher Friedrich, Der christlicher Glaube nach den Grundsätzen der Evangelischen Kirche im Zusammenhang dargestellt, 2 Bände (hg. von Martin Redeker), Berlin 1960[7].
–, Predigten, I. Bd., Neue Ausgabe, Berlin 1843.
Schlier Heinrich, Der Brief an die Galater, Göttingen 1951[11].
Schmid Heinrich, Die Dogmatik der evangelisch-lutherischen Kirche, dargestellt und aus den Quellen belegt. Neu herausgegeben und durchgesehen von Horst Georg Pöhlmann, Gütersloh 1979[9].
Schmidt Heinrich, Veteres philosophi quomodo judicaverint de precibus, Gießen 1907.
Schmied A., Kann Gebet noch Dialog mit Gott sein?, TGA 15, 1972, 77-85.
Schneider Oda, Gott und Mensch im Gebet, Regensburg 1939.
Scholl Hans, Der Dienst des Gebets nach Johannes Calvin (SDGSTh 22), Zürich/ Stuttgart 1968.
Schultze Harald, Gebet zwischen Zweifel und Vertrauen. Heinrich Benckert zum Gedenken, EvTh 30, 1970, 133-149.
Schulz Frieder, Die Gebete Luthers. Edition, Bibliographie und Wirkungsgeschichte (QFRG XLIV), Gütersloh 1976.

–, (Hg.), Heute mit Luther beten. Eine Sammlung von Luther-Gebeten für die Gegenwart, Gütersloh 1978 (GTB 272).
Schulz Paul, Ist Gott eine mathematische Formel? Ein Pastor im Glaubensprozeß seiner Kirche, Reinbek bei Hamburg 1977.
Seasoltz R. Kevin, Christian prayer: experience of the experience of Jesus' dying and rising, Worship 53, 1979, 98-118.
Severus E. von, Art. Gebet I, RAC VIII, 1972, 1134-1258.
Siegmund Georg, Die Deutung von »Wunder-Heilungen«, Arzt und Christ 22, 1976, 87-96.
Sölle Dorothee, Das entprivatisierte Gebet; in: dies., Das Recht, ein anderer zu werden. Neuwied und Berlin 1971 (SL 43), 130-138.
*–, Gebet, in: dies., Atheistisch an Gott glauben. Beiträge zur Theologie, Freiburg i. B. 1968, 109-117.
–, Gibt es ein atheistisches Christentum?, in: dies., Das Recht, ein anderer zu werden. Theologische Texte, Neuwied und Berlin 1971, (SL 43), 42-60.
–, Die Hinreise. Zur religiösen Erfahrung, Texte und Überlegungen, Stuttgart 1975.
–, Leiden, Stuttgart/Berlin 1973.
–, *Steffensky Fulbert* (Hg.), Politisches Nachtgebet in Köln. Im Auftrag des ökumenischen Arbeitskreises »Politisches Nachtgebet« hg., Bd. 1 (1969), Bd. 2 (1971).
Stählin Wilhelm, Mysterium. Vom Geheimnis Gottes, Kassel 1970.
Stäudlin Carl Friedrich, Geschichte der Vorstellung und Lehren von dem Gebete, Göttingen 1824.
Stange Carl, Die Bedeutung des Gebets für die Gotteserkenntnis, Gütersloh 1933.
Stökl Walter (Hg.), Erfahrungen mit der Nacht. Meditationen und Reflexionen (Kirche zwischen Planen und Hoffen 15), Kassel 1976.
Strauss David Friedrich, Die christliche Glaubenslehre in ihrer geschichtlichen Entwicklung und im Kampfe mit der modernen Wissenschaft dargestellt, 2. Bd., Tübingen/Stuttgart 1841.
Sudbrack Josef, Beten ist menschlich. Aus der Erfahrung unseres Lebens mit Gott sprechen, Freiburg i. B. 1973 (Herder TB 465).
–, Art. Gebet, SM II, 1968, 158-174.
Thielicke Helmut, Der Evangelische Glaube. Grundzüge der Dogmatik, I. Bd., Tübingen 1968; II. Bd., Tübingen 1973; III. Bd., Tübingen 1978.
Thomas von Aquin, Summa Theologiae cura et studio Sac. Petri Caramello ... Pars II^a–II^{ae}, Tomus II, Torino 1963.
Tillich Paul, Gesammelte Werke Bd. XII, Stuttgart 1971 (GW).
–, Systematische Theologie Bd. I, Stuttgart 1956³; Bd. II, Stuttgart 1958³; Bd. III, Stuttgart 1966 (ST).
–, Das Neue Sein. Religiöse Reden, 2. Folge, Stuttgart 1959².
Tschirch Reinmar, Mit Kindern reden – mit Kindern beten, Gütersloh 1980 (GTB 362).
Tugwell S., Der Leib beim Gebet, TGA 20, 1977, 153-158.
*Ulanov Ann Belford, What Do We Think People are Doing When They Pray, AThR 60, 1978, 387-398.

Ulrich Ferdinand, Das Gebet als geschöpflicher Grundakt, Einsiedeln 1973.
**Veit Marie,* Gebet und Engagement, Ev. Erzieher 24, 1972, 461-466.
Vischer Lukas, Fürbitten, Frankfurt a. M. 1979.
Vol Thomas I. de, Ecstatic pentecostal prayer, Journal of Religion and Health 13, 1974, 285-288.
Wagner Georg, Der Heilige Geist als offenbar machende und vollendende Kraft. Der Beitrag der orthodoxen Theologie, in: Heitmann Claus/Mühlen Heribert (Hg.), Erfahrung und Theologie des Heiligen Geistes, Hamburg/München 1974, 214-222.
Weissmahr Béla, Kann Gebet noch Dialog mit Gott sein? GuL 47, 1974, 6-19.
Wendebourg Dorothea, Geist oder Energie. Zur Frage der innergöttlichen Verankerung des christlichen Lebens in der byzantinischen Theologie (Münchener Monographien zur historischen und systematischen Theologie 4), München 1980.
Wertelius Gunnar, Oratio continua. Das Verhältnis zwischen Glaube und Gebet in der Theologie Martin Luthers (STL 32), Lund 1970.
Whaling Frank, The Trinity and the Structure of Religious Life: An Indian Contribution to Wider Christian Theology, SJTh 32, 1979, 359ff.
Winter Alois, Gebet und Gottesdienst bei Kant: nicht »Gunstbewerbung«, sondern »Form aller Handlungen«, ThPh 52, 1977, 341-377.
Wolff Hans Walter, Anthropologie des Alten Testaments, München 1977³.
Wulf F., Art. Gebet, HThG 1, 424-436.
–, Mystik, HThG 2, 181-193.
Wunderle Georg, Zur Psychologie des hesychastischen Gebets (Das östliche Christentum, Neue Folge, Heft 2), Würzburg 1949².
Yannaras Christos, De l'absence et de l'inconnaissance de Dieu d'après les écrits aréopagitiques et Martin Heidegger, traduit du grec par J. Touraille. Préface d'Olivier Clément, Paris 1971.
Zimmerli Walther, Grundriß der alttestamentlichen Theologie (Theologische Wissenschaft Bd. 3), Stuttgart 1975².

Eine internationale Bibliographie zur Literatur über das Gebet (ca. 1960-1971) hat *H. Schmidt,* Wie betet der heutige Mensch? Dokumente und Analysen, Freiburg 1972, 225-284, zusammengestellt (und kommentiert).

Register

Bibelstellen

Die hochgestellten Ziffern bei den Seitenangaben verweisen jeweils auf eine Anmerkung innerhalb der entsprechenden Seite.

Gen	18,22ff	40	Ps	97,1	216[18]	Mt	18,20	41
				97,5	78		23,9	125
Ex	3,14	123, 178		99,1	216[18]		26,40	185
				107,20	122		28,18	180
	20,2	123		108,2	241[84]			
	20,4	224[24]		119,105	40	Mk	14,36	126
				130,5	187		14,38	212[63]
Dtn	4,1	121		139	124, 235[30]			
	6,3	121				Lk	1,34	15
	7,12	121					3,21	211[60]
	31,12	121	Spr	1,7	78		5,16	211[61]
				14,27	78		9,29	211[61]
1Sam	3ff	121		20,12	121		11,1f	225[40]
							11,2	20
1Kön	8,27	124	Jes	1,2	121		11,5ff	27
	17,18	26		40,8	40		11,13	41
				50,4	121		18,10ff	53
2Kön	19,14ff	40, 53		55,3	122		22,43	126
							22,44	170
Ps	6,9–11	224[18]	Jer	2,24	162		24,13ff	41
	10,16	216[18]						
	20,2	224[30]	Jona	2,3ff	121	Joh	3,3–8	130
	23,1ff	53					4,23f	130
	23,3	224[30]	Mt	4,1ff	34		11,41	127
	25,11	224[30]		5,4ff	238[62]		11,42	170
	27,7	120		6,5ff	19, 20		14,13	27, 130, 225[44]
	28,6f	224[18]		6,7f	40			
	31,4	224[30]		6,8	164, 225[40]			
	33,21	224[30]					15,7	27
	40,4	121		6,9	20, 225[40]		15,16	130
	46,7	121					15,26	130
	50,15	20		6,33	41		16,23	128
	55,16	213[112]		7,7	27, 238[62]		17	127
	63,4	40, 124					20,17b	225[40]
				7,11	41			
	73,25ff	40f, 224[33]		7,29	129			
				8,8	224[22]	Apg	4,31	239[67]
	94,9	27, 224[29]		11,25–27	125		10,1ff	186
				15,21ff	138		10,9ff	212[62]

Röm	1,8	132	1Kor	16,22	42, 226[57]	Kol	3,17	132
	5,1f	132					4,12	212[65]
	5,5	178						
	8,14f	164	2Kor	5,18	132	1Thess	5,17	55, 203, 212[66], 238[62]
	8,15f	128, 133, 164, 238[61]		6,4ff	48			
				12,8	226[56]			
			Gal	2,20	172, 237[51]		5,25	238[62]
	8,22f	128, 162		4,6	128, 131, 150, 164, 225[49], 228[113], 238[61]	1Tim	6,16	156, 173
	8,26f	129, 131, 149, 150, 164, 215[5], 225[46], 236[48]				1Petr	5,7 5,8	27 212[64]
						1Joh	3,9	154
			Eph	1,5	132			
	8,32	34		1,7	132	Jak	5,16	27, 238[62]
	9,18	33		2,14	172			
	9,20	33		2,16	132			
	10,17	122		6,18	133, 212[63], 238[62]	Offb	1,17b 21,4	130 33, 128
	15,30	212[65]						
1Kor	4,7	136						
	7,29ff	48	Phil	2,9	180		22,20	42, 129
	15,55	33		4,11	48			

Personenregister

Abdullah, M. S. 241[75]
Albert, H. 218[66]
Alfons, Hl. 209[7]
Allgaier, W. 237[51]
Althaus, P. 237[51]
Althaus, P., d. Ä. 227[86]
Andersch, A. 64, 213[99]
Angela da Foligno 237[53]
Ansaldi, J. 235[40]
Arndt, J. 139f
Arnold, G. 229[139]
Asseburg, H. B. 208[11]
Augustin 35, 131, 157

Bader, G. 224[19,20]
Balthasar, H. U. v. 153–155, 239[65], 241[84]
Bamberg, C. 234[1], 236[43], 239[65]
Bargheer, F. W. 241[74]
Barth, K. 23, 148f, 232[188,195]
Barth, R. 218[67]
Basilius d. Gr. 135, 227[79]
Bayer, O. 228[95]
Beethoven, L. van 142
Beintker, H. 228[105], 230[153]
Beißer, F. 231[161]
Ben-Chorin, Sch. 209[3], 224[33]
Berne, E. 66f
Bernet, W. 57, 64, 69, 208[13], 213[98]
Bieder, W. 225[46], 238[61]
Biermann, W. 11, 12, 63
Biser, E. 219[71]
Böcher, O. 226[54]
Böhme, J. 141
Bonhoeffer, D. 223[8]
Brand, E. 216[22]
Braun, H. 207[3]
Brecht, B. 59, 85
Bremond, H. 230[146]
Buber, M. 241[84]
Buhr, H. 55f, 212[69], 213[90,91,92]
Bultmann, R. 130, 211[48,49], 225[42,45], 226[55,56,60], 241[77]
Bunyan, J. 142
Buren, P. M. van 223[9]

Calvin, J. 138f
Carter, D. 217[34]

Cassidy, S. 169
Cherbury, H. v. 73, 215[14]
Choni, Rabbi 26
Chubb, Th. 217[34]
Claudius, M. 114
Clemens von Alexandrien 133, 218[59], 219[86]
Cornehl, P. 211[54,55,56]
Crumbach, K. H. 209[21]
Cudworth, R. 230[143]
Cuvelier, A. 234[1]
Cyprian 136, 226[70], 228[102]

Damerau, R. 228[95]
Dante 13
Dee, H. 224[23]
Degenhardt, F. J. 63
D'Hoogh, F. 222[4]
Dibelius, O. 218[59], 226[65]
Diderot, D. 98, 214[3]
Dietz, O. 228[109]
Diodor v. Tarsus 227[79]
Dirschauer, K. 239[71]

Ebeling, G. 16, 18, 145–147, 211[49], 231[163]
Eibl-Eibesfeld, I. 216[21,22]
Eichrodt, W. 224[31]
Elert, W. 237[51,52]
Elisabeth v. d. hlst. Dreifaltigkeit 237[53]
Epiktet 131
Evagrius Ponticus 131

Fabro, C. 212[83], 214[1], 219[72,83]
Feiner, J. 231[163]
Fénelon, F. de 230[145]
Feuerbach, L. 73, 85f, 93–95, 219[81]
Ficino, M. 219[83]
Flavian 227[79]
Franck, S. 215[5]
Freud, S. 77, 79, 86f, 95
Fritzsche, H.-G. 231[163]
Fromm, E. 14

Gamper, A. 211[59]
Garijo-Guembe, M. M. 234[15]
Gentili, A. 233[196]
Gerhard, J. 210[24], 230[141]

253

Gerhardt, P. 237[50]
Gerstenberger, E. S. 210[37], 216[22], 224[18]
Gessel, W. 227[77]
Geulincx, A. 212[83]
Gisi, M. 234[1]
Glasenapp, H. v. 207[5]
Goethe, J. W. v. 142
Gollwitzer, H. 231[163]
Graß, H. 147, 231[163]
Gregor, Chr. 230[151]
Gregor v. Nyssa 235[19]
Greshake, G. 208[12], 212[88,89]
Guyon, J.-M. de 141

Hammann, A. 223[10], 227[72]
Harder, G. 239[71]
Hardy, A. 216[23], 218[68]
Harnack, A. v. 78
Harris, Th. A. 213[107]
Hausammann, S. 208[11]
Heiler, F. 27, 209[17], 214[1], 215[9], 216[24], 217[41], 219[86], 220[100], 236[48]
Heimler, A. 237[49]
Heller, J. 224[28,32]
Hemingway, E. 103
Hemsterhuis, F. 84
Herlyn, O. 232[188]
Hesse, F. 224[33]
Hieronymus 212[86]
Hirschberger, J. 223[8]
Holbach, P. Th. de 76f, 79, 84f, 214[3], 217[29]
Hollaz, D. 237[52]
Hoßfeld, P. 222[4]

Ignatius v. Antiochien 133
Ignatius v. Loyola 19f, 78, 209[21], 213[109,112]

Jansen, R. 228[113]
James, M. 67–72
Jeremias, J. 225[36,37,38,39]
Jones, J. R. 221[116]
Jüngel, E. 223[6]
Jungclaussen, E. 235[23]
Jungmann, J. A. 226[68], 227[78,80,83,84,87,88]

Kähler, M. 15, 209[18], 210[28,33], 231[162], 239[68]

Käsemann, E. 129
Kahnis, K. F. A. 211[44]
Kant, I. 58f, 74, 76f, 79, 84f, 99f, 219[87]
Kasch, W. F. 217[25]
Kaschnitz, M. L. 217[26]
Katharina von Siena 237[53]
Kierkegaard, S. 221[118], 239[70]
Kleinknecht, H. 214[4]
Klepper, J. 241[81]
Kraus, H.-J. 216[19], 224[18,30], 231[163]
Kriechbaum, F. 239[73]
Kuhn, K. G. 226[57]
Kulp, H.-L. 226[63,64,69]

Leary, T. 236[48]
Lentzen-Deis, F. 225[36]
Link, Chr. 224[25]
Link, H.-G. 218[65]
Lorichius, R. 218[67]
Lossky, V. 234[15]
Louf, A. 218[68], 233[196]
Lukrez 218[62]
Ludwig, G. 230[152]
Luther, M. 19f, 21–23, 24f, 27, 29, 34f, 38f, 42, 49, 54, 64, 93, 136–138, 158, 162, 168, 177, 181, 187, 190f, 201f, 211[41,42], 212[86], 213[110], 224[21], 226[53], 237[51]

Machoveč, M. 220[102]
Marchel, W. 223[14]
Marcuse, L. 215[78], 218[67]
Marx, K. 73
Maximus Tyrius 87f
Metz, J. B. 55f, 210[31]
Mezger, M. 211[55,57]
Mildenberger, F. 210[25], 223[6], 231[163]
Miskotte, K. H. 231[163], 238[61]
Mitscherlich, A. 77, 79, 103, 220[102]
Mnioch, J. J. 100
Moltmann, J. 223[6], 231[163]
Moretti, R. 234[1], 237[53]
Moser, T. 75f, 236[42]
Müller, H. 231[163]
Müller, U. 213[104], 225[35], 233[207]
Mulert, H. 208[12], 222[2]
Mumm, R. 235[40] 239[72], 241[76]
Musculus, A. 227[86]

Neidhart, W. 241[74]

Niederwimmer, K. 128, 225[46,47,50], 226[61]
Nielen, J. M. 225[43]
Nietzsche, F. 85, 92f, 95, 97
Nissiotis, N. A. 234[15,16], 235[20,21,22]

Oden, Th. C. 214[121]
Origenes 133f
Ott, H. 145, 156–158, 208[15], 231[163]
Otto, G. 51–53, 55, 62f, 208[13], 211[56,58], 212[68]

Paley, W. 219[89]
Paul, J. 94f
Paulsen, H. 225[46,51,52]
Petuchowski, J. J. 209[3]
Philipp, F. H. 230[152]
Philipp, W. 237[52]
Phillips, D. Z. 104–111
Pöhlmann, H. G. 215[15], 217[28]
Pomponazzi, P. 219[83]

Quervain, A. de 231[163]

Rad, G. v. 216[19], 224[33]
Rahner, K. 22, 157, 210[31], 223[13,15], 227[92], 233[200]
Reese, G. 211[53]
Regina, U. 212[84] 220[99]
Robinson, J. A. T. 213[92], 222[4]
Rohrkrämer, M. 217[30]
Roth, G. 218[67]
Rousseau, J. J. 88, 99, 220[90]
Ruhbach, G. 236[48]
Ruß, M. 241[84]

Sachs, N. 63
Savary, L. 67–72
Schäfer, R. 16, 144f, 147f, 231[163]
Schaller, H. 208[12], 210[22], 212[78], 216[24], 234[1]
Scharfenberg, J. 215[15]
Schibilsky, M. 236[48]
Schinle, G. 175–177
Schlatter, A. 188, 208[15], 210[33], 236[44]
Schlegel, L. 213[106]
Schleiermacher, F. 46f, 143f, 203, 212[75], 221[116]
Schlier, H. 225[49]
Schmid, H. 210[23], 237[52]

Schmidt, M. 229[127]
Schmied, A. 222[4]
Scholl, H. 228[114,115,118,119,121,125]
Scholz, F. 215[11]
Schultze, H. 236[45], 241[83]
Schulz, F. 210[34,36]
Schulz, P. 51–53, 213[63]
Seasoltz, R. K. 237[50]
Séguenot, C. 230[146]
Seneca 87, 218[63]
Serapion v. Thmuis 118, 132
Siegmund, G. 218[68]
Sölle, D. 16, 56, 57f, 65, 104, 211[50], 239[73]
Spener, Ph. J. 142
Stählin, W. 238[58], 239[72,73]
Stäudlin, C. F. 100, 214[1], 215[6], 217[30], 219[88], 220[98]
Stange, C. 208[12]
Statius 218[62]
Steinbuch, K. 14
Stökl, W. 241[82]
Stollberg, D. 215[11]
Strauß, D. F. 220[100]
Sudbrack, J. 212[76], 234[1]

Tauler, J. 229[130]
Teresa de Jesus 237[53]
Tertullian 216[24]
Thielicke, H. 231[163], 233[196], 238[57]
Thomas von Aquin 38f, 80, 208[12], 209[22], 216[24]
Thraede, K. 226[54]
Tillich, P. 149–152, 231[163]
Toland, J. 214[4]
Tschirch, R. 241[74]
Tucholsky, K. 83, 217[28]
Tugwell, S. 241[78]

Ulanov, A. B. 236[46], 238[63,64]
Ulrich, F. 239[70]

Veit, M. 58, 207[3], 210[32], 212[80,87], 238[64]
Voltaire 214[3], 220[100]

Wagner, G. 234[18]
Walch, J. G. 214[4]
Weigel, V. 139f, 229[127]
Wendebourg, D. 234[15]

Wertelius, G. 228[95], 236[45], 237[51]
Whaling, F. 234[1]
Winter, A. 212[84], 215[14], 219[87], 220[99]
Wolf, Chr. 14
Wolff, H. W. 210[38], 235[38]
Wulf, F. 223[12,17], 224[33]
Wunderle, G. 235[23]

Yannaras, Chr. 223[5]

Zeller, W. 237[52]
Zink, H. 241[74]
Zink, J. 235[36], 241[74]
Zinzendorf, N. L. v. 43, 142
Zimmerli, W. 224[26,27]

Sachregister

abba 125f, 128
Aberglaube 76, 84, s. a. Magie!
Anbetung 13, 74
Anfechtung 34f, 40, 48, 56f, 138, 156, 162, 167–169, 171, 173, 182, 184, 189, 191, 204, 241[83]; s. a. Gethsemane!
Anthropologie 11, 12, 15, 17, 22, 49, 80f, 89–91, 97f, 102–104, 109, 113f, 145f, 151, 156–162, 204, 225[51], 233[200]
Anthropomorphismus 28, 77, 106, 123
Antike 54, 87f, 99
Arbeit 25, 29f, 85, 163; s. a. Handeln; Verantwortung!
Arianismus 134f
Atheismus 103f, 141, 214[4], 222[2]; s. a. Theismus/Atheismus!
Aufklärung 58, 73, 98f, 102
Autorität
– Gottes s. Gott, Autorität!
– staatliche 76–78

»Betteln« 15, 27, 162f
Bilderverbot 14, 63, 104, 115, 122–124, 173, 176, 191, 238[63]
Bitte 15, 22f, 25–27, 68f, 79, 210[33]
Buddhismus 14

causa prima/causae secundae 31f
Christologie 53, 60, 65, 126f, 146–149, 227[83]; s. a. Jesus Christus!

Dank 12–14, 51, 74, 107
Deismus 141
Dekalog 23, 78
deus absconditus s. Gott, Verborgenheit!
deus ex machina 28
Doxologie 134f, 155f

Egoismus 85
Ehre Gottes s. Gott, Ehre!
Ekstase 131, 236[48]
Ektenie 82
Eltern 67f, 70, 75
Engel 13, 19, 240[73]
Entwicklungspsychologie 193, 241[74]

Erfahrung 16, 37, 49, 64, 70, 86, 153, 157, 211[49]
Ergebung 22, 47, 144; s. a. Resignation!
Erhörung s. Gebet, Erhörung!
Erziehung, religiöse 75f
Eschatologie 13, 21, 32f, 48, 98, 128f, 172, 186, 190, 192, 199, 202f, 239[71]
Ethos 21, 58, 64, 77, 98
Exorzismus 129, 163, 180

Fürbitte 54, 172, 184–186, 190
Furcht 88

Gebet
– und Arbeit s. Handeln; Verantwortung!
– äußerliches 21f
– betrachtendes 153, 187
– des Einzelnen 57, 129, 143, 179, 194, 201
– Dialog 20, 105–108, 118, 124, 131, 142, 150, 156, 164, 172, 194, 220[102]
– Erhebung des Herzens 131, 172, 205f
– Erhörung 15f, 24, 28–37, 46–50, 55, 57, 61, 66, 74, 84, 86, 88, 99, 105, 107f, 121f, 126f, 143f, 171, 181, 186–192, 210[22], 224[21], 231[162]
– Ersatzhandeln 59, 88
– freies 129
– Gnadenmittel 21
– Heilsnotwendigkeit 21
– moralischer Impuls 58f, 99–101
– öffentliches 59, 100; s. a. Liturgie!
– Opfer 22, 24f
– psychische Entlastung 55f
– Selbstgespräch 56–58, 64, 107, 167
– Selbstreflexion 53f, 59, 69f; s. a. Selbstverständnis des Betenden!
– Spontaneität 21f, 39, 142, 161, 200
– unablässiges 59, 203f, 230[145]
– Widerstand 37f, 190, 199
– Wirkung 22, 168, 185, 188; vgl. Erhörung!
Gebetsgemeinschaft 179
Gebetsgesten 59, 81, 163, 199–201; s. a. Oranten-Gestus!

257

Gebot 19–21, 25, 67, 137; s. a. Dekalog!
Gefühl 69f, 100, 140, 233[200]
Gehorsam 19f, 22f, 80, 129, 132
Geist, Hl. – s. Heiliger Geist!
Gemeinde 51, 123, 128–130, 149, 179f, 183, 192, 238[57]; s. a. Kirche!
Gesellschaft 76f, 82f
Gethsemane 54–56, 88, 125f, 170f, 184
Glaube 126, 137, 158, 169, 178, 183, 210[33]
Glaubensbekenntnis 134, 195
Gnade 136f
Gnosis 227[72]
Gott – s. a. Jahwe; Selbstverwirklichung Gottes; Trinitätslehre!
– Allmacht 28, 89
– Allwissenheit 84, 87, 89
– Apathie 56, 87
– Autorität 19–24, 67f, 75–78
– Ehre 19f, 42, 178
– Existenz 63, 99, 109, 145, 159; s. a. Theismus/Atheismus!
– Liebe 33, 68, 109, 240[73]
– moralische Instanz 64
– Name 23, 122, 166; s. a. Jahwe!
– Objektivierung 149f, 156, 174, 225[50]
– Personalität 34, 62f, 80f, 97f, 105, 116, 150, 157, 172, 199, 201, 224[28]
– Richter 68
– Schöpfer 25f, 28, 167, 177
– Souveränität 33
– Vater 23, 44, 46, 78f, 94–96, 123–125, 137, 141f, 165–167; s. a. Vater!
– Verborgenheit 34f, 64, 93, 138, 168, 173, 205, 228[110], 236[45]
– Vorsehung 31, 210[22]
– Wille 19, 28, 31, 45, 84, 87–89, 106, 128f, 143, 210[22]
– Zorn 168; s. a. Gott, Verborgenheit!
Gottesbegriff 16, 19, 21, 24, 35–37, 42, 44f, 51–54, 60, 62–68, 74f, 77–79, 83f, 87–89, 95f, 105–107, 109, 112f, 115f, 119, 144f, 150, 160, 187, 191, 208[12], 215[8], 222[2], 229[130], 240[73]
Gottesdienst 155f, 179, 185, 193–200
Gotteserkenntnis 35
Gott-ist-tot-Theologie 16
Gruß 80

Handeln 58f, 60, 88, 100–103, 114, 199, 201, 205f, 209[21], 212[86], 220[100]; s. a. Arbeit; Verantwortung!
Heilige 181, 233[206]
Heiliger Geist 38, 41f, 44, 118, 127f, 131, 134f, 139–141, 143, 149f, 161, 163f, 170, 184
Heilsgeschichte 177
Herzensgebet 235[23]
Hören 120–122, 153, 187
Hoffnung 51, 91, 97; s. a. Eschatologie!

Ich 57f, 66–70, 94, 150, 182, 238[69]; s. a. Selbstannahme; Selbstverwirklichung des Menschen!
Illusion 86, 220[92]
»im Namen Jesu« 46f, 127f, 132, 142f, 146f, 189, 198
Inkarnation 42f, 153, 205
Innerlichkeit 42
Islam 236[48], 241[75]

Jahwe 78, 124, 178
Jesus Christus 20, 33f, 41, 50, 54–56, 58, 64f, 78f, 94, 108, 115, 118f, 124–127, 129, 137–140, 142, 156, 169f, 172, 174, 181, 237[51]
Judentum 14, 55

Kausalitätsdenken 188f; s. a. Wunder!
Kind 68–70, 86, 241[74]
Kirche 44–46, 67, 135, 143, 154, 181, 199, 232[195]; s. a. Gemeinde!
Kirchenmusik 194–196
Kontemplation 220[100]; s. a. Gebet, betrachtendes; Meditation!
Kreuz Christi 125f, 171, 192; s. a. Gethsemane!

Leid – s. Anfechtung; Theodizee; Gott, Verborgenheit!
Liturg 100, 194
Liturgie 134f, 137, 179, 194, 199
Logos 133f

Magie 26, 37, 122f, 126, 135, 222[2], 226[65]
marana tha 42, 129f
Maria 19, 154
Meditation 13f, 187, 237[49]

Mensch – s. Anthropologie; Menschenwürde; Selbstverständnis des Betenden!
Menschenwürde 85, 95
Mystik 22, 42f, 45, 64, 124, 140–142, 160, 170, 175, 207[5], 222[2], 224[33], 229[130], 236[48], 237[51,52]

Nachfolge 50
Name Gottes – s. Gott, Name; »im Namen Jesu«; Jahwe!
Natur 77, 84–86, 98, 101
Neuplatonismus 205
Notwendigkeit 87

Offenbarung 117, 124, 130, 153
Opfer 55, 75; s. a. Gebet, Opfer!
Opium 91, 218[67]
Oranten-Gestus 200, 217[24]
Orthodoxie, altprotestantische 31f
Orthodoxie, griechische (russische) – s. Theologie der Ostkirche!

Pantheismus 141f
Pietismus 142, 147
Politisches Nachtgebet 49
Predigt 137f, 228[109]
Projektion 62, 77, 79, 85f, 88f, 94, 96, 100, 165f, 168f, 236[46]
Psalmen 56, 121, 132
Psychedeliker 170, 236[48]
Psychologie 55, 61f, 70, 72f, 76, 86, 88, 91, 96, 100f, 193, 241[74]; s. a. Entwicklungspsychologie; Transaktions-Analyse!
Psychosomatische Zusammenhänge 48f, 61, 80f, 90, 162f, 167, 178, 182, 186, 189, 192, 200f, 204f

Quäker 195
Quietismus 88

Rechtfertigung 137, 155
Reformation 136, 194, 200
Regression 57, 92–96
Reich Gottes 29, 44, 46f, 59, 128f, 143f, 159, 181, 190–192, 240[73]; s. a. Eschatologie!
Religionen, außerchristliche 115, 162f, 209[17], 232[188]

Religionskritik 16f, 73–104, 113f
Resignation 22, 88, 99, 213[92], 222[2]; s. a. Ergebung!
Röm.-kath. Theologie – s. Theologie, röm.-kath.!

Sakramente 42f, 180f, 183; s. a. Abendmahl!
Schicksal 62, 77, 87
Schöpfung 128, 153, 162, 171, 173, 177, 216[24], 239[70]
Scholastik 31f
Schrei 81, 129, 131, 171, 236[48]
Schweigen 195, 199, 226[52]; s. a. Stille!
Seele 43, 162, 238[53]
Segen 75, 196
Selbstannahme 81
Selbstfindung 56
Selbstverständnis des Betenden 23, 26, 37–39, 44, 48f, 61, 76f, 78, 85, 94, 99, 105f, 128, 131f, 158, 160, 162, 164, 179, 181–186, 191f, 202f, 205, 208[15], 210[28], 233[200], 238[61,63,64], 239[72]
Selbstverwirklichung Gottes 175, 177–179, 186, 189f
Selbstverwirklichung des Menschen 102, 178f
Seufzen 140, 215[5], 226[52]
Sinn 63, 96f, 180, 196, 200, 203
Spiritualisierung 35f, 40f, 48, 140
Sprachanalyse – s. Sprache!
Sprache 39, 51f, 56, 63, 80f, 83, 103–111, 118, 121, 145f, 160–162, 180
Sprachgemeinschaft 108, 180
Stille 122, 139; s. a. Schweigen!
Stoa 87f
Sünde 157, 168, 171f, 174, 180, 190, 199, 201f

Theismus 27f, 65, 125, 130, 139, 141, 164, 174, 194, 207[4]
Theismus/Atheismus 14, 16, 116f, 222[4], 230[143]
Theodizee 30–32, 82f, 92; s. a. Anfechtung!
theologia negativa 109; s. a. Bilderverbot!
Theologie 18, 84
– der Ostkirche 135, 152, 155f, 235[23]
– röm.-katholische 19–22, 26, 152

Tischgebet 62, 85, 179, 202
Transaktionsanalyse 65–72
Trinitätslehre 28, 44, 65, 115–120, 130–140, 143f, 146f, 150–160, 172–179, 161, 194–196, 198, 201, 204, 226[70], 227[84,85], 230[146], 233[206], 235[23], 237[53], 240[73]
Trost 38, 96–98, 169, 205

Über-Ich 57, 168

Vater 27f, 57, 68, 77, 86, 136, 138, 164f, 173, 229[116], 236[40]
Vaterunser 20, 22, 27, 35, 41, 44, 46, 78f, 85, 88, 127, 129, 132, 136–138, 147, 149, 196–198, 213[92], 226[53], 228[102], 241[75]
Veränderung 33, 48f, 60f, 91
Verantwortung 30, 47, 56, 102, 182, 200, 205f; s. a. Arbeit; Handeln!

Verborgenheit Gottes – s. Gott, Verborgenheit!
Vergebung 107f; s. a. Rechtfertigung!
Vergeltung 88f
Verhaltensforschung 80, 90, 216[23]
Verheißung 23, 25, 38, 46, 136f; s. a. Wort Gottes!
Vernunft 18, 52, 88, 98, 100, 141, 159, 217[25], 233[200]
Vorsehung – s. Gott, Vorsehung!

Wort Gottes 22, 43f, 49, 153, 167f, 180, 202
Wunsch 56f, 80–82, 85f, 88, 93f, 126, 210[33]
Wunder 28f, 37, 94, 108, 192

Zulassung 31f
Zweifel 84, 241[83], s. a. Anfechtung!